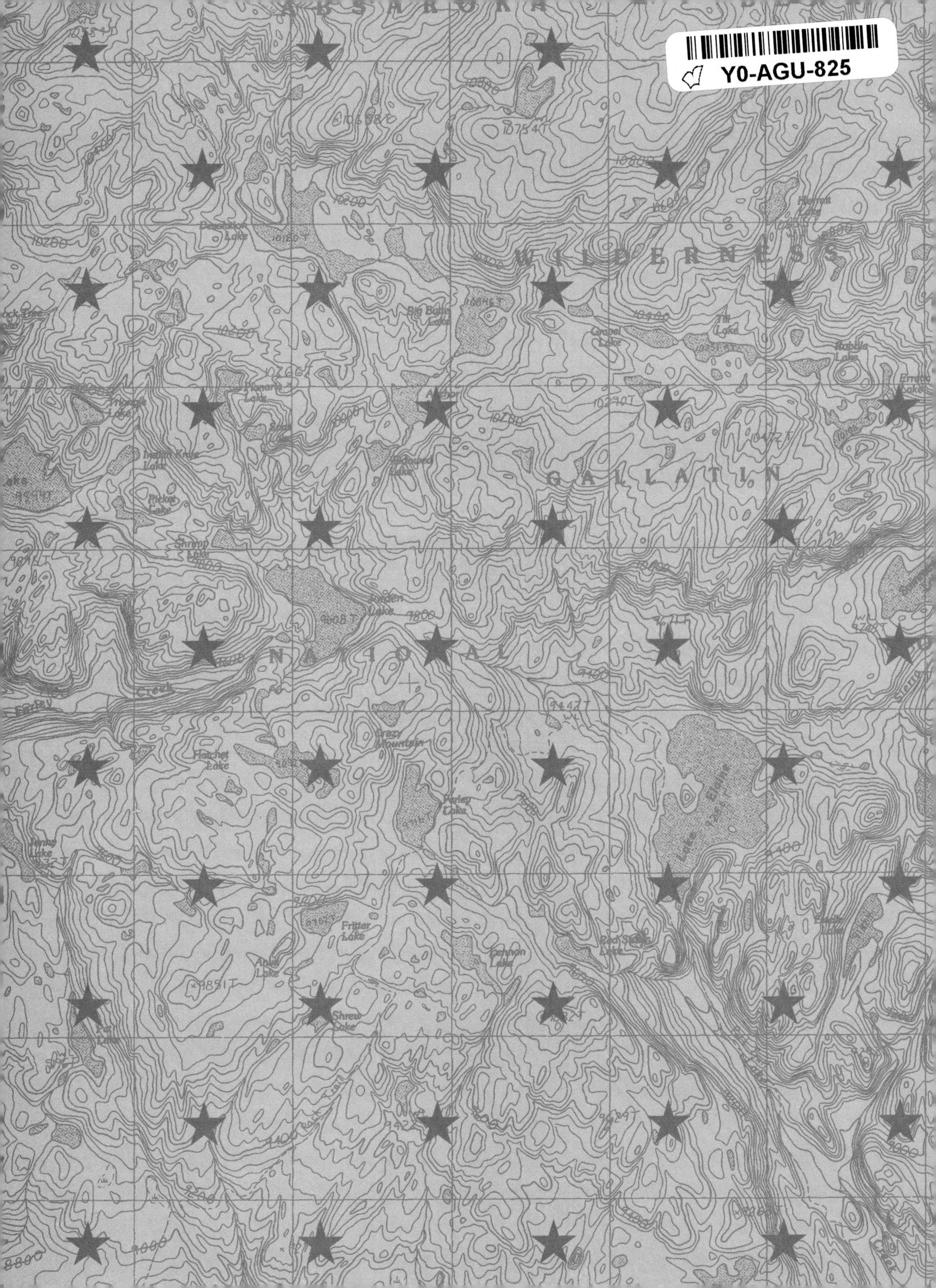
Y0-AGU-825
WILDERNESS
GALLATIN
NATIONAL
Desolation Lake
Big Bum Lake
Gravel Lake
Till Lake
Hermit Lake
Rabbit Lake
Triangle Lake
Indian Knife Lake
Pocket Lake
Shrimp Lake
Jorden Lake
Creek
Crazy Mountain
Hatchet Lake
Farley Lake
Elaine
Fritter Lake
Lennon Lake
Red Sheep Lake
Shrew Lake
Fat Lake
9851 T
9008 T
9442 T
10800
10200
9800
9400
9200
9000
8800

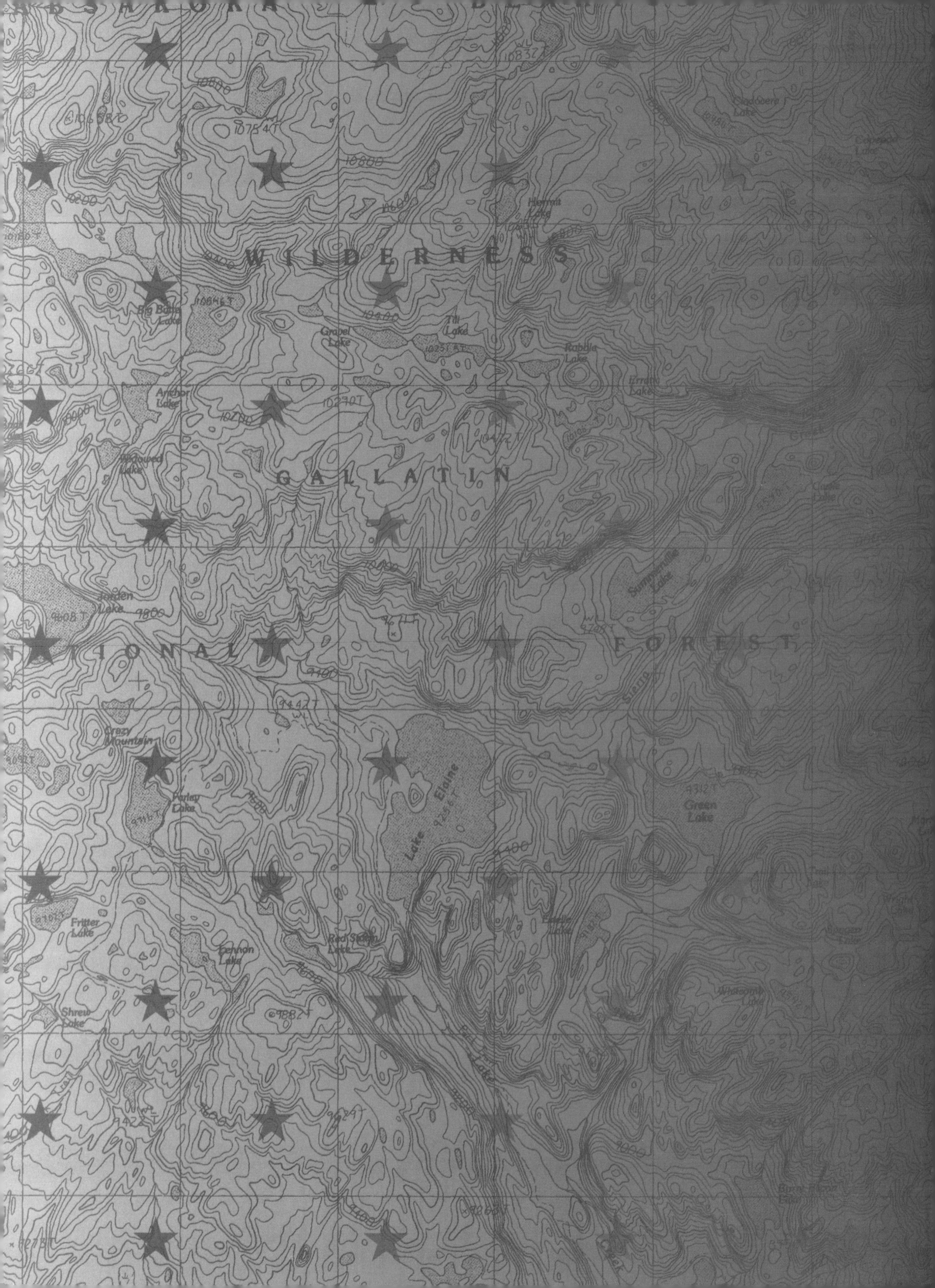

WILDERNESS
GALLATIN
NATIONAL
FOREST
Hermit Lake
Gravel Lake
Rubble Lake
Anchor Lake
Jorden Lake
Crazy Mountain
Perley Lake
Lake Elaine
Green Lake
Fritter Lake
Lennon Lake
Shrew Lake

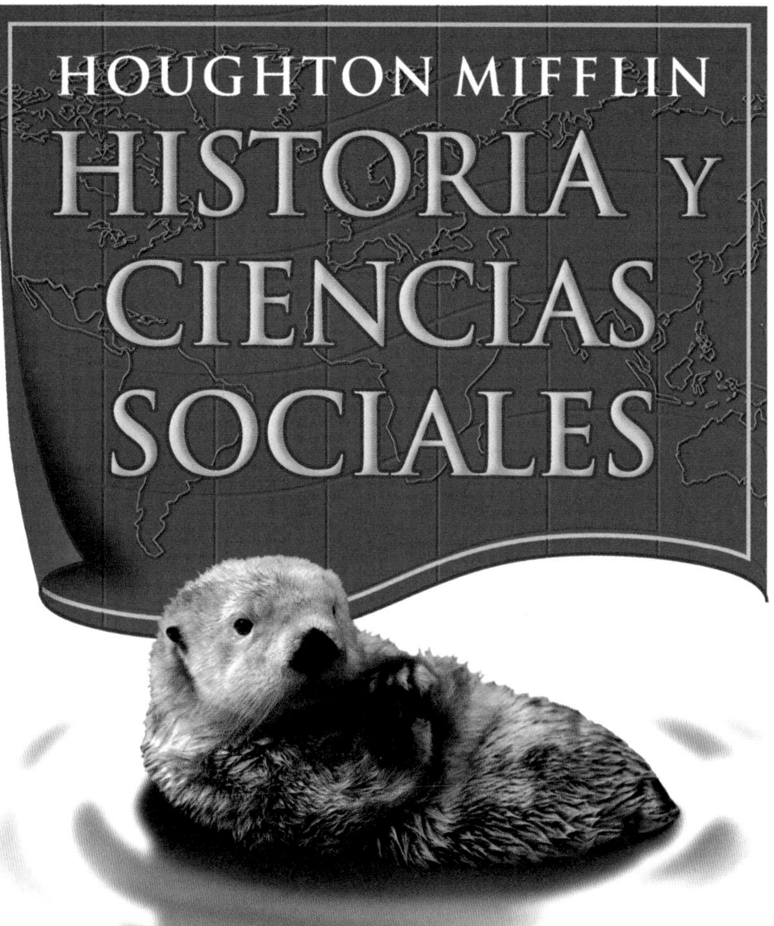

Visite Education Place®
www.eduplace.com/kids

BOSTON

Autores/Authors

Autor principal / Senior Author
Dr. Herman J. Viola
Curator Emeritus
Smithsonian Institution

Dr. Cheryl Jennings
Project Director
Florida Institute of Education
University of North Florida

Dr. Sarah Witham Bednarz
Associate Professor, Geography
Texas A&M University

Dr. Mark C. Schug
Professor and Director
Center for Economic Education
University of Wisconsin, Milwaukee

Dr. Carlos E. Cortés
Professor Emeritus, History
University of California, Riverside

Dr. Charles S. White
Associate Professor, School of Education
Boston University

Colaboradores / Consulting Authors

Dr. Dolores Beltrán
Assistant Professor
Curriculum Instruction
California State University, Los Angeles
(Support for English Language Learners)

Dr. MaryEllen Vogt
Co-Director
California State University Center for the Advancement of Reading
(Reading in the Content Area)

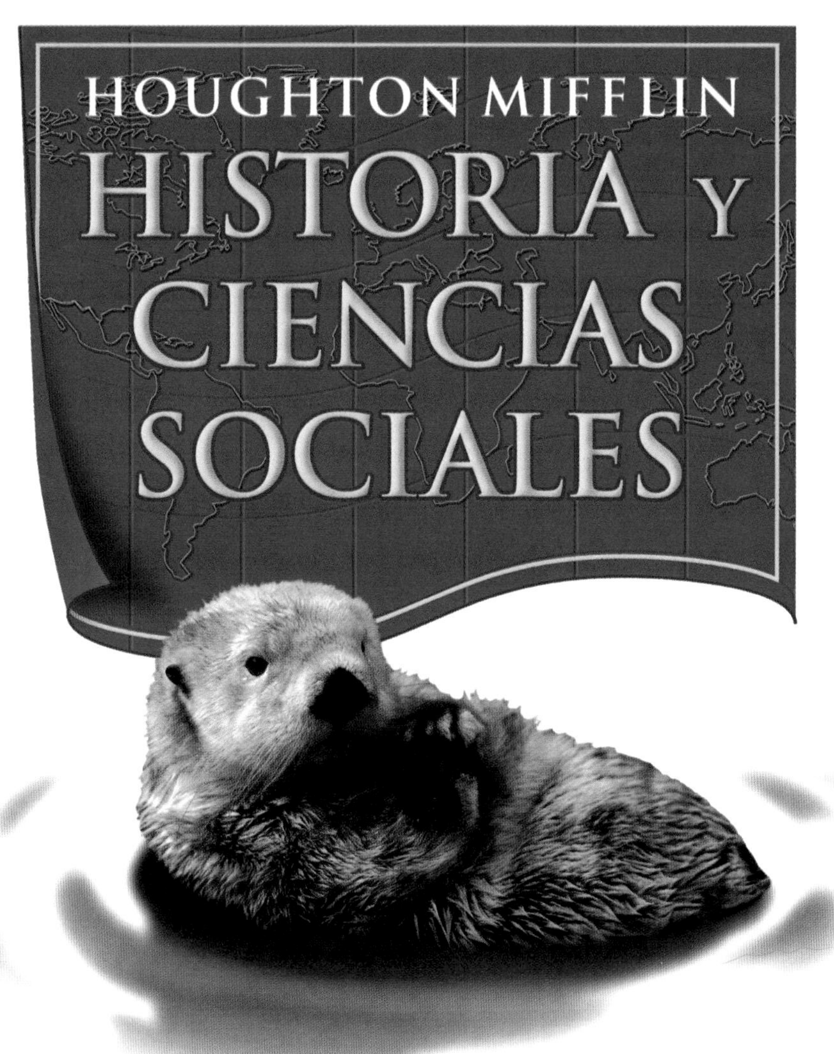
HOUGHTON MIFFLIN
HISTORIA Y
CIENCIAS
SOCIALES

COMUNIDADES

HOUGHTON MIFFLIN

BOSTON

Asesores / Consultants

Philip J. Deloria
Associate Professor
Department of History and Program in American Studies
University of Michigan

Lucien Ellington
UC Professor of Education and Asia Program Co-Director
University of Tennessee, Chattanooga

Thelma Wills Foote
Associate Professor
University of California, Irvine

Stephen J. Fugita
Distinguished Professor
Psychology and Ethnic Studies
Santa Clara University

Charles C. Haynes
Senior Scholar
First Amendment Center

Ted Hemmingway
Professor of History
The Florida Agricultural & Mechanical University

Douglas Monroy
Professor of History
The Colorado College

Lynette K. Oshima
Assistant Professor
Department of Language, Literacy and Sociocultural Studies and Social Studies Program Coordinator
University of New Mexico

Jeffrey Strickland
Assistant Professor, History
University of Texas Pan American

Clifford E. Trafzer
Professor of History and American Indian Studies
University of California, Riverside

Revisores / Teacher Reviewers

Kristy Bouck
Mullenix Ridge Elementary
Port Orchard, WA

Martha Eckhoff
Mullanphy ILC Elementary
St. Louise, MO

Melanie Gates
John Burroughs Elementary
Long Beach, CA

Jo Ann Gillespie
Argonaut Elementary
Saratoga, CA

Sharon Hawthorne
Milton H. Allen Elementary
Medford, NJ

Martha Lewis
Lawton Elementary
Oviedo, FL

Tammy Morici
Piñon Hills Elementary
Piñon Hills, CA

Andrea Orndorff
Triadelphia Ridge Elementary
Ellicott City, MD

Kay Renshaw
Leila G. Davis Elementary
Clearwater, FL

Kristen Roemhildt
Pinewood Elementary
Moundsview, MN

Cathy Stubbs
Martin Luther King Elementary
FT. Lauderdale, FL

Tonya Torres
Madie Ives Elementary
North Miami Beach, FL

Kristen Werk
Parkside Elementary
Pittsburg, CA

Revisores Bilingües / Spanish Edition Teacher Reviewers

Sara Caulfield
Cesar Chavez Elementary
Davis, CA

Elvie Cruz
Brekke School
Oxnard, CA

Beth Davis
Peter Pendleton Elementary
Coachella Valley, CA

Silvia Dorta-Duque de Reyes
Spanish Language Arts Coordinator
San Diego County Office of Bilingual Supervisor Education

Jeff Nelson
Cesar Chavez Elementary
Davis, CA

Laura Pontes
James Monroe Elementary
Santa Rosa, CA

Laurie Rojas
Dr. Jones Elementary School
Racine, WI

Vidal Tafoya
Valley View Elementary School
Coachella Valley, CA

Printed in the U.S.A.

ISBN: 0-618-53988-3

123456789-VH-12 11 10 09 08 07 06 05

Contenido

Contenido .... vi–xvii

UNIDAD 1

UNIDAD 2 Las primeras comunidades de América del Norte

Capítulo 3 Comunidades indígenas norteamericanas 72

Capítulo 4 Las comunidades en la historia 108

UNIDAD 3

Capítulo 6 Viene gente de muchos lugares 170

UNIDAD 4

Cómo gobernamos nuestras comunidades 196

VOTA POR JULIO

UNIDAD 5

Tomar decisiones económicas

UNIDAD 6

Celebrar a la gente y las culturas 312

Referencias

Cuaderno de civismo

Recursos

Lecciones de ampliación

Conecta la lección central con un concepto importante e investiga más al respecto. Amplía tus conocimientos de ciencias sociales.

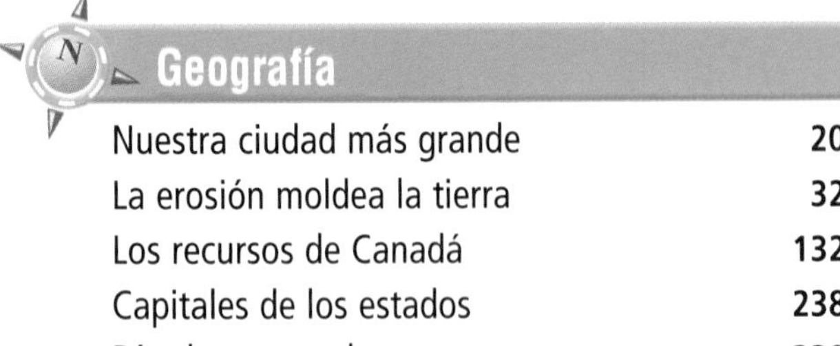

Geografía

Economía

Historia

Biografías

Education Place®

Busca más biografías. Visita:
www.eduplace.com/kids/hmss/

Teatro del lector

Fuentes primarias

Civismo

Fuentes primarias

Education Place®

Busca más fuentes primarias. Visita: www.eduplace.com/kids/hmss/

Tecnología

Lecciones de destrezas

Aprende y practica destrezas clave de ciencias sociales paso a paso.

Destrezas de mapa y globo

Destrezas de tabla y gráfica

Destrezas de estudio

Destrezas de lectura y razonamiento

Destrezas de civismo

Destrezas de lectura/Ayuda gráfica

Aprendizaje visual

Adquiere destrezas para leer material visual. Las gráficas, los mapas y las bellas artes te pueden ayudar a compilar toda la información.

Diagramas e información gráfica

Mapas

Tablas y gráficas

Líneas cronológicas

Conoce tu libro

1 Cómo está organizado

Unidades Las secciones principales de tu libro son unidades.

Cada una comienza con una gran idea.

Usa los datos como referencia.

Tu almanaque tiene un mapa para explorar.

Prepárate para leer.

Capítulos Las unidades están divididas en capítulos y cada una comienza con un vistazo al vocabulario.

Comienzas con cuatro conceptos importantes.

❷ Lecciones centrales y de ampliación

Lecciones Las lecciones en tu libro tienen dos partes: una central y otra de ampliación.

Lecciones centrales
Las lecciones reviven los sucesos de la historia y te ayudan a satisfacer los estándares de tu estado.

Lecciones de ampliación
Profundizan un tema importante.

Lección central

Antes de leer, usa lo que ya sabes.

Las destrezas de lectura refuerzan tu comprensión del texto.

Las ideas principales en las secciones indican lo que es importante.

Repasa la lección.

Después de leer, ¡combina todos los conocimientos!

Lección central 2

VOCABULARIO
costumbre
comerciar
trocar
economía

DESTREZA DE LECTURA
Idea principal y detalles
Busca detalles que apoyen la idea principal de que los recursos de los bosques y ríos dieron forma a la vida de los yurok.

Los yurok en California

Desarrolla lo que sabes Imagina que un amigo tiene un sándwich que te gusta más que el tuyo. ¿Harías un intercambio? Las personas en esta lección intercambiaban cosas que hacían por cosas que querían.

Vida en los ríos y bosques

Los yurok viven en la costa norte de California. Aquí crecen los bosques de secuoyas, los árboles más altos del mundo. Los ríos y los valles son ricos en plantas y vida animal. Los numerosos recursos de los ríos y bosques influyeron en la forma de vida de los yurok.

Hace mucho tiempo, los yurok cazaban venados y ... roble, recog... era fácil en... había salm... redes y lanz... guardarse p... yurok comp...

Aldea yurok
❶ Los yurok ... para atrap...
❷ Las repres... encerraba... atraparlo ...
❸ El salmón ... guardarse ...

82 • Capítulo 3

Usar recursos

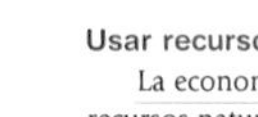

La economía yurok estaba basada en el comercio y los recursos naturales de sus tierras. Una **economía** es la forma en que la gente hace, compra, vende y usa las cosas. La economía yurok dependía de la destreza de las personas para usar sus recursos y el trueque de cosas que querían. Algunos yurok llegaron a ser muy ricos.

Hoy en día, los yurok son el grupo de indígenas norteamericanos más grande de California. La pesca de salmón es una parte importante de su economía y forma de vivir. Los yurok se esfuerzan para asegurarse de que siempre haya suficiente salmón y otros peces en sus ríos locales.

Repaso ¿Por qué comerciaban los yurok con otros indígenas norteamericanos?

La pesca de salmón sigue siendo una parte importante de la vida de los yurok hoy en día.

Repaso de la lección

❶ **VOCABULARIO** ¿Qué palabra es un sinónimo de **comerciar**?
trocar o **economía**

❷ **DESTREZA DE LECTURA** ¿Qué detalles en esta lección apoyan la idea de que los ríos eran importantes para la vida de los yurok?

❸ **IDEA PRINCIPAL: Geografía** Nombra dos maneras en que los yurok alteraron el medio ambiente.

❹ **IDEA PRINCIPAL: Economía** ¿Qué usaban los yurok como dinero?

❺ **RAZONAMIENTO CRÍTICO: Inferir** ¿Qué era más importante para los yurok, los bosques o los ríos? Explica tu respuesta.

ARTE Crea tu propio dinero. Dibújalo. Explica cuánto vale y qué materiales usarías para hacerlo.

85

Lección de ampliación

Aprende más sobre un tema importante de cada una de las lecciones centrales.

Investiga y amplía tus conocimientos.

Mira de cerca. Aprende más acerca de la economía.

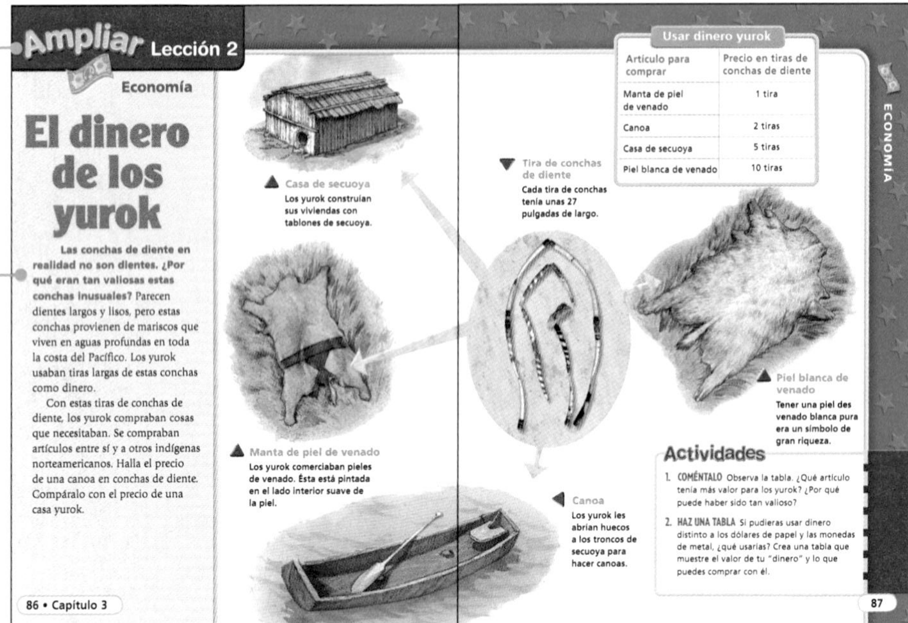

Busca la literatura, el teatro del lector, la geografía, biografías y mucho más.

¡Escribe, conversa, dibuja y debate!

3 Destrezas

Desarrollar destrezas Aprende las destrezas de mapa, de gráfica y de estudio, así como las destrezas de civismo para la vida.

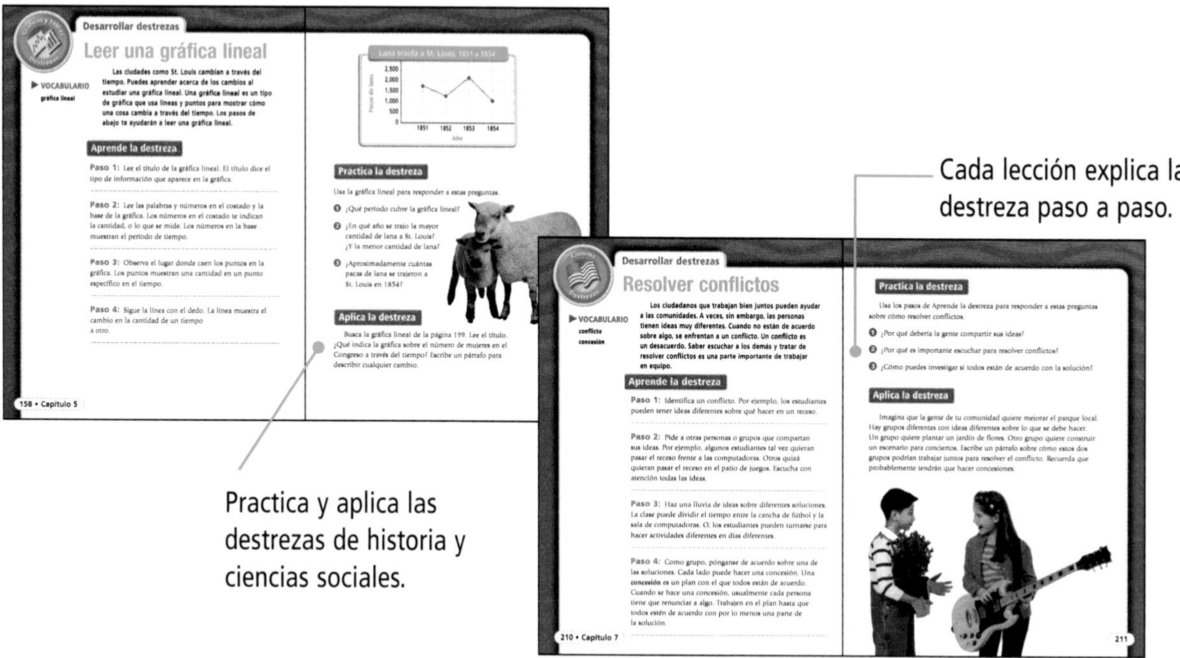

Cada lección explica la destreza paso a paso.

Practica y aplica las destrezas de historia y ciencias sociales.

4 Referencias

Cuaderno de civismo En la parte posterior de tu libro hay secciones a las cuales te referirás una y otra vez.

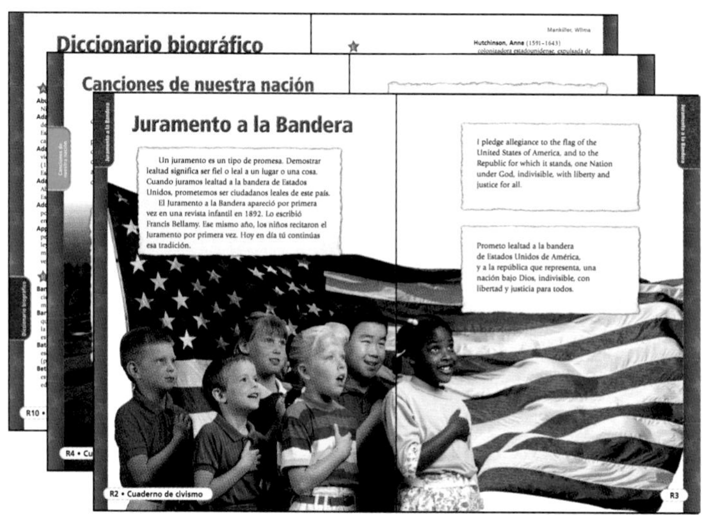

Recursos

Busca los atlas, un glosario de términos de historia y ciencias sociales y un índice.

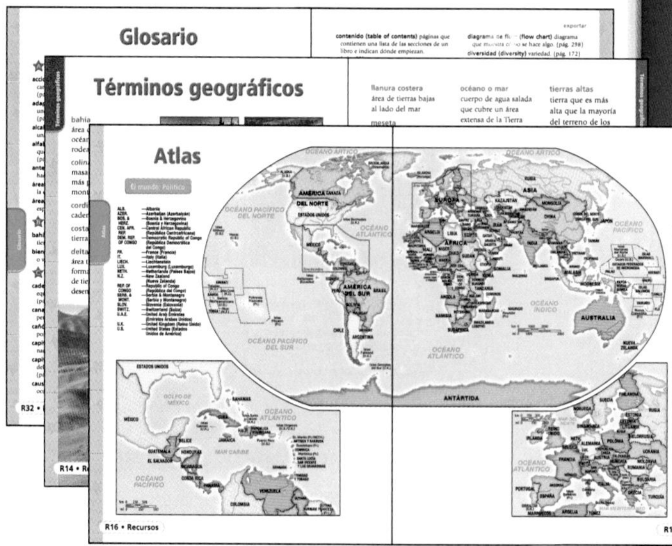

Leer ciencias sociales

Este libro tiene muchas secciones para ayudarte a ser un lector exitoso. A continuación se explica lo que encontrarás:

APOYO AL VOCABULARIO

Cada capítulo y lección te ayudará con los términos de ciencias sociales. Tu vocabulario se fortalecerá con cada lección.

Vistazo previo
Comienza de una vez con cuatro palabras importantes del capítulo.

Práctica de vocabulario
Vuelve a usar las palabras en los repasos, destrezas y ampliaciones. Demuestra que conoces tu vocabulario.

ESTRATEGIAS DE LECTURA

Busca la estrategia de lectura y el consejo al principio de cada capítulo.

Predecir e inferir
Antes de leer, piensa en lo que aprenderás.

Revisar y aclarar
Verifica tu comprensión. ¿Podrías explicar a otra persona lo que acabas de leer?

Preguntar
Detente y hazte preguntas. ¿Entendiste lo que leíste?

Resumir
Después de leer, piensa en las ideas más importantes de la lección.

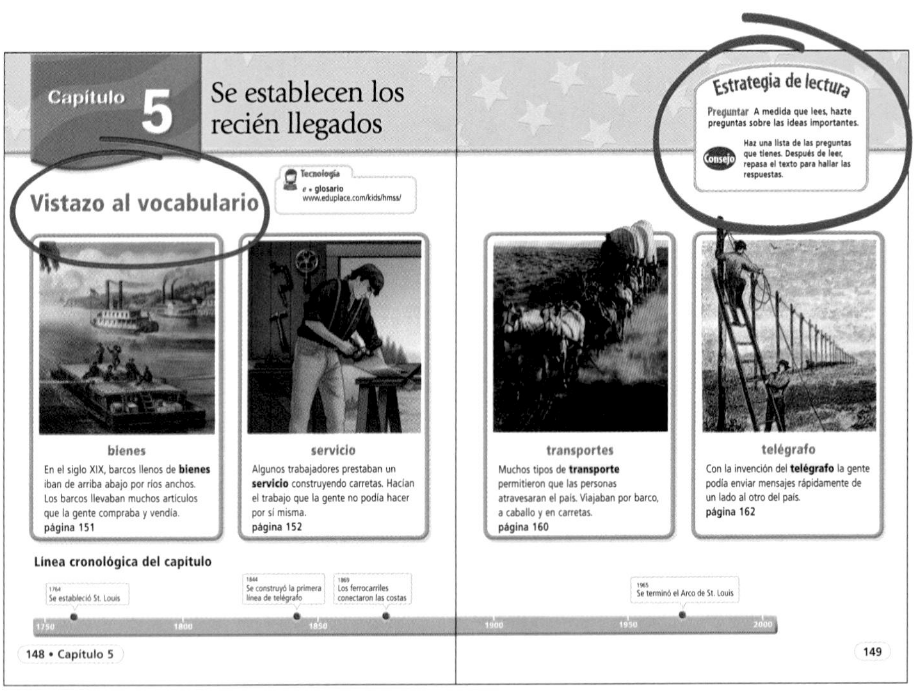

Capítulo 5

Se establecen los recién llegados

Vistazo al vocabulario

Tecnología
e • glosario
www.eduplace.com/kids/hmss/

bienes
En el siglo XIX, barcos llenos de **bienes** iban de arriba abajo por ríos anchos. Los barcos llevaban muchos artículos que la gente compraba y vendía.
página 151

servicio
Algunos trabajadores prestaban un **servicio** construyendo carretas. Hacían el trabajo que la gente no podía hacer por sí misma.
página 152

transportes
Muchos tipos de **transporte** permitieron que las personas atravesaran el país. Viajaban por barco, a caballo y en carretas.
página 160

telégrafo
Con la invención del **telégrafo** la gente podía enviar mensajes rápidamente de un lado al otro del país.
página 162

Estrategia de lectura

Preguntar A medida que lees, hazte preguntas sobre las ideas importantes.

Consejo: Haz una lista de las preguntas que tienes. Después de leer, repasa el texto para hallar las respuestas.

Línea cronológica del capítulo

1764 Se estableció St. Louis
1844 Se construyó la primera línea de telégrafo
1869 Los ferrocarriles conectaron las costas
1965 Se terminó el Arco de St. Louis

1750 1800 1850 1900 1950 2000

148 • Capítulo 5

149

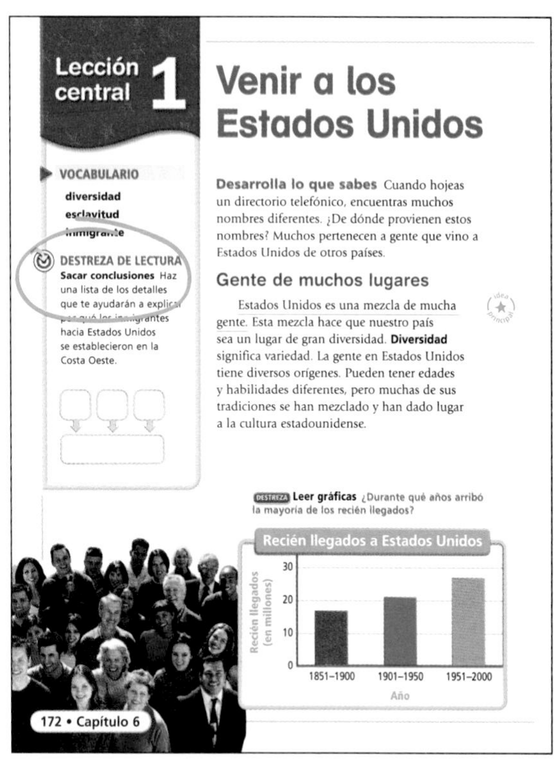

Lección central 1

Venir a los Estados Unidos

VOCABULARIO
diversidad
esclavitud
inmigrante

DESTREZA DE LECTURA
Sacar conclusiones Haz una lista de los detalles que te ayudarán a explicar por qué los inmigrantes hacia Estados Unidos se establecieron en la Costa Oeste.

Desarrolla lo que sabes Cuando hojeas un directorio telefónico, encuentras muchos nombres diferentes. ¿De dónde provienen estos nombres? Muchos pertenecen a gente que vino a Estados Unidos de otros países.

Gente de muchos lugares

Estados Unidos es una mezcla de mucha gente. Esta mezcla hace que nuestro país sea un lugar de gran diversidad. **Diversidad** significa variedad. La gente en Estados Unidos tiene diversos orígenes. Pueden tener edades y habilidades diferentes, pero muchas de sus tradiciones se han mezclado y han dado lugar a la cultura estadounidense.

DESTREZA **Leer gráficas** ¿Durante qué años arribó la mayoría de los recién llegados?

172 • Capítulo 6

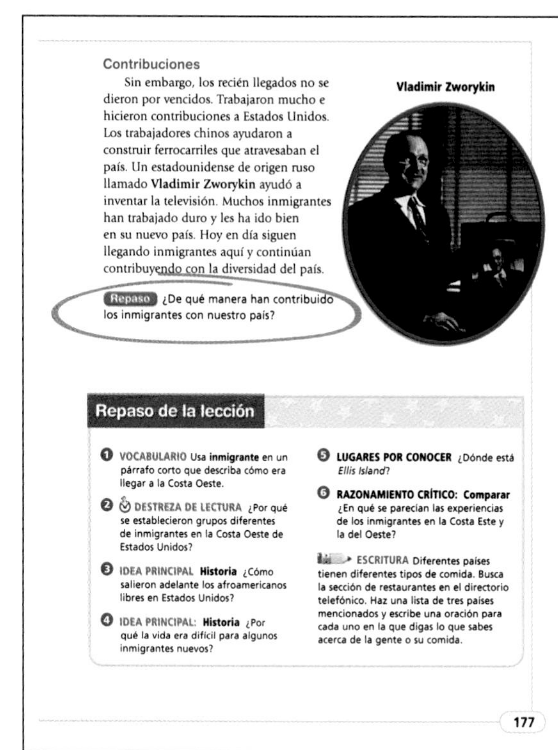

Contribuciones

Sin embargo, los recién llegados no se dieron por vencidos. Trabajaron mucho e hicieron contribuciones a Estados Unidos. Los trabajadores chinos ayudaron a construir ferrocarriles que atravesaban el país. Un estadounidense de origen ruso llamado **Vladimir Zworykin** ayudó a inventar la televisión. Muchos inmigrantes han trabajado duro y les ha ido bien en su nuevo país. Hoy en día siguen llegando inmigrantes aquí y continúan contribuyendo con la diversidad del país.

Vladimir Zworykin

Repaso ¿De qué manera han contribuido los inmigrantes con nuestro país?

Repaso de la lección

1. VOCABULARIO Usa **inmigrante** en un párrafo corto que describa cómo era llegar a la Costa Oeste.
2. DESTREZA DE LECTURA ¿Por qué se establecieron grupos diferentes de inmigrantes en la Costa Oeste de Estados Unidos?
3. IDEA PRINCIPAL **Historia** ¿Cómo salieron adelante los afroamericanos libres en Estados Unidos?
4. IDEA PRINCIPAL: **Historia** ¿Por qué la vida era difícil para algunos inmigrantes nuevos?
5. **LUGARES POR CONOCER** ¿Dónde está *Ellis Island*?
6. **RAZONAMIENTO CRÍTICO: Comparar** ¿En qué se parecían las experiencias de los inmigrantes en la Costa Este y la del Oeste?

ESCRITURA Diferentes países tienen diferentes tipos de comida. Busca la sección de restaurantes en el directorio telefónico. Haz una lista de tres países mencionados y escribe una oración para cada uno en la que digas lo que sabes acerca de la gente o su comida.

177

DESTREZAS DE LECTURA

A medida que lees, organiza la información. Estas destrezas de lectura te ayudarán:

- Secuencia
- Causa y efecto
- Comparar y contrastar
- Problema y solución
- Sacar conclusiones
- Predecir resultados
- Categorizar (o) clasificar
- Idea principal y detalles

APOYO A LA COMPRENSIÓN

Desarrolla lo que sabes
Revisa tus conocimientos previos. ¡Tal vez ya sepas muchas cosas!

Preguntas de repaso
Conéctate con el texto. ¿Entendiste lo que acabas de leer?

Ciencias sociales:

Por qué son importantes

Las ciencias sociales te ayudarán a saber cómo llevarte mejor en tu vida diaria y te darán confianza cuando tomes decisiones importantes en tu futuro.

CUANDO YO

- decida dónde vivir
- viaje
- busque lugares en un mapa

usaré la información sobre geografía que aprendí en ciencias sociales.

CUANDO YO

- elija un trabajo
- haga un presupuesto
- decida cuál producto comprar

usaré la información sobre economía.

CUANDO YO
escuche el relato de una persona del pasado
lea libros y visite museos
observe atentamente el mundo que me rodea
usaré lo que aprendí sobre historia.
CUANDO YO
asista a una reunión del vecindario
decida por quién votar
obtenga mi licencia de conducir
puedo usar lo que aprendí sobre ciudadanía.
SEO
Reunión en la tarde
CEJO

UNIDAD 1

Comunidad y geografía

¿Qué significa una comunidad para ti?

"*Una ciudad importante es aquella que tiene a los mejores hombres y mujeres; aunque en ella sólo haya unas cuantas casuchas, sigue siendo la ciudad más importante de todo el mundo*".

Walt Whitman,
de "Song of the Broad-Axe", 1856

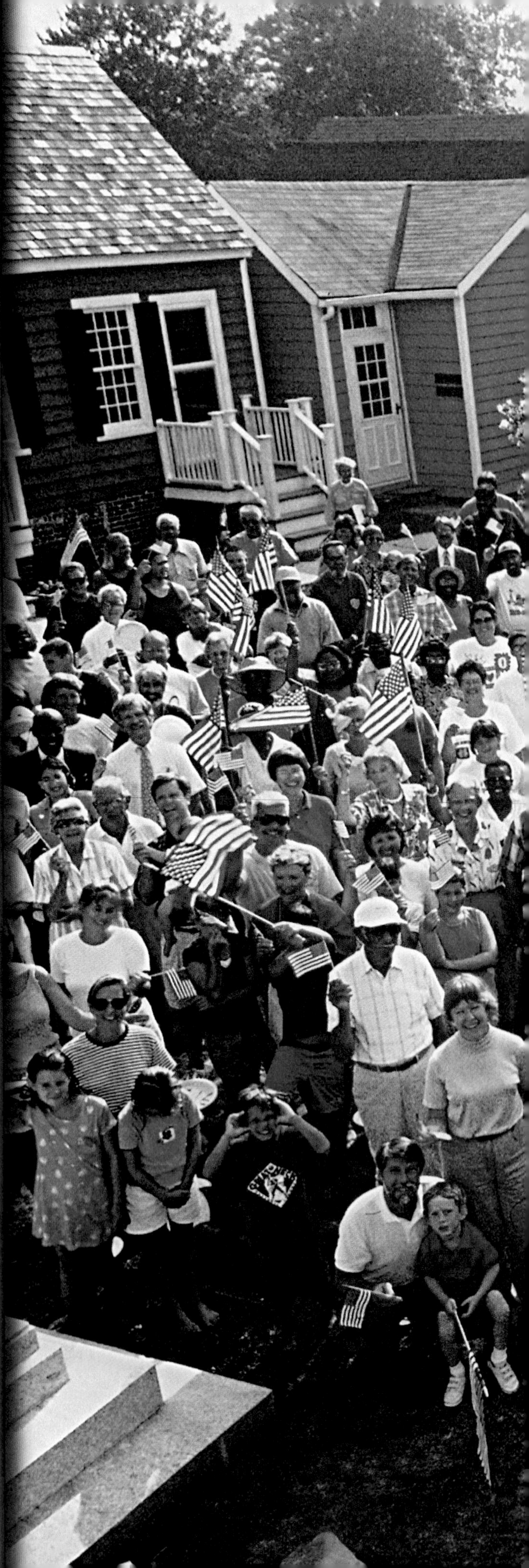

UNIDAD 1

Almanaque

Estados Unidos hoy en día

OCÉANO ÁRTICO
km 0 300
mi 0 300
ALASKA
OCÉANO PACÍFICO

Seattle
WASHINGTON
OREGON
IDAHO
MONTANA
WYOMING
DAKOTA DEL NORTE
DAKOTA DEL SUR
MINNESOTA
Minneapolis
IOWA
NEBRASKA
NEVADA
UTAH
COLORADO
KANSAS
MISSOURI
San Francisco
OCÉANO PACÍFICO
CALIFORNIA
Los Ángeles
ARIZONA
NUEVO MÉXICO
OKLAHOMA
ARKANSAS
TEXAS

km 0 50 100
mi 0 50 100
HAWAI
OCÉANO PACÍFICO

MÉXICO

Vistazo a la unidad

Comunidades urbanas
Las ciudades crecen
Capítulo 1, página 16

Cuerpos de agua
La gente usa el agua de diferentes maneras
Capítulo 2, página 28

Recursos naturales
La gente se preocupa por nuestra tierra
Capítulo 2, página 44

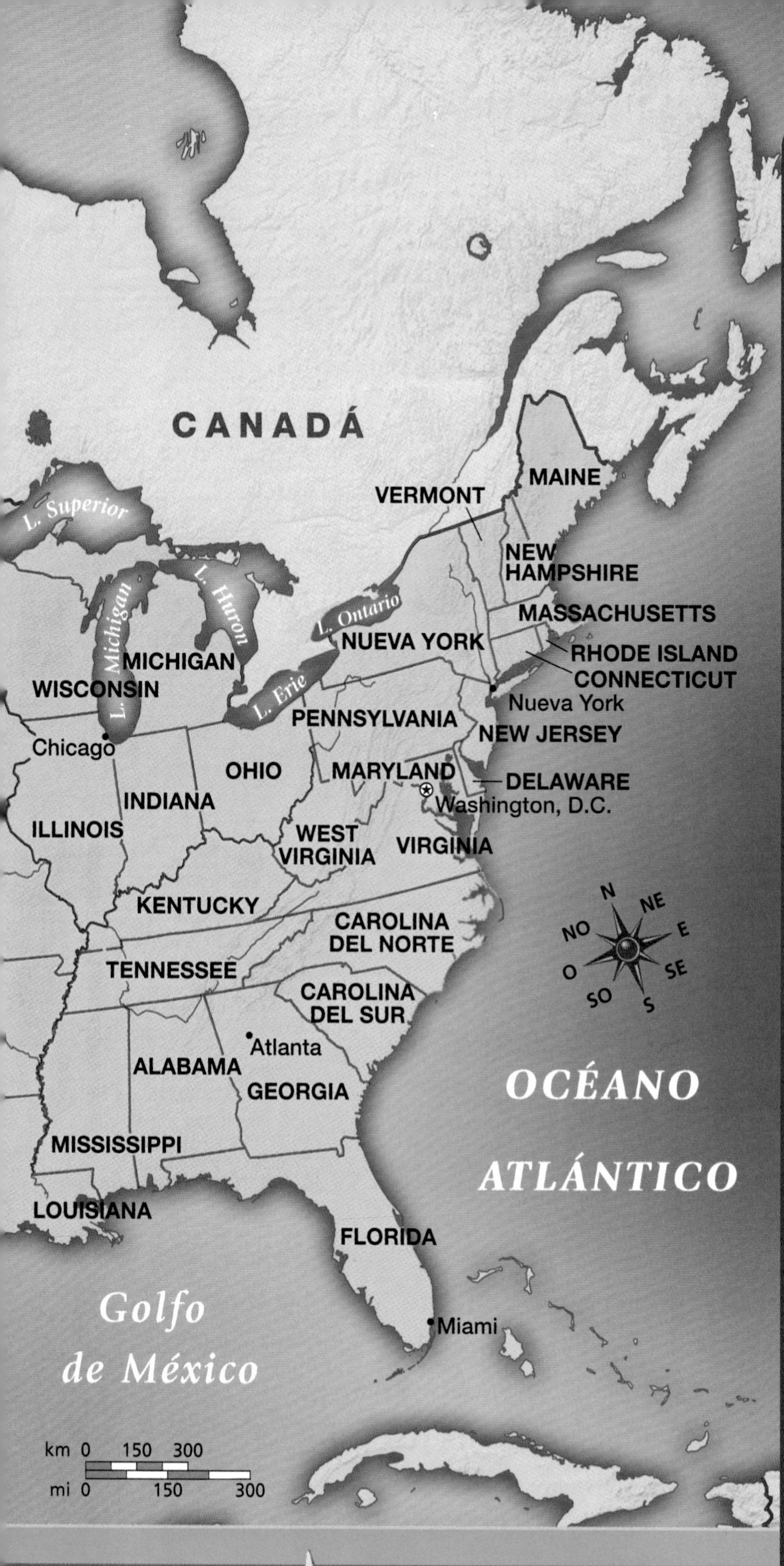

Ciudad de México
La ciudad cambia
Capítulo 2, página 54

Conectar con
la nación

Temperaturas de EE.UU.

134°F
Valle de la Muerte, California

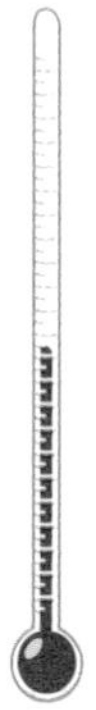

–80°F
Prospect Creek, Alaska

Estas temperaturas son la más alta y la más baja que se hayan registrado en la historia de Estados Unidos.

Alturas de EE.UU.

Lugar más alto: Denali (monte McKinley), Alaska 20,320 pies

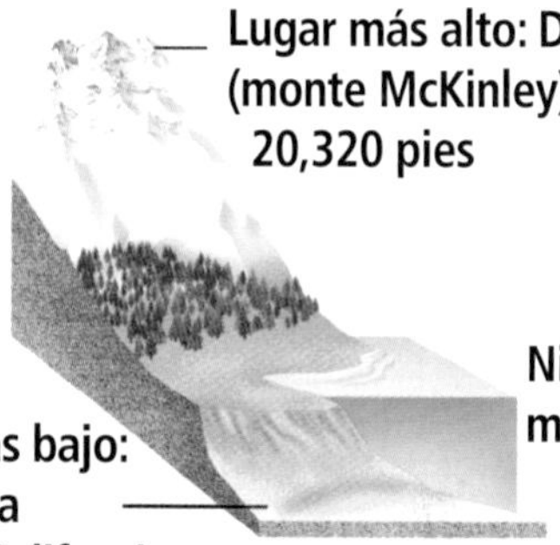

Nivel del mar 0 pies

Lugar más bajo: Valle de la Muerte, California –282 pies

El Valle de la Muerte tiene la temperatura y altura más bajas de Estados Unidos.

WEEKLY READER
Sucesos actuales

¡Sucesos actuales en Internet!
Lee artículos de estudios sociales en:
www.eduplace.com/kids/hmss/

Capítulo 1

El lugar donde vivimos

Tecnología
e • glosario
www.eduplace.com/kids/hmss/

Vistazo al vocabulario

comunidad

La mayoría de la gente vive en una **comunidad**. La comunidad de Old Town Eureka está en el noroeste de California.
página 6

ciudadano

Un **ciudadano** obedece las reglas y leyes del país. ¿Qué ley están obedeciendo estos niños?
página 8

Estrategia de lectura

Resumir A medida que lees, usa esta estrategia para identificar las ideas importantes.

Repasa primero las ideas principales. Luego, busca los detalles que apoyan cada idea principal.

área urbana

Mucha gente vive y trabaja en ciudades como San Diego. Otro nombre para una ciudad grande es **área urbana**.
página 17

suburbio

Un **suburbio** es una comunidad que está al lado o cerca de una ciudad. Las ciudades usualmente tienen varios suburbios a su alrededor.
página 18

Lección central 1

¿Qué es una comunidad?

VOCABULARIO

comunidad
ley
ciudadano

DESTREZA DE LECTURA
Idea principal y detalles
A medida que lees, completa la tabla con detalles sobre una comunidad.

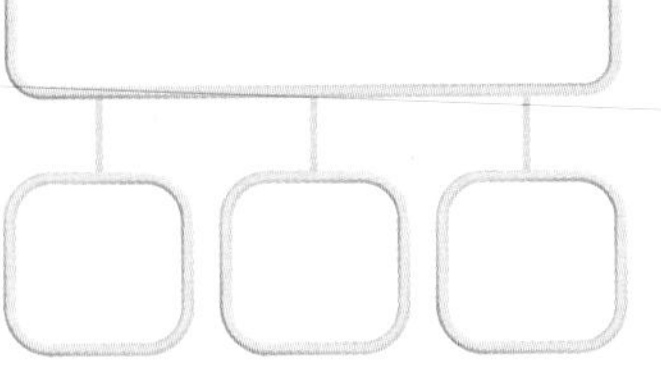

Desarrolla lo que sabes ¿Dónde vives? Quizá vives en una ciudad grande. Quizá tu casa está en un pueblo pequeño. ¿Qué lo hace un buen lugar para vivir?

Todos juntos

En tu salón de clases, trabajas y juegas con otras personas. También sigues reglas para llevarte bien con los demás. Tu salón de clases es como una comunidad. Una **comunidad** es un lugar donde las personas viven, trabajan y juegan juntas.

Las personas que viven y trabajan juntas pueden hacer cosas que una persona no puede hacer sola. Trabajar con otros es una parte importante de pertenecer a una comunidad.

En los pueblos pequeños, los estudiantes pueden ir a la escuela en autobús.

Comunidades y su gente

Todas las comunidades se parecen en varias formas. Esto es porque las personas en ciudades grandes y pueblos pequeños necesitan las mismas cosas. Necesitan lugares para vivir. Necesitan alimentos para comer y agua para beber. Las personas quieren tener buenos trabajos y buenas escuelas. También quieren tener amigos y familia para reír juntos y para ayudarse mutuamente.

En una comunidad viven muchos tipos de personas. Algunas viven en familias con hijos. A menudo hay gente joven y personas mayores que son vecinos. A veces pueden venir de otros países.

Repaso ¿En qué se parecen las comunidades?

Los lugares para jugar y trabajar hacen que la vida sea emocionante en ciudades grandes y pueblos pequeños.

Usar el cinturón de seguridad te ayuda a mantenerte seguro. También puede ser obligatorio según la ley de tu comunidad.

ABROCHARSE ES LA LEY

Leyes y comunidades

Las leyes ayudan a las personas a llevarse bien entre sí. Una **ley** es una regla que le dice a la gente cómo comportarse en sus comunidades. Las leyes pueden ayudar a las personas a vivir juntas de manera segura y a tratarse entre sí de forma justa.

Piensa en leyes que tú obedeces. En muchas comunidades, obedeces una ley cuando te abrochas el cinturón de seguridad. Esa ley contribuye con la seguridad de la gente. Si no cumples con la ley, estás menos seguro. Las personas que incumplen la ley también pueden ir a la cárcel.

idea principal

Seguir las reglas y leyes es parte de ser ciudadanos. Un **ciudadano** es un miembro oficial de una comunidad, estado o país. En Estados Unidos, los ciudadanos eligen a los líderes que hacen las leyes. Una ley dice que las personas nacidas en Estados Unidos son ciudadanos. Otra ley dice que otras personas también pueden convertirse en ciudadanos.

Tu comunidad

Piensa en tu comunidad. ¿Qué leyes tiene? Tal vez hay una ley que dice que debemos esperar que cambie la luz del semáforo antes de cruzar la calle. Esa ley permite que las personas que van manejando y las que van caminando puedan compartir la calle en forma segura. También podría haber una ley contra botar basura para mantener limpia tu comunidad.

Tu comunidad es diferente a las demás. ¿Qué la hace especial para ti?

Repaso ¿Por qué tienen leyes las comunidades?

Leyes de la comunidad Esta policía de tránsito ayuda a los conductores en calles congestionadas.

Repaso de la lección

1. **VOCABULARIO** Da dos ejemplos de formas en que un **ciudadano** puede ayudar a su **comunidad.**
2. **DESTREZA DE LECTURA** Usa los **detalles** de tu tabla para escribir una descripción de tu comunidad.
3. **IDEA PRINCIPAL: Geografía** ¿En qué se diferencian las comunidades?
4. **IDEA PRINCIPAL: Civismo** ¿Por qué es importante obedecer las leyes?
5. **RAZONAMIENTO CRÍTICO: Comparar y contrastar** ¿En qué se parecen las reglas de tu escuela a las leyes de tu comunidad?

ESCRITURA Imagínate que estás a cargo del día de limpieza de una comunidad. Escribe un discurso corto acerca de lo que harías. Incluye las maneras en que harías participar a los ciudadanos y líderes.

Poemas de nuestras COMUNIDADES

Las **comunidades** en Estados Unidos tienen diferentes formas y tamaños. En los dos poemas siguientes, las personas viven en comunidades diferentes, pero tienen muchas cosas en común.

Caminando de la escuela a la casa

por Ann Whitford Paul

El abuelo Stokes me dice desde el porche:
—Tu mochila se ve muy llena.
—Siempre lo está —le contesto.

La Sra. Sánchez dice,
mientras trabaja en su jardín:
—Llévale una flor a tu madre.
Escojo el narciso más lindo.

La Sra. Carter se sube a su vagoneta.
—Olvidé algo para la cena.
Me da risa y pienso: "¡Otra vez!"

Julie Kim habla por teléfono.
Me hace una señal alegre con la mano
que significa que es su novio quien llama.

El Sr. Potner martillea en su taller.
—¿Cómo van las cosas, Lauren?
Me pregunta lo mismo cada día.

En mi calle, esto es lo que yo creo:
Todo el mundo me conoce.
Y yo conozco a todos los que veo.

Barrio lleno de sol

Vivo en San Francisco
en el Distrito de la Misión
Barrio lleno de sol
de colores y sabores

Aguacates y mangos
papayas y sandías
Aquí mi amigo Tomás
con el sol se ríe más

Aquí en mi barrio
se puede saborear
una sopa de lenguas
en el viento

Chino en el restaurante
árabe en la tienda de abarrotes
y por dondequiera
inglés y español

Aquí en mi barrio
el Distrito de la Misión
siempre hace mucho sol
igual que en El Salvador

Neighborhood of Sun

I live in San Francisco
in the Mission District
Neighborhood of sun
of colors and flavors

Avocadoes and mangoes
papayas and watermelons
Here my friend Tomás
laughs louder with the sun

Here in my neighborhood
you can taste
a soup of languages
in the wind

Chinese in the restaurant
Arabic in the grocery store
and everywhere
English and Spanish

Here in my barrio
the Mission District
the sun always shines
just like in El Salvador

Autor: Jorge Argueta

Actividades

1. **HAZ TU PROPIO DIBUJO** Haz un cartel que muestre lo que hace que la comunidad donde vives sea especial para ti.

2. **ESCRÍBELO** Escribe un poema acerca de tu comunidad. Explica cómo es la gente y las cosas que ves cada día.

Desarrollar destrezas

Repaso de destrezas de mapa

VOCABULARIO

título del mapa
clave del mapa
rosa de los vientos

Hay tipos diferentes de mapas que muestran información diferente. Pero usualmente tienen partes que son iguales. Las partes de un mapa nos ayudan a entender la información del mapa.

Aprende la destreza

Paso 1: Lee el título o nombre del mapa. El **título del mapa** te dice lo que se muestra en el mapa.

Paso 2: Mira la clave del mapa. La **clave del mapa** es la parte de un mapa que explica cualquier símbolo o color en el mapa.

Paso 3: Halla la rosa de los vientos en el mapa. La **rosa de los vientos** es un símbolo que muestra las cuatro direcciones principales. Los puntos cardinales son: norte (N), sur (S), este (E) y oeste (O). Con frecuencia, la rosa de los vientos también indica los puntos cardinales que se ubican entre los puntos principales y que son: noreste (NE), noroeste (NO), sureste (SE) y suroeste (SO).

Practica la destreza

Usa el mapa para responder a estas preguntas.

1. Con ayuda de la clave del mapa, di lo que significa la línea gris gruesa.
2. ¿Qué punto cardinal está entre el norte y el oeste?
3. Usa la rosa de los vientos para decir en qué parte de Estados Unidos está Florida.

Aplica la destreza

Usa el mapa de arriba y el de las páginas 2 y 3 para responder a estas preguntas.

1. ¿En qué se diferencian los dos mapas?
2. ¿Qué país se encuentra al norte de Estados Unidos?
3. ¿Está Nueva York al noroeste o al noreste de Atlanta?

Lección central 2

Tipos de comunidades

VOCABULARIO

población
área urbana
suburbio
área rural

DESTREZA DE LECTURA
Comparar y contrastar A medida que lees, haz una lista de las maneras en que se parecen y se diferencian las comunidades suburbanas.

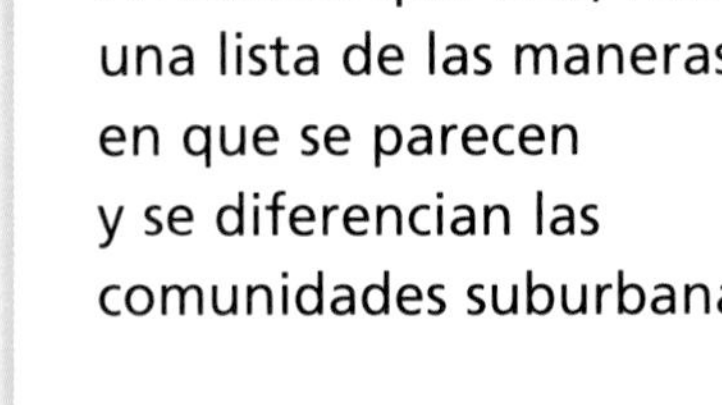

Desarrolla lo que sabes Piensa en el pueblo o la ciudad donde vives. ¿Es muy activa o tranquila, pequeña o grande? ¿Qué palabras usarías para describir tu comunidad?

Lugares donde vive la gente

Nuestra ciudad más grande es Nueva York. Su población es más grande que la de cualquier otra ciudad del país. La **población** es la cantidad de gente que vive en un área. En ciudades grandes como Nueva York, muchas personas viven más cerca.

Las ciudades grandes tienen muchas tiendas y muchos trabajos distintos para la gente. Las comunidades más pequeñas tienen menos personas y menos tiendas. Las comunidades son de tamaños diferentes.

Atlanta Muchas personas viven en ciudades como Atlanta.

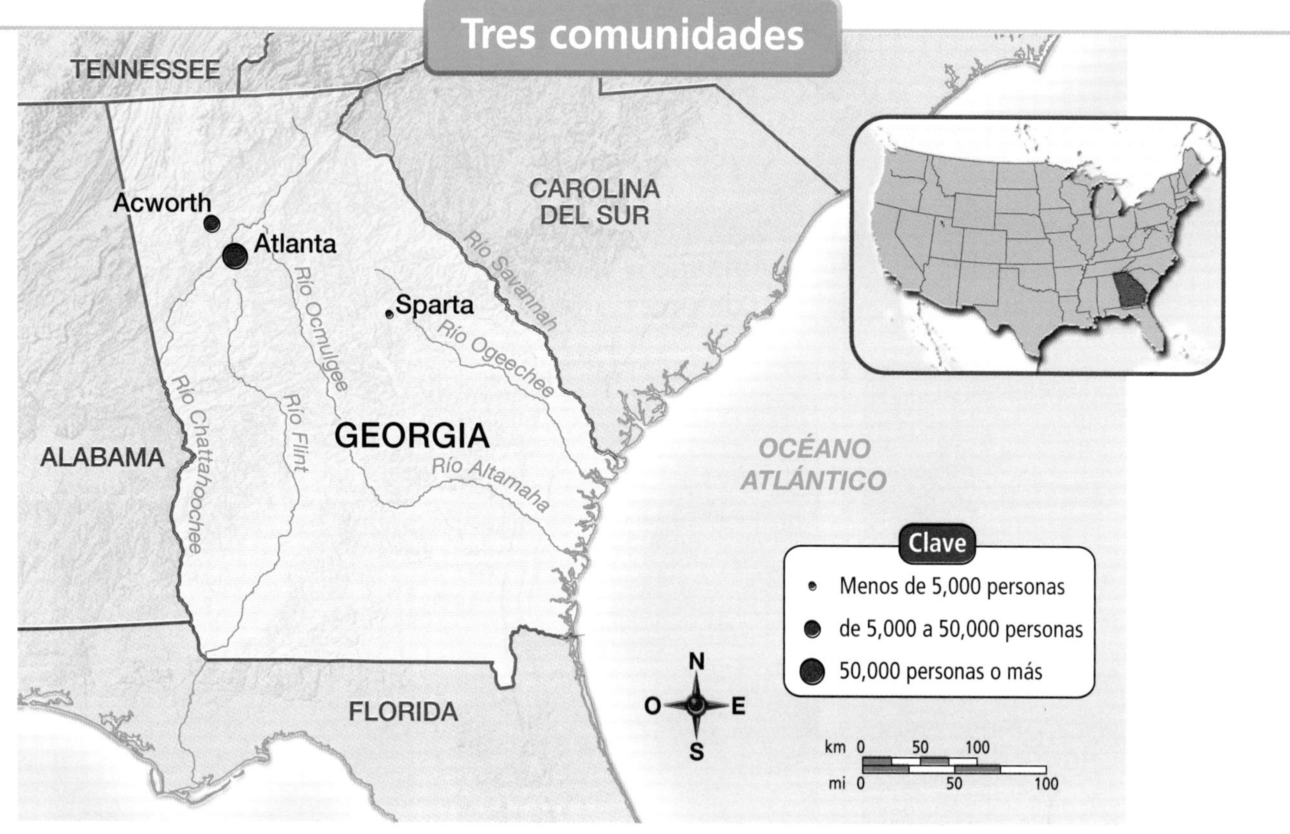

Georgia Se pueden encontrar comunidades grandes y pequeñas en Georgia.
DESTREZA Leer mapas ¿Cuántas personas viven en Sparta?

Una comunidad urbana

Mucha gente vive y trabaja en áreas urbanas. Un **área urbana** es otro nombre que se da al territorio y espacios de la ciudad. Atlanta es un área urbana de Georgia. Busca Atlanta en el mapa de arriba. Más de 400,000 personas viven allí.

Hay compañías grandes y pequeñas con oficinas o tiendas en Atlanta. Necesitan miles de trabajadores. Mucha gente vive en Atlanta para estar cerca de esos trabajos. Los automóviles, autobuses y trenes llevan a los trabajadores a sus empleos.

El trabajo no es la única razón que atrae a la gente a ciudades grandes como Atlanta. Los lugares urbanos están repletos de cosas que hacer. En Atlanta, a menudo las familias van al zoológico. Algunas personas disfrutan los museos de la ciudad. Otras van a escuchar música o a ver un juego de béisbol.

Repaso ¿Por qué tiene Atlanta una población grande?

Comunidades suburbanas y rurales

idea principal

Las personas que quieren vivir cerca de una ciudad, pero no en ella, pueden vivir en un suburbio. Un **suburbio** es una comunidad al lado o cerca de una ciudad. Millones de personas viven en los suburbios de Atlanta. Muchas viajan a Atlanta cada día para trabajar. En cierta forma, los suburbios son como las áreas urbanas. Tienen escuelas, supermercados y bancos, igual que las ciudades. Pero los suburbios no están tan llenos de gente. Acworth, Georgia, es un suburbio ubicado a unas 35 millas de Atlanta. Tiene una población de aproximadamente 18,000 personas.

La gente de Acworth vive en casas y apartamentos. El suburbio tiene tres escuelas primarias. También tiene un lago y muchos parques para diversión de la gente.

Una comunidad rural

Si viajas y te alejas bastante de la ciudad y sus suburbios es posible que veas pequeñas comunidades. A menudo están rodeadas de granjas o tierras abiertas. Has llegado a un área rural. Un **área rural** es un lugar lejos de la ciudad. Las áreas rurales tienen menos gente y más espacios abiertos que las áreas suburbanas. Sparta, Georgia, es un área rural. Allí viven aproximadamente 1,500 personas.

Sparta no tiene muchas tiendas donde comprar. La gente va a otros pueblos a comprar algunas de las cosas que quieren. Algunos habitantes de Sparta trabajan allí mismo. Algunos son maestros. Otros trabajan reparando carreteras. Muchos otros tienen trabajos en comunidades más grandes.

Repaso ¿En qué se parecen y en qué se diferencian las áreas suburbanas y las rurales?

Los granjeros de las áreas rurales de Georgia cultivan muchos duraznos. Georgia es el tercer estado mayor productor de duraznos.

Repaso de la lección

1. **VOCABULARIO** Usa **suburbio** en una oración acerca de Acworth.
2. **DESTREZA DE LECTURA** Usa tu tabla para **comparar** y **contrastar** una ciudad y un suburbio.
3. **IDEA PRINCIPAL: Geografía** ¿En qué se parece Atlanta a muchas otras áreas urbanas?
4. **IDEA PRINCIPAL: Economía** ¿Dónde trabajan algunas personas que viven en áreas rurales?
5. **RAZONAMIENTO CRÍTICO: Predecir** ¿Cómo cambiaría Sparta si compañías grandes abrieran oficinas allí?

DIBUJO Haz un dibujo de una calle principal de tu pueblo. ¿Tiene mucho movimiento o es tranquila?

Ampliar Lección 2

Geografía

Nuestra ciudad más grande

Es alta. Está llena de gente. Brilla con luces en la noche. La gente la llama la Gran Manzana. ¿Cuál es?

Es Nueva York. Esta ciudad tiene la mayor **población** en nuestro país. Más de ocho millones de personas viven ahí. Otros millones visitan la ciudad cada año. Por toda la ciudad hay autobuses, subterráneos, bicicletas y automóviles que llevan a la gente adonde quiere ir.

Nueva York tiene algunos de los edificios, o rascacielos, más altos del mundo. Algunos son edificios de apartamentos. Otros son oficinas donde trabaja la gente.

Nueva York también tiene muchos lugares para jugar. Hay más de 1,500 parques y patios de juego.

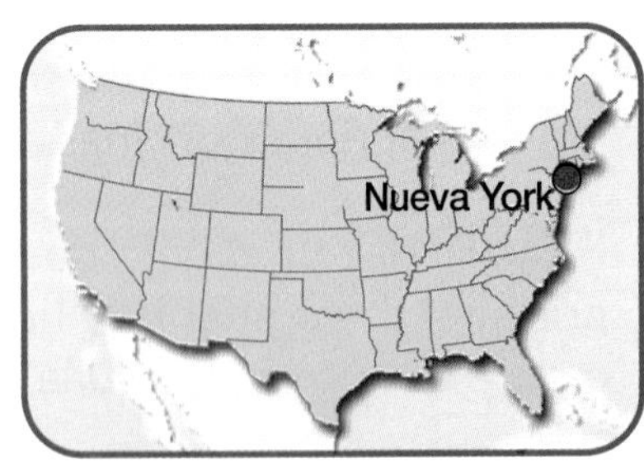

Parques para la gente

Cuando se construyó el *Central Park* (Parque Central), los trabajadores plantaron más de 270,000 árboles y arbustos. Hoy en día la gente monta bicicleta, juega a la pelota, observa aves y hace picnic en los bosques y campos del parque.

Actividades

1. **COMÉNTALO** Habla sobre las maneras en que las personas de un lugar lleno de gente pueden llevarse bien unas con otras.

2. **ESCRÍBELO** El apodo de Nueva York es la Gran Manzana. Escribe tu propio lema para la ciudad y explica por qué lo escogiste.

Capítulo 1 Repaso y Preparación para pruebas

Resumen visual

1. – 3. Escribe una descripción de cada elemento mencionado abajo

Comunidad

____
____
____
____
____

Reglas y leyes

____
____
____
____
____

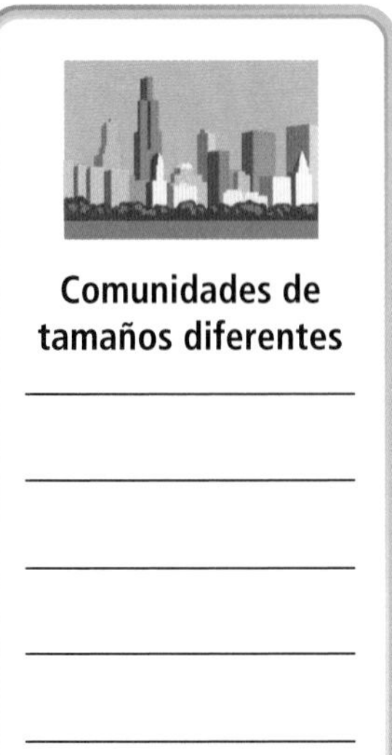

Comunidades de tamaños diferentes

____
____
____
____
____

Hechos e ideas principales

Responde a cada pregunta.

4. **Cultura** ¿Qué necesita la gente de cada comunidad?
5. **Civismo** ¿De qué maneras pueden ayudar los ciudadanos en sus comunidades?
6. **Geografía** ¿Qué tipo de comunidad tiene más personas?
7. **Geografía** ¿Qué tipo de comunidad está lejos de una ciudad?
8. **Gobierno** ¿De qué maneras ayudan las leyes a una comunidad?

Vocabulario

Elige la palabra correcta de la lista de abajo para completar cada oración.

ciudadano, pág. 8
población, pág. 19
suburbio, pág. 18

9. Sparta, Georgia, tiene una __________ de 1,500 personas.
10. Un ______________ puede ser como una ciudad, pero con menos gente.
11. En nuestro país, un ______________ puede elegir a los líderes que hacen las leyes.

Aplicar destrezas

Repaso de destrezas de mapa
Estudia el mapa de Illinois de abajo. Luego usa tus destrezas de mapa para responder a cada pregunta.

12. ¿En qué parte de Illinois está Chicago?

A. el suroeste
B. el noroeste
C. el noreste
D. el sureste

13. ¿Qué indica la clave del mapa?

A. lagos
B. ciudades
C. ríos
D. otros estados

Razonamiento crítico

Escribe un párrafo corto para responder a cada pregunta de abajo. Usa detalles para apoyar tu respuesta.

14. Comparar ¿De qué manera es tu clase una comunidad?

15. Predecir resultados Si los ciudadanos quieren que su comunidad sea segura y esté limpia, ¿qué tipos de leyes pueden tener?

Actividades

Arte Haz un dibujo de tu edificio favorito en tu comunidad.

Escritura Escribe una descripción de una actividad que la gente podría hacer para divertirse en una ciudad o un área rural. Explica por qué la actividad sería divertida.

Tecnología
Consejos para el proceso de escritura
Busca ayuda para tu descripción en:
www.eduplace.com/kids/hmss/

Capítulo 2

Nuestra tierra y recursos

Tecnología

e • glosario
www.eduplace.com/kids/hmss/

Vistazo al vocabulario

clima

El **clima**, o tiempo que hace por un período largo, es diferente en varias partes de California. Los climas pueden ser cálidos o fríos, húmedos o secos. **página 30**

desierto

A menudo, un **desierto** es caliente durante el día y más fresco durante la noche. Muchos desiertos son secos y tienen menos plantas que otros lugares más húmedos. **página 37**

Estrategia de lectura

Predecir e inferir Usa esta estrategia a medida que lees las lecciones de este capítulo.

Mira las fotos para predecir de qué tratará la lección.

recursos naturales

El agua y las plantas se encuentran en la naturaleza. La gente depende de estos **recursos naturales** para vivir.
página 44

contaminación

Algunas ciudades grandes tienen mucha **contaminación.** Los gases del tráfico y el humo de las empresas pueden ensuciar el aire, el suelo y el agua.
página 56

Lección central 1

La tierra, el agua y el clima de la Tierra

VOCABULARIO

accidente geográfico
erosión
geografía
clima

DESTREZA DE LECTURA
Idea principal y detalles
A medida que lees, anota los detalles que dicen cómo los diferentes accidentes geográficos afectan las comunidades cercanas a ellos.

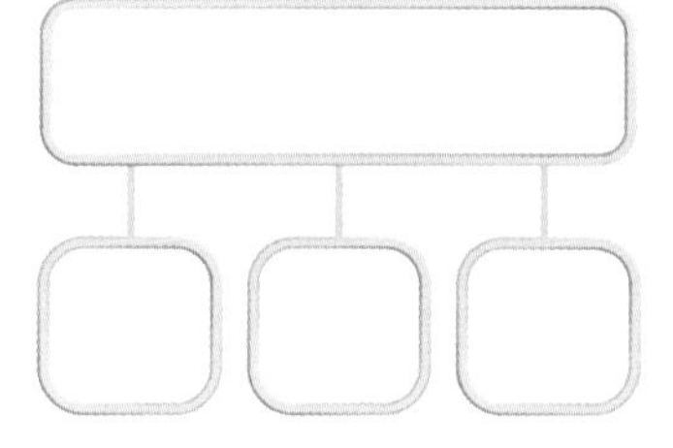

Desarrolla lo que sabes Es fácil montar en bicicleta cuesta abajo por una colina. Ir cuesta arriba es más difícil. Pedaleas más fuerte al subir una colina. Cuando vas en bicicleta, puedes saber cuándo el terreno sube y cuándo baja.

Observar los accidentes geográficos

La colina a la que te costó tanto subir es un tipo de accidente geográfico. Un **accidente geográfico** es una forma o característica de la superficie terrestre. Piensa en la forma que tiene el terreno del lugar donde vives. La erosión ayudó a crear los accidentes geográficos que ves. La **erosión** es el proceso por el cual el viento o agua desgasta la tierra a través del tiempo.

Cuando piensas en los accidentes geográficos y en la erosión, estás pensando en la geografía. La **geografía** es el estudio de la gente, los lugares y la Tierra.

La Tierra Esta fotografía tomada desde el espacio muestra parte de América del Norte.

Vivir en la tierra

La gente vive en muchos lugares diferentes de la Tierra. Los accidentes geográficos afectan los lugares donde la gente construye comunidades. A menudo las personas viven donde el terreno está nivelado, o es plano. Allí pueden cultivar y viajar fácilmente. Éstas son dos razones por las que mucha gente también vive en las llanuras. Una llanura es una gran extensión de terreno plano o suavemente ondulado.

idea principal

Como la gente a menudo construye comunidades donde puede cultivar, mucha gente vive en valles. Un valle es el terreno entre montañas o colinas. El suelo en el fondo de los valles es rico y puede ser bueno para cultivar.

Hay pocas comunidades en lo alto de las montañas. Las montañas pueden ser escarpadas y tener laderas muy inclinadas. Puede ser muy difícil cultivar alimentos en laderas altas.

Repaso ¿Por qué podría la gente vivir en llanuras?

Tres accidentes geográficos

llanura	área extensa de terreno que es plano o casi plano	
meseta	área de tierras altas que a menudo tiene lados empinados y puede ser plana o escarpada en la parte de arriba	
colina	masa elevada de terreno, más pequeña que una montaña	

Agua salada, agua dulce

El agua también afecta los lugares donde la gente construye comunidades. La Tierra tiene dos tipos de agua: dulce y salada. Las personas necesitan agua dulce para beber. No se puede beber el agua salada de los océanos, pero puede usarse para viajar y pescar. Muchas ciudades y pueblos están cerca de océanos, ríos y lagos.

Los ríos y lagos contienen gran parte del agua dulce de la Tierra. Los ríos son cuerpos de agua que fluyen cuesta abajo. Los lagos son grandes cuerpos de agua estancada, rodeados de tierra.

Los océanos del mundo son de agua salada. Los océanos cubren aproximadamente dos tercios de la Tierra. Las partes de los océanos tienen nombres. Un golfo es una sección grande de océano parcialmente rodeada de tierra. Una bahía también está parcialmente rodeada de tierra, pero usualmente es más pequeña que un golfo.

Cuerpos de agua Los arroyos y ríos fluyen cuesta abajo hacia el océano.
DESTREZA **Lectura de material visual** ¿Qué partes de un río se muestran?

Vivir cerca del agua

Las personas en las comunidades alrededor del mundo usan los cuerpos de agua de muchas maneras. Muchas ciudades y pueblos construyen puertos sobre ríos, lagos y océanos. Un puerto es un lugar donde pueden atracar buques y barcos. Las personas pueden ganarse la vida en los puertos. Los pescadores atrapan peces para vender. Otras personas pueden trabajar en los buques y barcos que llegan y se van.

Las empresas también usan el agua. Hacen bebidas, preparan comida o riegan los cultivos con agua dulce. Algunas empresas construyen represas en ríos para generar electricidad. Otras pueden usar los océanos para transportar cosas por todo el mundo.

La gente también usa agua para divertirse. En comunidades cercanas al agua, la gente puede nadar o navegar. En invierno, si el agua se congela, la gente puede patinar sobre hielo.

Repaso ¿Por qué hay muchas comunidades cercanas al agua?

El lago Tahoe es el lago más profundo de California.

La costa del Pacífico de California tiene 3,427 millas de largo.

Los climas en invierno cerca de St. Petersburg, Florida, y Anchorage, Alaska, son muy diferentes.
DESTREZA **Lectura de material visual** ¿Qué pistas sobre el clima ves en cada fotografía?

Tiempo y clima

¿Cómo está el tiempo hoy? ¿Está lluvioso o hace viento? El tiempo es el estado del aire en un lugar y período determinados. El tiempo afecta a las personas cuando trabajan y juegan. Por ejemplo, en días nevosos, es posible que la gente se quede en casa hasta que las máquinas que quitan la nieve despejan las carreteras.

En lugares con clima cálido, es posible que no caiga nieve en invierno. El **clima** es el tiempo de un lugar por un período largo. Los climas pueden ser cálidos o fríos, húmedos o secos. Pueden cambiar de una estación a otra. Los climas también se ven afectados por el agua y los accidentes geográficos. Por ejemplo, el agua fría en un océano tiende a enfriar el aire cercano en el verano. El clima en lo alto de las montañas es más frío que en los valles de más abajo.

El clima marca la diferencia

El clima afecta la manera de vivir de la gente. Afecta sus opciones de vivienda, alimentos y vestido. Cuando es invierno en un clima frío, la gente viste abrigos y sombreros cuando está al aire libre. En climas cálidos, es posible que las personas refresquen sus casas y negocios durante todo el año.

idea principal

El clima también afecta a las plantas que crecen y a los animales que viven en un área. Algunas plantas, como el cactus, se dan bien en áreas con poca lluvia. Otras crecen sólo en climas húmedos. Ciertos animales, como el camaleón cornudo, viven solamente en lugares con clima caliente. Animales como el alce, el uapití y los osos prefieren los climas más fríos.

Repaso ¿De qué manera afecta el clima la vida de la gente?

Los camaleones cornudos viven en el suroeste de Estados Unidos.

Repaso de la lección

1. **VOCABULARIO** Escribe un párrafo donde expliques el tipo de **clima** en el que vives.
2. **DESTREZA DE LECTURA** Da por lo menos tres ejemplos de cómo los accidentes geográficos afectan a las comunidades.
3. **IDEA PRINCIPAL: Geografía** Enumera dos formas en que las comunidades usan los cuerpos de agua.
4. **IDEA PRINCIPAL: Geografía** ¿Por qué los puertos son buenos lugares para que la gente encuentre trabajos?
5. **RAZONAMIENTO CRÍTICO: Comparar y contrastar** ¿Cómo puede parecerse vivir cerca de un río a vivir en una llanura? ¿Qué sería diferente?

ESCRITURA Escribe un párrafo acerca de los accidentes geográficos o el agua que ves en tu comunidad. Explica cómo los usan las personas.

La erosión moldea la tierra

Parque Nacional Arches, Utah

Parque Nacional Glacier Bay, Alaska

Las rocas se rompen. Las riberas de los ríos se desmoronan. En todo el planeta las fuerzas de la **erosión** están en movimiento, cambiando la tierra.

El viento es una fuerza de erosión. Puede reformar las dunas de arena de una playa. A través del tiempo, puede desgastar los **accidentes geográficos** en los desiertos y otros lugares secos.

Los glaciares también causan erosión. Un glaciar es un río congelado. Se mueve lentamente cuesta abajo por una pendiente o valle. Algunos glaciares se extienden por el terreno. Con el paso de miles de años, muelen y aplanan la tierra.

El agua también puede cambiar la forma de la Tierra. Las olas marinas chocan contra los riscos y orillas del mar. El agua que fluye en los ríos puede levantar y mover la tierra del lecho y las riberas del río.

Con el tiempo, el río Colorado ha penetrado el terreno rocoso a su alrededor. Esto ayudó a crear el Cañón del Mármol, en Arizona.

Actividades

1. **COMÉNTALO** ¿Cuáles son las tres fuerzas de erosión que se muestran? Comenta en qué se diferencian.

2. **ESCRÍBELO** Fíjate bien en la fotografía de esta página. Escribe un párrafo que describa cómo pudo haberse visto la tierra antes de la erosión.

Mapas y globos
Destrezas

Desarrollar destrezas

Leer un mapa climático

VOCABULARIO
mapa climático

Si fueras a mudarte a un lugar nuevo, tal vez quisieras saber cómo es el tiempo durante las distintas estaciones. Para investigarlo, puedes leer un mapa climático. Un mapa climático muestra el tiempo que hace en un área durante un período largo.

Aprende la destreza

Paso 1: Lee el título del mapa para averiguar el tipo de información que muestra.

Paso 2: Estudia la clave del mapa. Cada color en el mapa indica un clima diferente.

Paso 3: Deberías poder identificar el clima de cada área según el color que tiene en el mapa. Para ayudarte, revisa la clave del mapa.

Practica la destreza

Usa el mapa climático para responder a las preguntas de abajo.

1. ¿Cómo son los inviernos en Seattle?
2. ¿Qué ciudades se encuentran en áreas que tienen veranos calurosos y húmedos?
3. Si quisieras vivir en un área con clima seco, ¿qué ciudad escogerías?

Aplica la destreza

Pregunta a otros tres estudiantes en qué clima les gustaría vivir y por qué. Luego encuentra en el mapa la ciudad que tenga el mejor clima para cada estudiante. Comparte con la clase las ciudades y los climas más populares.

Lección central 2

La geografía de nuestro país

VOCABULARIO

costa

desierto

región

DESTREZA DE LECTURA

Categorizar Coloca cada accidente geográfico y cuerpo de agua en la categoría correcta: Oeste, Central, Este.

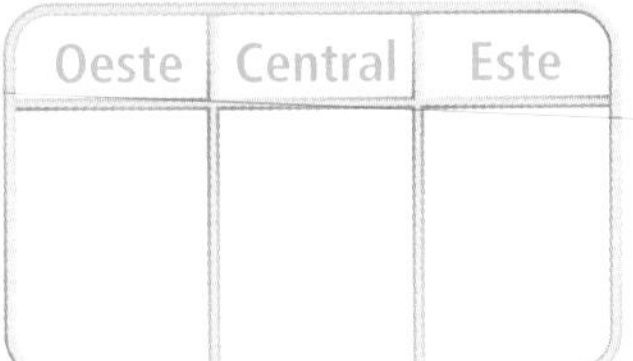

Desarrolla lo que sabes Cuando miras a tu alrededor, ¿qué tipos de accidentes geográficos ves? Los niños de otra parte del país ven accidentes geográficos diferentes.

Viajar del Oeste al Este

idea principal

Estados Unidos tiene muchos tipos de accidentes geográficos y cuerpos de agua. El mapa de la siguiente página muestra la ubicación de llanuras y mesetas, lagos y ríos. Una ubicación es donde se encuentra un lugar en la Tierra.

Busca en el mapa el lugar donde coinciden la tierra y el océano Pacífico. Se trata de la Costa Oeste. Una **costa** es la tierra al lado del mar. A todo lo largo de la Costa Oeste hay una cordillera, o hilera larga de montañas. Es la Cordillera Costera. Busca las montañas de la Sierra Nevada. Entre estas dos cordilleras se encuentra el Valle Central en California.

Sierra Nevada Esta cordillera montañosa de California tiene unas 400 millas de largo.

DESTREZA **Leer mapas** ¿Qué accidentes geográficos hay en Alaska?

Tierra seca, picos escarpados

Al este de la Sierra Nevada se halla la Cuenca y Cordillera. Áreas bajas y planas de desierto y montañas cubren esta parte del país. Un **desierto** es un área seca donde cae poca lluvia y crecen pocas plantas. En verano, los desiertos pueden ser calurosos durante el día y más fríos en la noche. El sitio más caluroso del país, el Valle de la Muerte, está en la región de Cuenca y Cordillera.

Muévete hacia el sureste sobre el mapa para hallar la Meseta del Colorado. Aquí hay montañas y cañones. Un cañón es un valle con forma de V creado por un río. Busca el Gran Cañón. En algunos lugares tiene más de una milla de profundidad. Las montañas Rocosas, la cordillera montañosa más grande del país, se encuentran al este del Gran Cañón.

Repaso Nombra tres accidentes geográficos en la parte oeste de nuestro país.

El centro de Estados Unidos

Al este de las montañas Rocosas se encuentra la parte central de Estados Unidos. Aquí la tierra se aplana. Las características principales de la parte central del país son ríos, lagos y llanuras.

Las Grandes Llanuras son una vasta región de praderas. Una **región** es un área que tiene una o más características en común. Esas características hacen que una región sea diferente a otra. El terreno de las Grandes Llanuras es seco con ondulaciones suaves, pero no tan seco como el de un desierto.

Más hacia el este, en las praderas centrales, crecen pastos altos y bosques. Allí la tierra es sobre todo plana y más baja que en las Grandes Llanuras. Al sur se encuentra la Llanura Costera del Golfo. Gran parte de esta región es baja y plana. Los pantanales cubren parte de la llanura.

Grandes Llanuras El heno, cortado y en fardos, esparcido por un campo en Colorado.

Llanura Costera del Golfo Los pantanales en Louisiana son una característica de esta región.

Río vigoroso y grandes lagos

En el mapa, busca el punto donde el río Mississippi entra en el Golfo de México. El río fluye en dirección sur por más de 2,000 millas hasta su desembocadura. El Mississippi es una ruta de embarque importante. Muchas barcazas viajan hacia arriba y hacia abajo en el río. Transportan cosas como maíz y carbón de un puerto a otro.

Observa en el mapa todo el recorrido hacia el norte. Verás cinco lagos enormes. Son los Grandes Lagos. Juntos, los lagos forman el mayor cuerpo de agua dulce de la Tierra.

Repaso ¿En qué se diferencia la parte central del país de la parte oeste?

Río Mississippi Las barcazas se desplazan por el río en Illinois.

Grandes Lagos Los cinco lagos están ubicados entre Canadá y Estados Unidos.

Apalaches Los picos más altos están a menos de 7,000 pies sobre el mar.

Llanura Costera del Atlántico Este pantanal plano en Carolina del Sur es una ciénaga salada.

Montañas y llanuras del Este

La región final del país se encuentra al este de las llanuras y los Grandes Lagos. Las características principales de esta región son montañas, colinas, llanuras y ríos. Los montes Apalaches se extienden desde Maine hasta Georgia. No son tan altos como las montañas Rocosas. Millones de años de erosión han hecho que estos picos montañosos sean bajos y redondeados.

idea principal

Al este de los Apalaches está la Llanura Costera del Atlántico. Partes de la llanura son buenas para la agricultura. A lo largo de la costa hay playas y pantanales. Esta región se extiende desde Massachusetts hasta Florida.

Pantanales y océanos

Usando el mapa de la página 37, busca la península de Florida en el sur. Una península es una porción de tierra rodeada casi por completo de agua. En el extremo más al sur de Florida se encuentran los Everglades. Son un pantanal extenso. Al este de los Everglades se encuentra el segundo océano más grande del mundo, el océano Atlántico.

Los océanos Atlántico y Pacífico marcan las costas de Estados Unidos. Muchos accidentes geográficos dan forma al país entre los océanos. En el Oeste son regiones de montañas, desiertos y mesetas. El centro de Estados Unidos tiene llanuras, ríos y lagos. El Este es una región de montañas bajas, llanuras costeras y pantanales.

Península Florida es una península de 400 millas de largo. ¿Cuántas millas tiene Baja California?

Repaso Describe algunas de las características principales de la parte este del país.

Repaso de la lección

1. **VOCABULARIO** Escribe una oración usando **costa** y **región**.
2. **DESTREZA DE LECTURA** Consulta tu tabla. ¿En qué categoría colocaste los pantanales? ¿Por qué?
3. **IDEA PRINCIPAL: Geografía** Escribe una o dos oraciones que describan un accidente geográfico que puedes encontrar en el oeste de Estados Unidos.
4. **IDEA PRINCIPAL: Geografía** Compara los montes Apalaches con las montañas Rocosas.
5. **RAZONAMIENTO CRÍTICO: Inferir** Si decidieras caminar desde la Costa Oeste hasta la Costa Este, ¿qué partes del país podrían ser las más difíciles de atravesar? ¿Por qué?

APLÍCALO

MAPA En un mapa de California, busca y rotula el océano Pacífico, la bahía de San Francisco, el lago Tahoe y la Sierra Nevada. Luego, rotula los accidentes geográficos que estén cerca de tu ciudad o pueblo: desierto, cordillera montañosa, valle y lago.

Biografías

Proteger la tierra

Observa la quietud de un bosque. Escucha el canto de las aves a través de un pantanal. Los bosques y los pantanales son sitios especiales de nuestro país. Los disfrutamos hoy porque en el pasado la gente luchó para protegerlos.

John Muir

(1838–1914)

De jovencito, John Muir exploraba el bosque y el campo cerca de su hogar. En la universidad, una de sus materias favoritas era botánica, o el estudio de las plantas. Esto lo llevó a viajar a través de Wisconsin, Iowa y partes de Canadá para investigar más sobre las plantas.

Más adelante, Muir realizó largos viajes por otras partes del país. Vivió por varios años en el Valle Yosemite en California. Escribió acerca de las plantas y los asombrosos accidentes geográficos de Yosemite. Escribió artículos sobre la necesidad de cuidar y proteger el valle. En 1890, líderes de Estados Unidos convirtieron a Yosemite en un parque nacional.

Marjory Stoneman Douglas

(1890–1998)

Al igual que John Muir, Marjory Stoneman Douglas amaba la tierra que había a su alrededor. Siendo una mujer joven, se mudó a Florida y trabajó como reportera de periódicos. Pronto, comenzó a escribir sobre los pantanos Everglades y sus caimanes, pelícanos y panteras.

En un libro, Douglas explicó que los Everglades eran como un gran río. La gente comenzó a entender mejor la **región**. El gobierno convirtió parte de los Everglades en parque nacional en 1947.

Douglas trabajó hasta bien avanzada su vida enseñando a la gente sobre los Everglades. Llegó a conocerse como la "abuela de los Glades".

Actividades

1. **PIÉNSALO** ¿De qué manera mostraron John Muir y Marjory Stoneman Douglas **bondad** hacia la tierra?

2. **PRESÉNTALO** Piensa en un lugar al aire libre que adores en tu comunidad. Escribe y presenta una descripción corta donde hables de las plantas, animales o accidentes geográficos.

Lección central 3

Las comunidades y sus recursos

VOCABULARIO

medio ambiente
recursos naturales
recursos renovables
recursos no renovables

DESTREZA DE LECTURA
Sacar conclusiones
Haz una lista de lo que aprendes sobre los recursos naturales. Luego saca una conclusión acerca de la forma en que la gente debería usarlos.

Desarrolla lo que sabes ¿De qué está hecha la ropa que llevas puesta? Tu camisa o pantalón podrían estar hechos de algodón. El algodón es una de las muchas cosas de la naturaleza que usa la gente.

Recursos naturales

Cuando juegas al aire libre, el sol te calienta a ti y al aire que te rodea. El aire es parte de tu medio ambiente. El **medio ambiente** es el agua, el suelo, el aire y los seres vivos que te rodean.

Las plantas son parte del medio ambiente. El agua dulce de los lagos y ríos también es parte del medio ambiente. Las plantas y el agua dulce son recursos naturales. Los **recursos naturales** son cosas que se encuentran en la naturaleza que le son útiles a la gente. La gente usa los recursos naturales cada día.

idea principal

Recursos naturales Un agricultor usa el tractor para recoger la cosecha de la tierra.

Tres tipos de recursos

Algunos recursos naturales son renovables. Los **recursos renovables** son los recursos que pueden ser reemplazados. Los vegetales que comes son recursos renovables que crecen de las semillas. Los agricultores usan semillas para plantar nuevos campos de vegetales.

Otros recursos naturales no son renovables. Los **recursos no renovables** no pueden ser reemplazados. El petróleo es un ejemplo. La gente perfora pozos para obtener petróleo de la tierra. El petróleo se usa para cosas como el combustible de los autos. Una vez que se usa, el petróleo se acaba para siempre.

Un tercer tipo de recursos naturales es un recurso disponible. El sol y el viento son ejemplos. Los recursos disponibles son renovables, pero no pueden usarse todo el tiempo. La gente sólo puede usarlos cuando aparecen. Cuando no hay viento, la gente no puede usarlo.

Repaso ¿Cuál es la diferencia entre recursos renovables y no renovables?

Renovable El trigo del cereal es un recurso renovable.

No renovable La gasolina puede usarse sólo una vez.

Disponible La energía del viento produce la electricidad para esta lámpara.

Represa Oroville Esta represa en California tiene más de 700 pies de alto. **DESTREZA Lectura de material visual** ¿Cómo cambió la represa el río?

Comunidades y recursos

Las comunidades usan sus recursos de maneras diferentes. Miami, Florida, tiene playas cálidas y un clima soleado. Ésos son dos recursos naturales que atraen a muchas personas a Miami. A menudo la gente vive donde hay recursos naturales que puede usar.

idea principal

Cuando las personas usan recursos naturales, cambian el medio ambiente. El estado de California construyó la represa Oroville para bloquear el agua del río Feather y hacer un gran lago. Las personas usan el agua del lago para generar electricidad. También la usan para beber y regar sus cultivos. Sin embargo, el nuevo lago destruyó lugares donde había peces de río y vida silvestre. Cuando las personas deciden cambiar el medio ambiente, también deben pensar en los efectos de los cambios.

La electricidad viaja de una torre a otra a través de cables.

Conservar los recursos naturales

Muchos de los recursos de los que depende la gente no son renovables. Si se usan sin cuidado, se agotarán rápidamente. Sin embargo, la gente puede usar los recursos no renovables con cuidado. Las comunidades también pueden conservar, o ahorrar, los recursos renovables. Una manera de hacerlo es reciclar. Reciclar significa reutilizar cosas que han sido desechadas. ¿Puedes pensar en algo que puedas reciclar hoy en día?

En esta lección has aprendido que la gente depende de los recursos naturales. Algunos recursos naturales pueden reemplazarse, pero otros no. A menudo las personas viven cerca de recursos naturales que pueden usar. Cuando las personas usan los recursos con cuidado, ayudan a conservarlos.

Repaso ¿Por qué debería la gente conservar los recursos en sus comunidades?

Repaso de la lección

1. **VOCABULARIO** Escribe una o dos oraciones que describan el **medio ambiente** del patio de juegos de tu escuela.
2. **DESTREZA DE LECTURA** Usa la información de tu tabla para sacar una **conclusión** sobre los recursos renovables.
3. **IDEA PRINCIPAL: Geografía** Da un ejemplo de un recurso renovable y uno no renovable.
4. **IDEA PRINCIPAL: Geografía** ¿Por qué a menudo la gente se establece cerca de los recursos naturales?
5. **RAZONAMIENTO CRÍTICO: Causa y efecto** ¿Cómo se vería afectada una comunidad si todos o casi todos sus recursos fueran no renovables?

ESCRITURA Los líderes locales le están pidiendo a tu comunidad que ahorre agua. Escribe una lista de los pasos que tú seguirías para conservar el agua.

Teatro del lector

¿Y qué hay del reciclaje?

¿A quién le corresponde preocuparse?
Un grupo de estudiantes de tercer grado decide que es tarea de todos cuidar el **medio ambiente.**

Directora Pierce

Maestro Kato

Personajes

Narrador

Rafael: estudiante

Katie: estudiante

Misa: estudiante

Teddy: estudiante

Directora Pierce

Maestro Kato

Maestra Schultz

Narrador: Es un cálido día de otoño en la escuela Northfield. Durante el receso del almuerzo, cuatro estudiantes están jugando en el patio de juegos. La directora y dos maestros están cerca.

Rafael: ¡Cuidado, Katie! ¡Casi pisas esa lata de jugo!

Katie: Gracias. No la vi. La echaré a la basura.

Misa: En la escuela de mi primo, no botan las latas.

Teddy: ¿Qué? ¿Las dejan regadas por el suelo?

Misa: ¡No! Las reciclan.

Katie: Eso es lo que hacemos en mi casa. Ponemos las botellas y latas usadas en un recipiente especial. También tenemos un recipiente para el papel.

Misa: Exactamente. Cada semana viene un camión y se lo lleva todo.

Teddy: ¿Adónde va a parar?

Katie: A una fábrica de reciclaje. Allá aplastan todo y lo usan para hacer de nuevo vidrio, metal y papel nuevo.

Teddy: Eso tiene sentido.

Misa: El reciclaje de papel salva árboles. No hay que cortar tantos si usamos el papel otra vez.

Teddy: Entonces, ¿por qué no reciclamos aquí en nuestra escuela?

Rafael: Vamos a preguntarle a la Directora Pierce. Allá está.

Katie: Directora Pierce, tenemos una pregunta. ¿Podría nuestra escuela reciclar?

Directora Pierce: Es una casualidad que lo pregunten. Justamente hablábamos de eso en una reunión de profesores.

Maestro Kato: ¿Creen que los estudiantes querrán separar el papel y reciclarlo en recipientes?

Katie y Misa: ¡Claro que sí!

Maestra Schultz: Algunos tenemos ciertas preocupaciones. Tal vez los recipientes sean muy caros para la escuela en este momento.

Teddy: Podríamos usar cajas viejas.

Maestro Kato: Buena idea, Teddy.

Maestra Schultz: Sí, y hay otras cosas que considerar si empezamos a reciclar.

Katie: ¿Como qué?

Maestra Schultz: Puede ser costoso que vengan trabajadores a recoger y clasificar botellas y latas. No es barato.

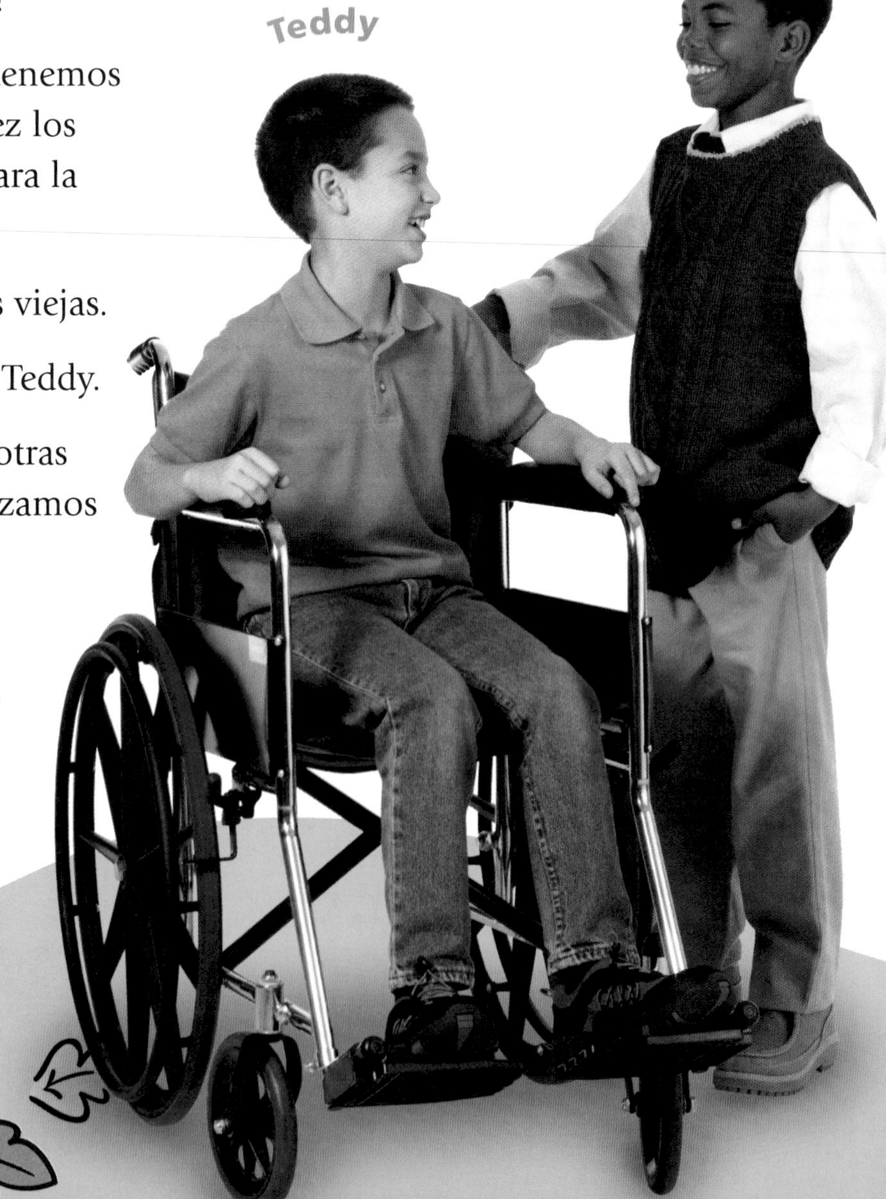

Maestra Kato: Cierto, pero al reciclar ahorramos energía. Se gasta menos energía al usar el metal de las latas que cavar para obtener nuevo metal.

Directora Pierce: Además, mientras más gente recicle, menos cosas se botarán. Eso ahorra espacio en los botaderos donde se echa la basura. Están bastante llenos.

Katie: Entonces vamos a dejar de sobrecargarlos.

Rafael: Creo que debemos producir menos desperdicios y reciclar más.

Directora Pierce: Es un buen lema. Como estudiantes, ¿les gustaría participar en un comité de reciclaje de la escuela?

Todos los estudiantes: ¡Sí!

Directora Pierce: Los maestros y los estudiantes pueden trabajar juntos para crear un programa de reciclaje de papel.

Maestra Schultz: Podemos empezar por investigar más sobre el reciclaje.

Rafael: Podemos hacer carteles y ponerlos por toda la escuela.

Misa: Vamos a pedirle papel para carteles al maestro de arte.

Katie: Buena idea, ¡pero que sea papel para carteles reciclado!

1. **COMÉNTALO** ¿Cuáles son las ventajas y desventajas de reciclar? ¿Se te ocurren otras? Analiza tus ideas con tus compañeros de clase.

2. **ESCRÍBELO TÚ MISMO** Escribe una pieza corta de Teatro del lector sobre cómo proteger el medio ambiente de tu comunidad.

Mapas y globos

Destrezas

Desarrollar destrezas

Usar la cuadrícula de un mapa

VOCABULARIO

cuadrícula del mapa

Una manera fácil de encontrar un lugar en un mapa es usar una cuadrícula. La cuadrícula del mapa es un conjunto de líneas rectas que se cruzan para formar cuadros de igual tamaño.

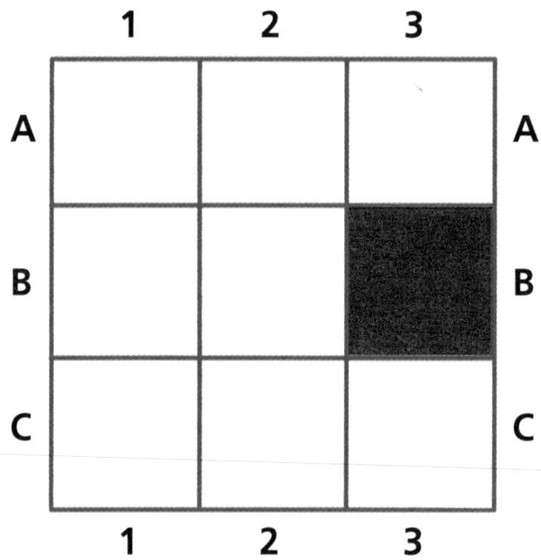

Aprende la destreza

Paso 1: Los recuadros que van de izquierda a derecha forman filas. Cada fila tiene un rótulo con una letra. Los recuadros que van de arriba a abajo forman columnas. Cada columna tiene un rótulo con un número. Cada recuadro tiene un nombre formado por una letra y un número.

Paso 2: Fíjate en el recuadro rojo. Mueve el dedo hacia el borde derecho de la cuadrícula. El recuadro está en la Fila B.

Paso 3: Recorre con el dedo toda la columna hasta la parte de arriba de la cuadrícula. El recuadro rojo también está en la Columna 3. Es el recuadro B-3.

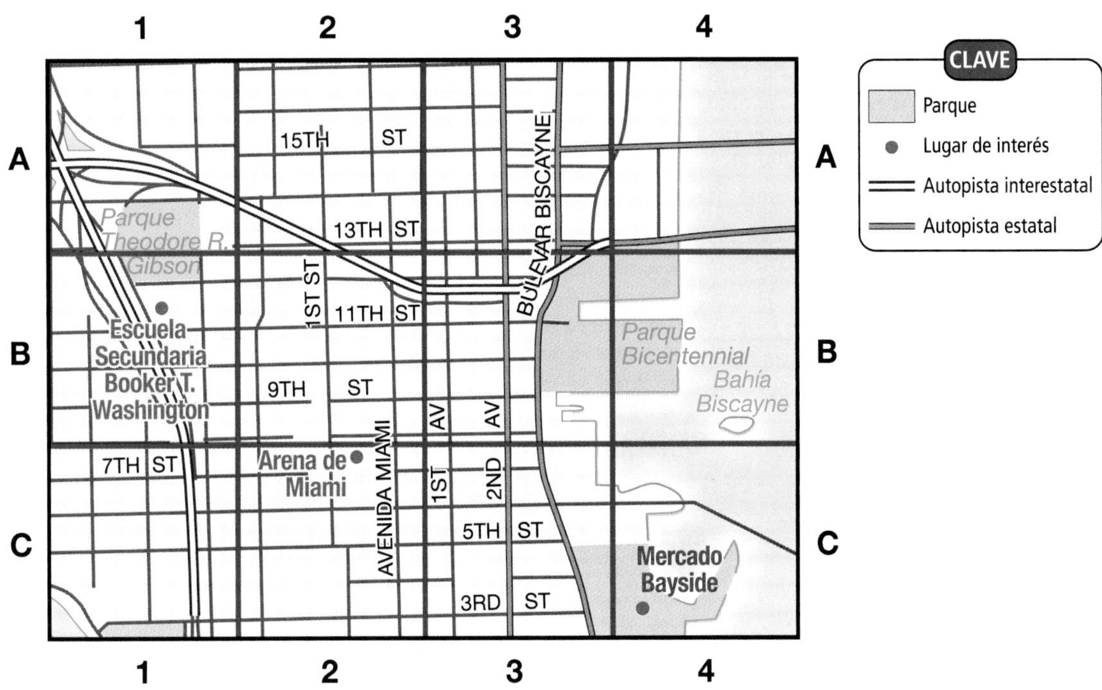

Practica la destreza

Usa los rótulos y los recuadros de la cuadrícula para responder a las preguntas de abajo.

1. ¿Qué lugar de interés está en B-1?
2. ¿Dónde se encuentra la Arena de Miami?
3. ¿Qué columna no tiene parques?

Aplica la destreza

Dibuja la cuadrícula de un mapa de tu salón de clase. Ponle rótulos a las filas y a las columnas. Incluye tres objetos, como por ejemplo la pizarra, la mesa de tu maestro y tu mesa. Intercambia mapas con un compañero de clase. Halla el recuadro de la cuadrícula y el nombre formado por letra y número para cada objeto en el mapa de tu compañero.

Lección central 4

CONEXIÓN CON EL MUNDO

Ciudad de México

VOCABULARIO

capital

canal

contaminación

DESTREZA DE LECTURA

Secuencia A medida que lees, escribe los sucesos que tuvieron lugar en Ciudad de México a través del tiempo. Asegúrate de poner los sucesos en orden.

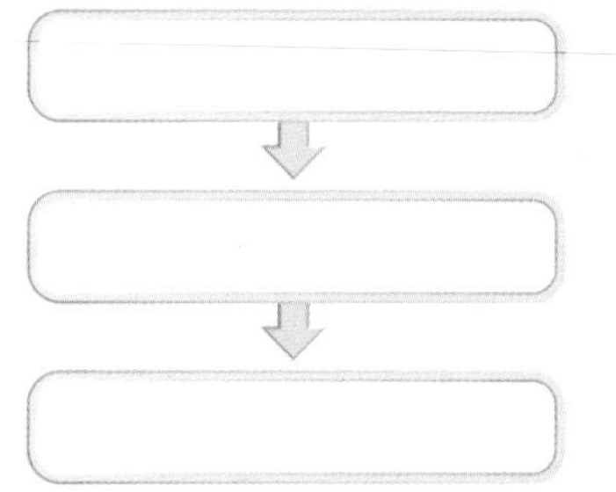

Desarrolla lo que sabes ¿Alguna vez has deseado viajar a otro país? México está ubicado al sur de Estados Unidos.

La capital de México

México y Estados Unidos son vecinos. Mira el mapa de abajo. Busca Ciudad de México. Es la capital de México. Una **capital** es la ciudad donde el estado o la nación hace sus leyes. Ciudad de México está ubicada en las montañas. A menudo el aire es fresco y seco, pero los días de verano pueden ser calurosos.

DESTREZA **Leer mapas** ¿Qué cuerpos de agua hay alrededor de México?

Tenochtitlán **Esta pintura muestra cómo pudo haber sido la ciudad hace 500 años.**

El pasado de Ciudad de México

Ciudad de México es muy antigua. La gente que ha vivido allí ha cambiado lentamente su medio ambiente. Hace tiempo, la ciudad era una isla en un lago.

Hace casi 700 años, los indígenas aztecas se establecieron en la isla. Con el paso del tiempo, construyeron una ciudad que llamamos Tenochtitlán. Los aztecas hicieron muchos cambios en la tierra y el agua que los rodeaba. Excavaron canales y construyeron jardines. Un **canal** es una vía fluvial hecha por personas.

Luego, hace casi 500 años, llegaron al área personas que venían de España. Buscaban oro. Los españoles construyeron una nueva ciudad en la isla que se convirtió en Ciudad de México. Los españoles querían tierra, no agua. Comenzaron a vaciar el lago. Más gente se mudó a Ciudad de México. Construyeron edificios en donde una vez estuvo el lago.

Repaso ¿De qué manera cambiaron los aztecas su medio ambiente?

Ciudad de México Hoy en día, casi 20 millones de personas viven en la ciudad.
DESTREZA **Lectura de material visual** ¿Cómo se diferencia hoy en día Ciudad de México de Tenochtitlán?

La bandera mexicana

Ciudad de México hoy en día

Ciudad de México es ahora una de las ciudades más grandes del mundo. Millones de personas viven y trabajan ahí. La gente en la ciudad disfruta conciertos, museos, mercados y parques llenos de árboles.

A medida que la ciudad ha crecido, se ha extendido. Ahora hay edificios más nuevos en las montañas cercanas. Las calles de Ciudad de México están llenas de autos, camiones y autobuses.

Cuando las ciudades crecen, pueden crear contaminación. La **contaminación** es cualquier cosa que ensucie el aire, suelo o agua y los haga dañinos. Los gases del tráfico y el humo de las empresas pueden causar contaminación del aire. Al igual que otras ciudades grandes del mundo, Ciudad de México tiene contaminación del aire. Las montañas alrededor de la ciudad bloquean el viento, por lo que no puede llevarse el aire contaminado.

Ciudad de México mira hacia el futuro

La gente de Ciudad de México está trabajando para limpiar su medio ambiente. (idea principal) Algunos autobuses y trenes ahora usan combustible más limpio. Los líderes de la ciudad cerraron algunas empresas que ensuciaban el aire. También hicieron leyes acerca de los automóviles que pueden circular en ciertos días. Estas medidas han ayudado a mejorar el aire de la ciudad.

La gente ha cambiado la tierra, el agua y el aire de Ciudad de México. Los aztecas fueron los primeros en construir allí una ciudad sobre una isla. Luego, los españoles también hicieron cambios en el agua y la tierra alrededor de la ciudad. Hoy en día, la gente está trabajando para hacer más limpio el medio ambiente de Ciudad de México.

Gente reunida en una plaza pública en Ciudad de México.

Repaso ¿Qué es la contaminación del aire y qué está haciendo la gente de Ciudad de México para limpiar el aire?

Repaso de la lección

1. **VOCABULARIO** Usa **capital** y **canal** en una oración sobre Ciudad de México.
2. **DESTREZA DE LECTURA** ¿Cómo se convirtió Tenochtitlán en Ciudad de México? Usa la información de tu tabla para poner los sucesos en orden.
3. **IDEA PRINCIPAL: Geografía** ¿Por qué ya no está Ciudad de México sobre una isla en un lago?
4. **IDEA PRINCIPAL: Geografía** ¿Cómo está afectando la gente hoy en día el medio ambiente de Ciudad de México?
5. **RAZONAMIENTO CRÍTICO: Generalizar** ¿Cómo pudieran los pasos dados por Ciudad de México para reducir la contaminación del aire ser usados por otras ciudades con ese problema?

ESCRITURA Imagina que vas a visitar Ciudad de México. Enumera las cosas que podrías ver allí.

Tecnología

La ciudad en el lago

El agricultor azteca en Tenochtitlán mira fijamente su labor. Recuerda todo el trabajo duro que hizo cuando plantó los semilleros con su vara excavadora. Ahora en su jardín crecen maíz, calabazas, frijoles y tomates. La ciudad a su alrededor está llena de jardines verdes como el suyo.

Los recursos naturales y la tecnología ayudaron a los aztecas a convertir su isla en una gran ciudad. Los árboles de las montañas proporcionaron madera para construir. Los aztecas usaron tecnología para construir canales que llevaban agua dulce a la ciudad desde los manantiales cercanos. Construyeron más y más **canales** a medida que la ciudad crecía. La gente usaba canoas para desplazarse por los canales y llegar a sus jardines.

Algunos agricultores mexicanos continúan cultivando la tierra de la misma forma que lo hicieron los aztecas hace 500 años.

Actividades

1. **EXPLÓRALO** Imagínate que estás en el dibujo y comenta lo que sería vivir en una ciudad de jardines y canales.

2. **COMPÁRALO** Compara y contrasta los canales aztecas con las carreteras que se usan hoy en día. O compara y contrasta las herramientas. Crea una tabla para mostrar lo que es igual y lo que es diferente.

Desarrollar destrezas

Usar partes de una fuente

▶ VOCABULARIO

contenido

glosario

índice

Si quisieras usar un libro para averiguar más acerca de un tema, ¿cómo lo harías? Conocer las partes de un libro, o fuente, te ayudará. Los libros están organizados para que sea fácil buscar información.

Aprende la destreza

Paso 1: El **contenido** es una lista de las secciones del libro, como son los capítulos. También indica la página en que empieza cada sección. Usualmente encontramos el contenido al principio de un libro.

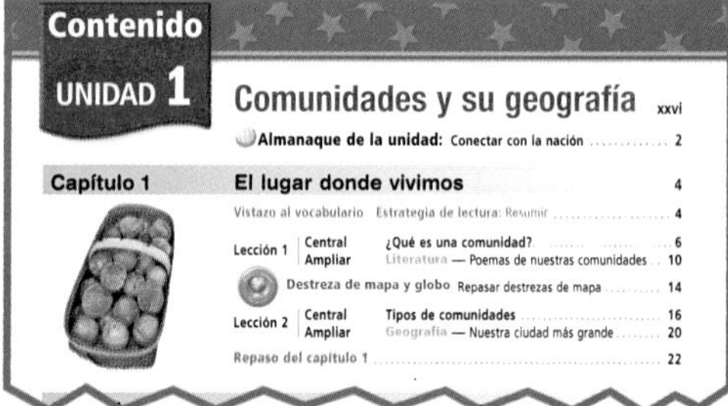

Contenido

UNIDAD 1 Comunidades y su geografía xxvi

Paso 2: Un **glosario** es una lista en orden alfabético de palabras y sus significados. Usualmente el glosario aparece cerca del final de un libro.

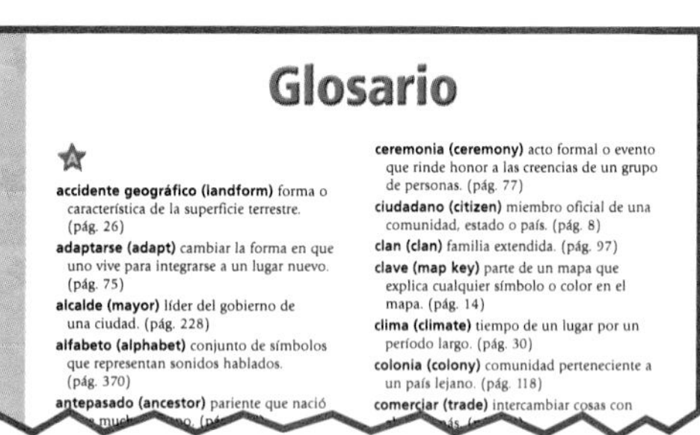

Glosario

A

accidente geográfico (landform) forma o característica de la superficie terrestre. (pág. 26)

adaptarse (adapt) cambiar la forma en que uno vive para integrarse a un lugar nuevo. (pág. 75)

alcalde (mayor) líder del gobierno de una ciudad. (pág. 228)

alfabeto (alphabet) conjunto de símbolos que representan sonidos hablados. (pág. 370)

antepasado (ancestor) pariente que nació

ceremonia (ceremony) acto formal o evento que rinde honor a las creencias de un grupo de personas. (pág. 77)

ciudadano (citizen) miembro oficial de una comunidad, estado o país. (pág. 8)

clan (clan) familia extendida. (pág. 97)

clave (map key) parte de un mapa que explica cualquier símbolo o color en el mapa. (pág. 14)

clima (climate) tiempo de un lugar por un período largo. (pág. 30)

colonia (colony) comunidad perteneciente a un país lejano. (pág. 118)

comerciar (trade) intercambiar cosas con

Paso 3: Un **índice** es una lista en orden alfabético que incluye cada tema mencionado en el libro. También indica los números de página donde se encuentra cada tema. El índice aparece usualmente al final de un libro.

Índice

Los números de página seguidos de una *m* se refieren a mapas. Los números de página en cursiva se refieren a fotografías.

A

Practica la destreza

Usa las partes de este libro para responder a las preguntas.

1. ¿En qué página comienza la Unidad 4 de este libro?
2. ¿Cuál sería la manera más rápida de encontrar todas las páginas que mencionan a John Muir?
3. ¿Cuál es la definición de población?

Aplica la destreza

Escoge una pregunta acerca de un país que te interese. En tu biblioteca, busca libros diferentes sobre este país. Usa el contenido y el índice de cada libro para hallar la información que necesitas para responder a tu pregunta.

Capítulo 2

Repaso y Preparación para pruebas

Resumen visual

1–4. Escribe una descripción de cada elemento mencionado abajo.

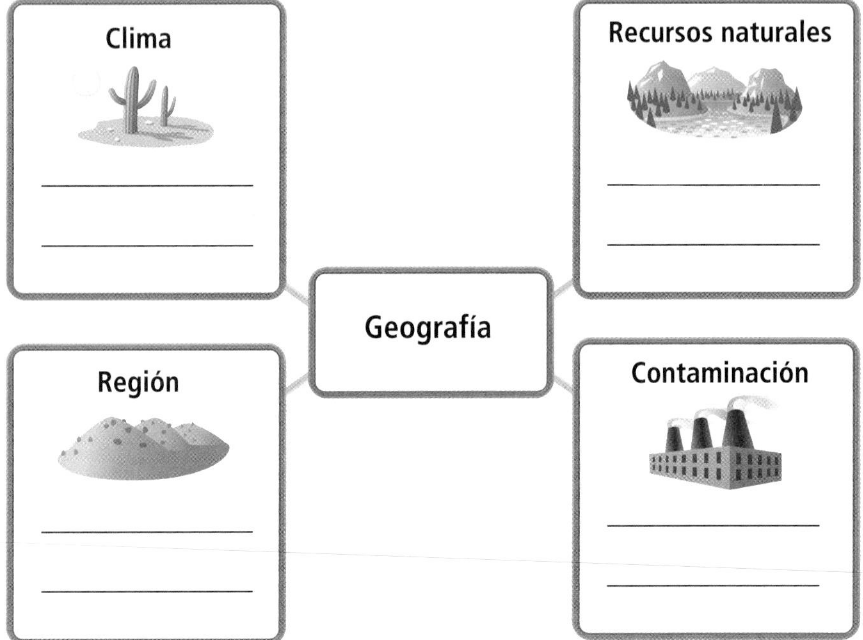

Hechos e ideas principales

Responde a cada pregunta.

5. **Geografía** ¿Por qué a menudo las comunidades están ubicadas cerca del agua?
6. **Geografía** Nombra cuatro tipos de accidentes geográficos.
7. **Geografía** ¿De qué manera cambió la represa Oroville el medio ambiente?
8. **Geografía** ¿Qué está haciendo la gente en Ciudad de México para mejorar su medio ambiente?

Vocabulario

Elige la palabra correcta de la lista de abajo para completar cada oración.

geografía, pág. 26
medio ambiente, pág. 44
contaminación, pág. 56

9. El agua, el aire y las plantas son parte del ______.
10. La/El ______ puede ser causada por autos y el combustible que usan.
11. El estudio del lugar donde vive la gente y por qué vive allí se llama ______.

Aplicar destrezas

Usar la cuadrícula del mapa Estudia el mapa de Colorado que está abajo. Usa lo que has aprendido acerca de las cuadrículas de mapas para responder a cada pregunta.

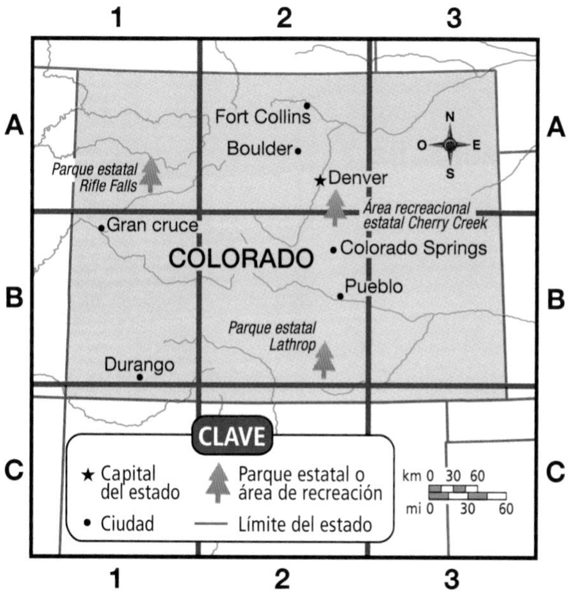

12. ¿Qué queda en el recuadro B-2 de la cuadrícula?

A. Denver
B. Durango
C. Parque Estatal Lathrop
D. Parque Estatal Riffle Falls

13. ¿En qué recuadro de la cuadrícula está Colorado Springs?

A. A-2
B. B-2
C. C-1
D. C-3

Razonamiento crítico

Escribe un párrafo corto para responder a cada pregunta de abajo. Usa detalles para apoyar tu respuesta.

14. Sacar conclusiones ¿Qué cambios en el medio ambiente han ocurrido en tu comunidad?

15. Analizar ¿De qué manera afecta el clima de tu región el tipo de ropa que usas en invierno y verano?

Actividades

Música Busca una canción que hable sobre la geografía de Estados Unidos o alguna parte del país. Escúchala y agrégale palabras a la letra por tu cuenta.

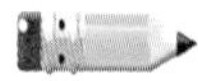

Escritura Escribe una narración personal donde cuentes una experiencia que hayas tenido al aire libre. Explica en qué tipo de medio ambiente te encontrabas.

Tecnología

Consejos para el proceso de escritura
Busca ayuda para tu narración en:
www.eduplace.com/kids/hmss/

La geografía del lugar donde vives

Fíjate bien en tu comunidad. ¿Qué accidentes geográficos o cuerpos de agua ves? ¿Cómo usa la gente la tierra? ¿Ves a alguien plantando un jardín o construyendo una carretera? ¡La geografía afecta tu vida todos los días!

Rasgos principales de la geografía

- **Accidentes geográficos y cuerpos de agua**
- **Tiempo y clima**
- **Gente y medio ambiente**
- **Recursos naturales y conservación**

¡Descúbrelo!

Los molinos de viento en California producen electricidad.

Explora la geografía de tu comunidad.

- **Empieza por los mapas.**
  Revisa el sitio en Internet de la Sociedad Geográfica de EE.UU. (U.S. Geographic Society). O busca en la biblioteca mapas de accidentes geográficos de tu comunidad.

- **Revisa el tiempo.**
  El Servicio Meteorológico Nacional (National Weather Service) tiene un sitio en Internet que te puede servir.

- **Visita o llama a la Cámara de Comercio.**
  ¿Hay planes para tu comunidad que podrían afectar el lugar donde la gente vive y trabaja?

- **¿Hay proyectos de conservación en marcha?**
  Tal vez encuentres detalles en los sitios en Internet de grupos ambientalistas.

Usa tu cuaderno comunitario para organizar la información que obtengas.

UNIDAD 1

Repaso y Preparación para pruebas

Vocabulario e ideas principales

Escribe una oración para responder a cada pregunta.

1. ¿Cuáles son algunas razones por las que las personas viven en **comunidades**?
2. ¿De qué maneras afecta el **clima** a una comunidad?
3. ¿Qué accidentes geográficos están en la **región** del oeste de Estados Unidos?
4. ¿Por qué las personas construyen frecuentemente sus comunidades donde hay muchos **recursos naturales**?

Razonamiento crítico

Escribe un párrafo corto para responder a cada pregunta. Usa detalles para apoyar tu respuesta.

5. **Comparar** ¿De qué maneras se puede parecer vivir cerca del río Mississippi a vivir cerca de uno de los Grandes Lagos?
6. **Resumir** Describe el clima de tu comunidad.

Aplica las destrezas

Usa el mapa de Miami que está abajo y lo que has aprendido para responder a cada pregunta.

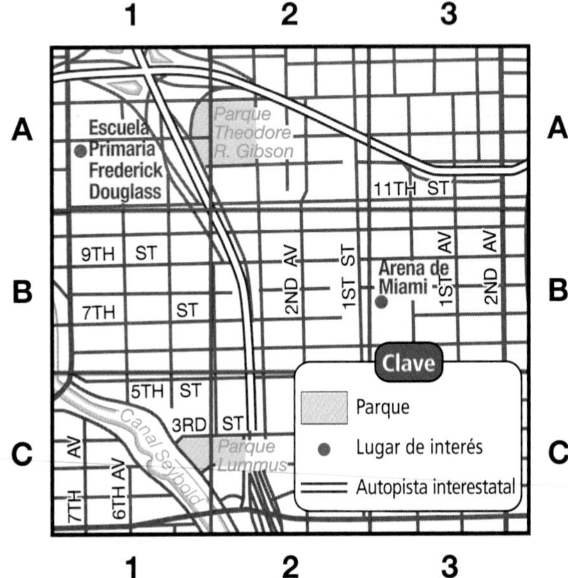

7. ¿Qué lugar está en B-3?
8. ¿En qué cuadro está ubicada la Escuela Primaria Frederick Douglass?

   A. A-1
   B. B-1
   C. C-2
   D. C-4

Actividad de la unidad

Haz un mapa de una comunidad

- Imagina diferentes tipos de comunidades. Escoge una.
- Haz una lista de características que podrían ser parte de esa comunidad, como edificios, accidentes geográficos o parques.
- Crea y rotula un mapa de una comunidad que muestre las características de tu lista.

En la biblioteca

Busca este libro en la biblioteca pública o la de tu escuela.

Dawn till Dusk

por Natalie Kinsey-Warnock

La escritora recuerda el trabajo duro y lo divertido de crecer en una granja.

WEEKLY READER

Sucesos actuales

Conectar con tu comunidad

Crea un cartel informativo sobre un recurso natural en tu estado o comunidad.

- Encuentra dos artículos sobre un recurso natural.
- Escribe tres oraciones para resumir cada artículo.
- Haz un dibujo para cada resumen. Exhibe tus resúmenes.

Tecnología

Busca en Weekly Reader artículos de ciencias sociales. Visita: **www.eduplace.com/kids/hmss/**

Léelo

Busca estos libros para lectura independiente de ciencias sociales en tu salón de clases.

UNIDAD 2

Las primeras comunidades de América del Norte

La gran idea

¿Se parecía la gente de antes a ti?

“No hay palabras desconocidas... o refranes en nuevos idiomas que no hayan dicho ya los antepasados”.

por Senusret II, rey egipcio

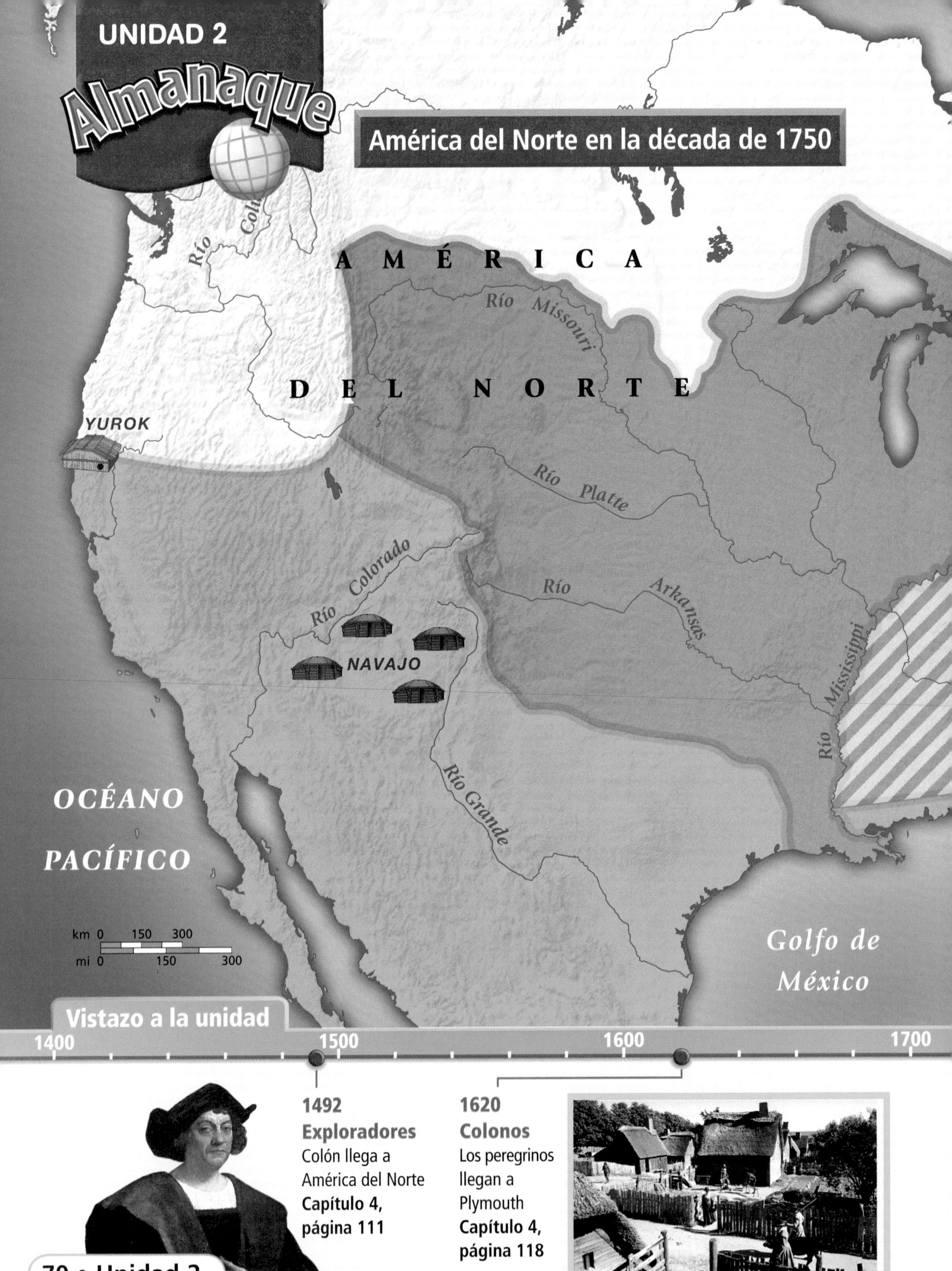

UNIDAD 2
Almanaque
América del Norte en la década de 1750
AMÉRICA DEL NORTE
Río Col
Río Missouri
Río Platte
Río Colorado
Río Arkansas
Río Grande
Río Mississippi
YUROK
NAVAJO
OCÉANO PACÍFICO
Golfo de México
km 0 150 300
mi 0 150 300
Vistazo a la unidad
1400
1500
1600
1700
1492
Exploradores
Colón llega a América del Norte
Capítulo 4, página 111
1620
Colonos
Los peregrinos llegan a Plymouth
Capítulo 4, página 118

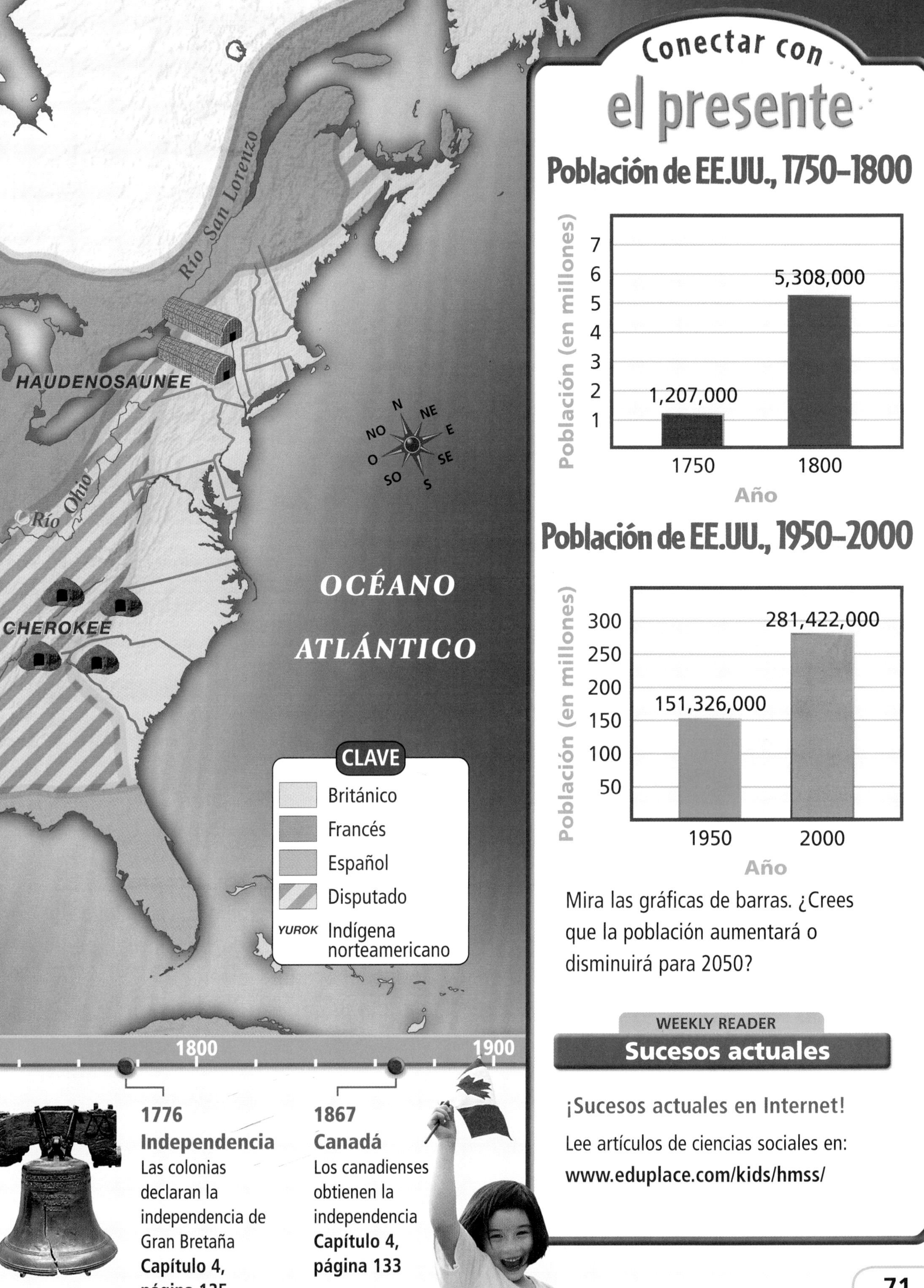

Conectar con el presente

Población de EE.UU., 1750-1800

Población de EE.UU., 1950-2000

Mira las gráficas de barras. ¿Crees que la población aumentará o disminuirá para 2050?

WEEKLY READER

Sucesos actuales

¡Sucesos actuales en Internet!

Lee artículos de ciencias sociales en: **www.eduplace.com/kids/hmss/**

1776
Independencia
Las colonias declaran la independencia de Gran Bretaña
Capítulo 4, página 125

1867
Canadá
Los canadienses obtienen la independencia
Capítulo 4, página 133

Capítulo 3

Comunidades indígenas norteamericanas

Vistazo al vocabulario

ceremonia

Los navajo pueden realizar una **ceremonia** como parte de su religión. Este evento puede incluir cantos y pintura de arena.
página 77

economía

¿De qué está hecha una **economía**? El dinero forma parte de ella. Para algunas personas en el pasado, las conchas, no los dólares, eran el dinero.
página 84

Estrategia de lectura

Preguntar A medida que lees este capítulo, hazte preguntas para verificar tu comprensión.

¿Sobre qué temas quieres saber más? Escribe tus preguntas a medida que lees.

tradición

Las personas comparten una **tradición** que es importante para ellas. Las naciones indígenas norteamericanas de hoy transmiten sus creencias y celebraciones especiales.
página 91

gobierno

Los haudenosaunee estaban integrados por varias naciones. Para hacer leyes y mantener el orden, fundaron un **gobierno.**
página 98

Los navajo

VOCABULARIO

adaptarse
cultura
religión
ceremonia

DESTREZA DE LECTURA
Problema y solución
Los navajo enfrentaron el problema de aprender a vivir en el desierto. Haz una lista de las soluciones que encontraron.

Desarrolla lo que sabes Piensa en un grupo de personas que vivieron en el pasado. ¿Existe ese grupo hoy en día? El pueblo sobre el que leerás en esta lección todavía existe.

Vivir en el desierto

Los navajo son indígenas norteamericanos. Casi 300,000 indígenas navajo viven en el suroeste de Estados Unidos actualmente. Su tierra de desiertos y montañas cubre partes de Arizona, Nuevo México y Utah.

La gente que estudia a los indígenas norteamericanos cree que los navajo vinieron de bosques lejanos del norte. Muchos navajo creen que vinieron de otro mundo hace mucho tiempo. Ellos ven el mundo que los rodea como santo, o sagrado.

Tierra navajo Tiempo atrás, los navajo establecieron su hogar en el Suroeste. Muchos navajo todavía viven allí hoy en día.

Adaptarse al desierto

Vivir en un desierto requiere una destreza especial. Los navajo aprendieron a usar los recursos naturales del desierto. Se adaptaron a su tierra. **Adaptarse** significa cambiar la forma en que uno vive para integrarse a un lugar nuevo. Algunos navajo dicen que los espíritus los ayudaron a adaptarse. Por su parte los científicos piensan que los navajo aprendieron algunas destrezas de otros indígenas norteamericanos. También probaron nuevas ideas por su propia cuenta.

idea principal

Los navajo aprendieron a cultivar y cazar en el desierto. Cultivaron maíz, calabazas y frijoles. Como había poca lluvia, plantaban las semillas en lo profundo para llegar al agua subterránea. Recolectaban plantas y nueces para comer. Los navajo también cazaban venados y otros animales en busca de la carne y las pieles.

Con el tiempo, los navajo comenzaron a criar ovejas y cabras. Con la lana de las ovejas, tejieron mantas calientes. Estas mantas son famosas por sus exclusivos patrones y diseños.

Repaso ¿Qué destrezas aprendieron los navajo para vivir en el desierto?

DESTREZA **Leer mapas** ¿En qué estado está el área más grande de tierra navajo?

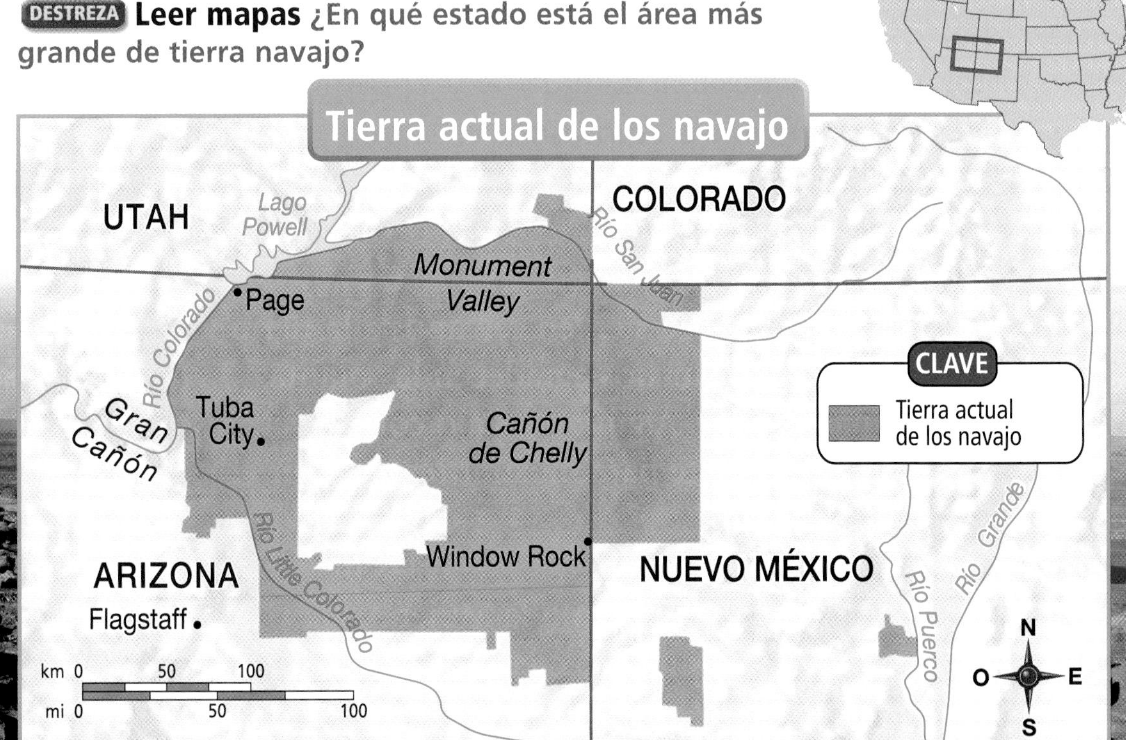

Al enseñarle a sus hijos el respeto por la naturaleza, las familias navajo ayudan a continuar su cultura. Esta familia disfruta de una excursión en el desierto de Arizona.

Los navajo de hoy

idea principal

Los navajo les enseñaron a sus hijos lo que ellos aprendieron en el desierto. De esta manera, la cultura navajo continúa hoy en día. La **cultura** es la forma de vida o creencias, ideas e idioma de un grupo de personas. Incluye la religión, historias, artes y hasta la comida de un pueblo. La **religión** es la creencia en Dios o en dioses.

Cultura navajo

La religión es fundamental en la vida de los navajo. Para ellos, la naturaleza es sagrada. Se sienten cercanos a la tierra y los seres vivos. Por ejemplo, muchos agradecen las plantas y animales que usan para comer. Algunos navajo construyen sus casas, u hogans, de frente al este para mostrar respeto por el amanecer.

El respeto por la naturaleza se encuentra en las historias de los navajo. Una historia cuenta cómo la Mujer Araña enseñó a tejer a los navajo. Los navajo creen que ella es una de las Personas Sagradas, o espíritus.

Realizar ceremonias

Para pedir ayuda a las Personas Sagradas, es posible que los navajo realicen una ceremonia. Una **ceremonia** es un acto formal o evento que rinde honor a las creencias de un grupo de personas. Algunas ceremonias de los navajo pueden incluir pinturas de arena. Son pinturas sagradas hechas con arena de colores y otros materiales.

Hoy en día los navajo viven en muchas partes de Estados Unidos y también en tierra navajo. Muchos son agricultores y criadores de ovejas. Otros son ingenieros, mineros y profesores.

Repaso ¿De qué manera continúa la cultura navajo hoy en día?

Esta ingeniera navajo usa una máquina para hacer pruebas de agua.

Repaso de la lección

1. **VOCABULARIO** Usa **adaptarse** en un párrafo corto que describa la vida de los navajo en el desierto.
2. **DESTREZA DE LECTURA** Usando tu tabla, describe una **solución** que encontraron los navajo para el **problema** de vivir en el desierto.
3. **IDEA PRINCIPAL: Geografía** ¿Qué recursos naturales aprendieron a usar los navajo en el desierto?
4. **IDEA PRINCIPAL: Cultura** ¿De qué manera muestran los navajo su respeto por la naturaleza?
5. **RAZONAMIENTO CRÍTICO: Causa y efecto** ¿Por qué puede ser difícil cultivar alimentos en un desierto?

APLÍCALO

ARTE Haz un librito de dibujos o fotos con títulos que hablen sobre la cultura de tu familia. Incluye detalles como el idioma, comida o historias familiares.

Ampliar Lección 1

Fuente primaria

Pinturas de arena de los navajo

El ayudante del curandero se inclina sobre la tierra. Toma una pizca de arena de color de una pequeña bolsa de cuero según las instrucciones del curandero. El ayudante deja que la arena se escurra entre sus dedos. Grano a grano, línea a línea, una pintura de arena va cobrando forma.

El propósito de una pintura de arena es reunir a las Personas Sagradas con los navajo. Las pinturas de arena se usan para curar a los enfermos. Los navajo creen que la ceremonia de la pintura de arena da poder para curar al paciente.

Cuando la pintura de arena está lista, el curandero la revisa. Cada línea y color debe estar en el lugar correcto.

Personas Sagradas de los navajo

Las figuras de las Personas Sagradas se crean por capas. Esto las hace sobresalir.

Preparar el trabajo

El ayudante toma medidas exactas antes de comenzar. Las figuras deben tener el tamaño adecuado y estar en el lugar correcto.

Hacer la pintura

Las pinturas de arena pueden tener muchos colores, pero siempre se incluye blanco, azul, amarillo y negro.

Actividades

1. **PIÉNSALO** ¿Por qué es importante que las figuras de la pintura estén bien hechas?
2. **ESCRÍBELO** Escribe un poema sobre las pinturas de arena. ¿Qué puede ver y oír el ayudante mientras pinta con arena?

Tecnología Consulta más sobre fuentes primarias en Educación Place. www.eduplace.com/kids/hmss/

Desarrollar destrezas

Escoger la fuente correcta

VOCABULARIO

libro de consulta

Internet

Acabas de aprender sobre los navajo. ¿Qué pasa si todavía tienes preguntas? Hay diferentes fuentes de información que pueden ayudarte a responder a tus preguntas.

Aprende la destreza

Paso 1: Escribe tu pregunta.

Paso 2: Fíjate en las diferentes fuentes de información. ¿Cuál puede responder mejor a tu pregunta?

- Un **libro de consulta** contiene hechos sobre diferentes materias. Podrías usar un libro de consulta, como una enciclopedia, para tener una idea de un tema.
- Usa revistas y periódicos para investigar sobre sucesos recientes. Estas fuentes también tienen información sobre muchas materias diferentes.
- **Internet** es una gran red de computadoras. Permite que las personas se comuniquen y obtengan información acerca de casi cualquier tema.

Paso 3: Escoge el tipo de fuente que puede responder mejor a tu pregunta.

Practica la destreza

Piensa en diferentes fuentes de información.
Luego responde a las preguntas de abajo.

1. ¿Qué fuente de información puedes usar para investigar sobre la vida de los navajo en el pasado?

2. ¿Qué fuente de información puedes usar para investigar sobre la vida de los navajo en el pasado?

3. ¿Cuáles serían las mejores fuentes de información sobre los eventos en la comunidad navajo en los días más recientes?

Aplica la destreza

Piensa en una pregunta sobre los navajo que te gustaría responder. Luego busca la fuente de información adecuada para responder a tu pregunta.

Lección central 2

Los yurok en California

Desarrolla lo que sabes Imagina que un amigo tiene un sándwich que te gusta más que el tuyo. ¿Harías un intercambio? Las personas en esta lección intercambiaban cosas que hacían por cosas que querían.

VOCABULARIO

costumbre
comerciar
trocar
economía

DESTREZA DE LECTURA
Idea principal y detalles
Busca detalles que apoyen la idea principal de que los recursos de los bosques y ríos dieron forma a la vida de los yurok.

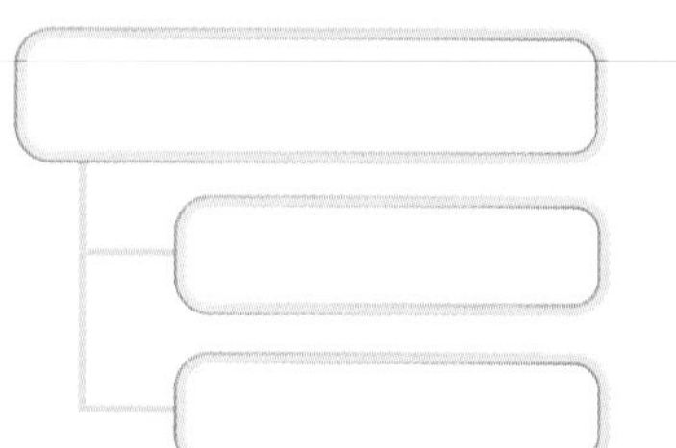

Vida en los ríos y bosques

Los yurok viven en la costa norte de California. Aquí crecen los bosques de secuoyas, los árboles más altos del mundo. Los ríos y los valles son ricos en plantas y vida animal. Los numerosos recursos de los ríos y bosques influyeron en la forma de vida de los yurok. idea principal

Hace mucho tiempo, los yurok cazaban venados y otros animales. De los árboles de roble, recogían bellotas para comer. También era fácil encontrar bayas y semillas. En los ríos había salmón. Para atraparlos, los yurok usaban redes y lanzas. El salmón, ahumado y seco, podía guardarse para el invierno. Toda la comunidad yurok compartía el pescado y otros alimentos.

Aldea yurok

1. Los yurok usaban redes o lanzas para atrapar salmón.
2. Las represas, o esclusas, encerraban el salmón para atraparlo con más facilidad.
3. El salmón seco y ahumado podía guardarse.

Vida diaria

Los yurok construían sus viviendas parcialmente subterráneas. Usaban tablones de secuoya para las paredes. Como puertas, las casas tenían un pequeño agujero redondo. Los yurok también hacían cestas en vez de vasijas de arcilla. Para cocinar, ponían alimentos y agua en una canasta. Luego agregaban rocas calientes para hacer hervir el agua.

Cambiar el medio ambiente

Al igual que los navajo, los yurok pensaban que la naturaleza era sagrada. Cuando cambiaban la tierra, lo hacían con mucho cuidado. Por ejemplo, aunque sus represas los ayudaban a atrapar los peces fácilmente, no atrapaban más peces de los que necesitaban. Cuando talaban árboles y arbustos, los sitios abiertos daban a las plantas de los bosques, como los robles, más luz y espacio para crecer.

Repaso ¿De qué manera cambiaron los yurok su medio ambiente?

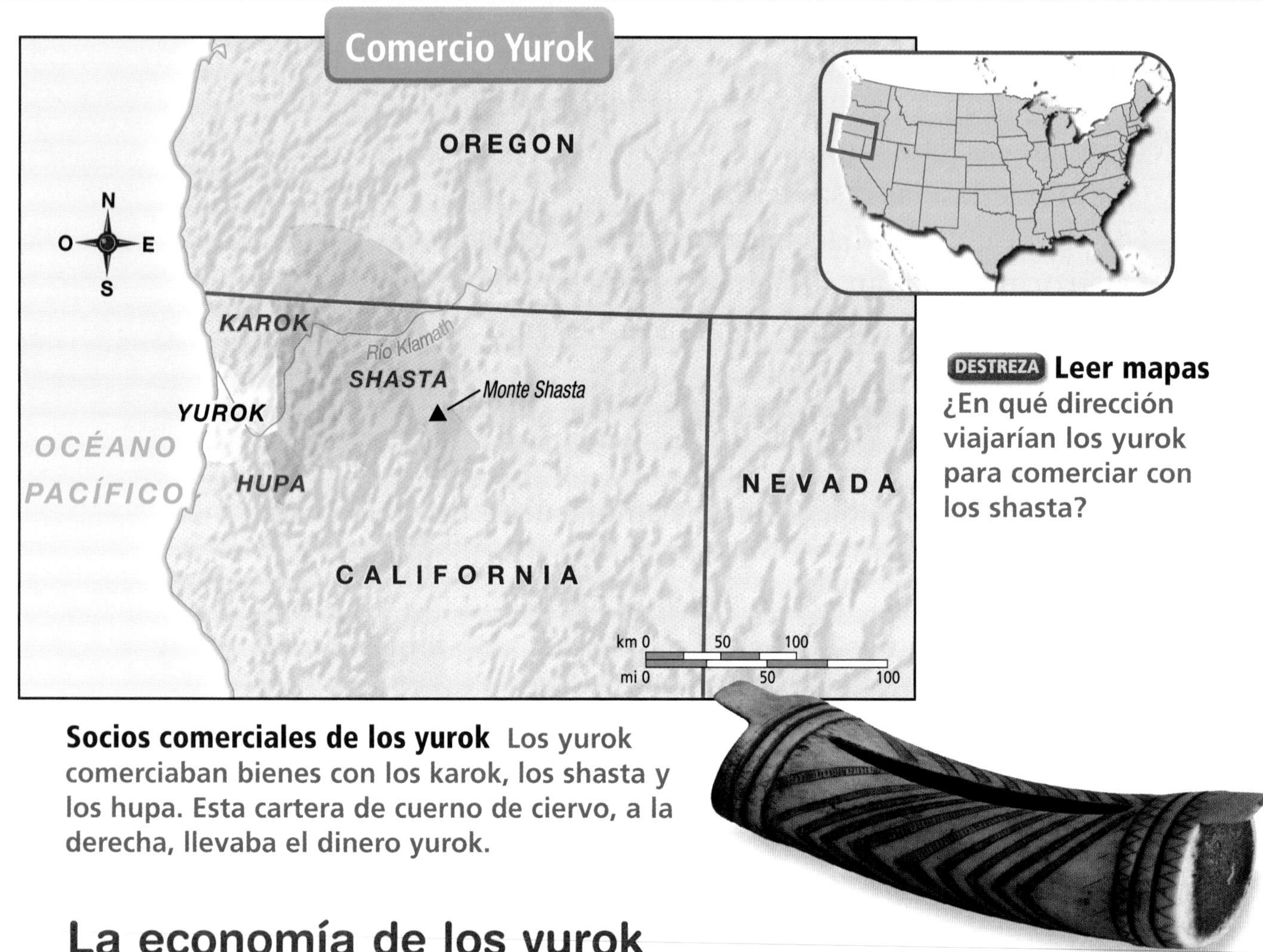

DESTREZA Leer mapas
¿En qué dirección viajarían los yurok para comerciar con los shasta?

Socios comerciales de los yurok Los yurok comerciaban bienes con los karok, los shasta y los hupa. Esta cartera de cuerno de ciervo, a la derecha, llevaba el dinero yurok.

La economía de los yurok

Los yurok eran un pueblo generoso. Cuando alguien tenía hambre, los yurok le daban comida. Ésa era una de sus costumbres. Una **costumbre** es algo que los miembros de un grupo suelen hacer.

A veces los yurok comerciaban cosas, como canoas, con otros indígenas norteamericanos. **Comerciar** significa intercambiar cosas con alguien más. Un tipo de comercio es el trueque. **Trocar** es intercambiar un artículo por otro. Los yurok trocaban con otros indígenas las cosas que no podían hacer o encontrar en su propio medio ambiente.

En vez de trocar, a veces los yurok usaban dinero para intercambiar. El dinero no siempre es monedas o billetes. Puede ser cualquier cosa que tenga un valor con el que la gente está de acuerdo. Los yurok usaban como dinero conchas especiales, llamadas conchas de diente.

Usar recursos

La economía yurok estaba basada en el comercio y los recursos naturales de sus tierras. Una **economía** es la forma en que la gente hace, compra, vende y usa las cosas. La economía yurok dependía de la destreza de las personas para usar sus recursos y el trueque de cosas que querían. Algunos yurok llegaron a ser muy ricos.

Hoy en día, los yurok son el grupo de indígenas norteamericanos más grande de California. La pesca de salmón es una parte importante de su economía y forma de vivir. Los yurok se esfuerzan para asegurarse de que siempre haya suficiente salmón y otros peces en sus ríos locales.

Repaso ¿Por qué comerciaban los yurok con otros indígenas norteamericanos?

La pesca de salmón sigue siendo una parte importante de la vida de los yurok hoy en día.

Repaso de la lección

1. **VOCABULARIO** ¿Qué palabra es un sinónimo de **comerciar**?

   trocar o **economía**

2. **DESTREZA DE LECTURA** ¿Qué detalles en esta lección apoyan la idea de que los ríos eran importantes para la vida de los yurok?

3. **IDEA PRINCIPAL: Geografía** Nombra dos maneras en que los yurok alteraron el medio ambiente.

4. **IDEA PRINCIPAL: Economía** ¿Qué usaban los yurok como dinero?

5. **RAZONAMIENTO CRÍTICO: Inferir** ¿Qué era más importante para los yurok, los bosques o los ríos? Explica tu respuesta.

ARTE Crea tu propio dinero. Dibújalo. Explica cuánto vale y qué materiales usarías para hacerlo.

Economía

El dinero de los yurok

Las conchas de diente en realidad no son dientes. ¿Por qué eran tan valiosas estas conchas inusuales? Parecen dientes largos y lisos, pero estas conchas provienen de mariscos que viven en aguas profundas en toda la costa del Pacífico. Los yurok usaban tiras largas de estas conchas como dinero.

Con estas tiras de conchas de diente, los yurok compraban cosas que necesitaban. Se compraban artículos entre sí y a otros indígenas norteamericanos. Halla el precio de una canoa en conchas de diente. Compáralo con el precio de una casa yurok.

Casa de secuoya
Los yurok construían sus viviendas con tablones de secuoya.

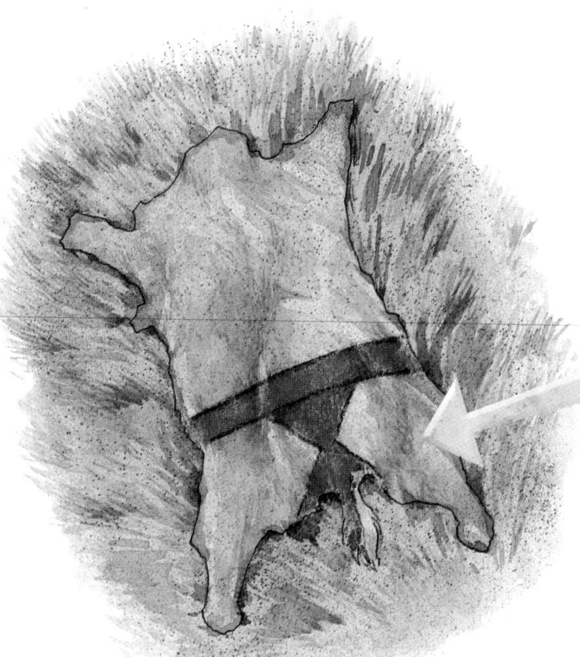

Manta de piel de venado
Los yurok comerciaban pieles de venado. Ésta está pintada en el lado interior suave de la piel.

Usar dinero yurok

Artículo para comprar	Precio en tiras de conchas de diente
Manta de piel de venado	1 tira
Canoa	2 tiras
Casa de secuoya	5 tiras
Piel blanca de venado	10 tiras

ECONOMÍA

Tira de conchas de diente

Cada tira de conchas tenía unas 27 pulgadas de largo.

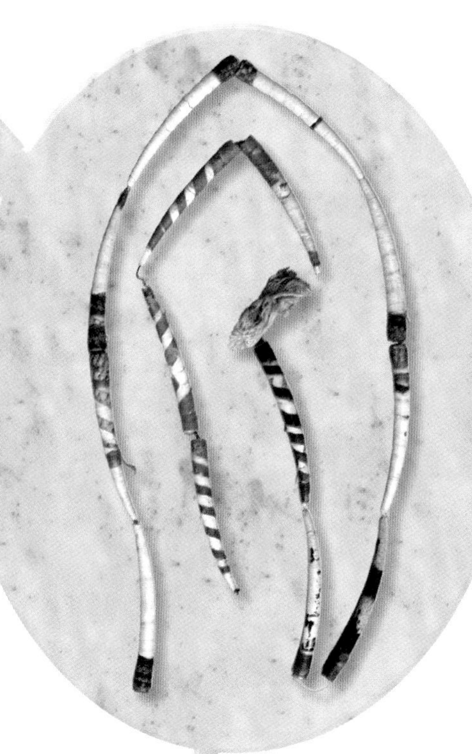

Piel blanca de venado

Tener una piel des venado blanca pura era un símbolo de gran riqueza.

Canoa

Los yurok les abrían huecos a los troncos de secuoya para hacer canoas.

Actividades

1. **COMÉNTALO** Observa la tabla. ¿Qué artículo tenía más valor para los yurok? ¿Por qué puede haber sido tan valioso?
2. **HAZ UNA TABLA** Si pudieras usar dinero distinto a los dólares de papel y las monedas de metal, ¿qué usarías? Crea una tabla que muestre el valor de tu "dinero" y lo que puedes comprar con él.

Lección central 3

Los cherokee

Desarrolla lo que sabes Hoy en día, mucha gente calienta su casa en invierno y la enfría en verano. No siempre fue así. Hace muchos años la gente vivía en casas diferentes en estaciones diferentes.

VOCABULARIO

piedmont
historia
tradición

DESTREZA DE LECTURA
Secuencia A medida que lees la segunda sección, haz una lista en orden de los sucesos que ocurrieron.

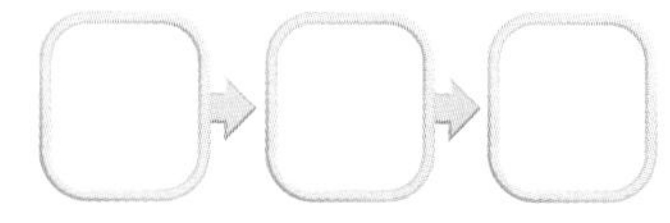

Vivir en el Sureste

Hace mucho tiempo, los indígenas cherokee vivían en el sureste de Estados Unidos. Los montes Apalaches y los valles eran su hogar. Los cherokee dependían de los bosques, ríos y suelo fértil para sobrevivir.

Los cherokee cazaban, pescaban, recolectaban frutas y nueces y cultivaban la tierra. Cultivaban maíz, frijoles, calabazas y girasoles. El clima húmedo y cálido permitía que muchos cherokee plantaran dos cultivos de maíz cada año. El suelo fértil del piedmont también era bueno para los cultivos. El **piedmont** es el terreno suavemente ondulado al pie de las montañas. Está formado por tierra fina y fértil que fue arrastrada desde las montañas durante muchos años.

Casas y pueblos de los cherokee

Los cherokee construían sus pueblos a lo largo de los ríos y arroyos. Algunos pueblos tenían más de cien casas. Las familias cherokee usualmente tenían dos casas. En verano, vivían en casas grandes hechas con postes. Estas casas tenían techos puntiagudos. Las casas de invierno eran más pequeñas, redondas y construidas para mantener el calor.

La mayoría de los pueblos estaban rodeados de paredes altas hechas de troncos. En el centro del pueblo había un gran edificio redondo. Ahí se realizaban las ceremonias religiosas. En ocasiones había danzas. En otros momentos, la gente se reunía allí para hablar de los cultivos, las reglas del pueblo y otros asuntos.

Compartir relatos acerca de su historia era una costumbre cherokee importante. La **historia** es el registro de sucesos del pasado. A comienzos del siglo XIX, un indígena cherokee llamado Sequoyah inventó una manera de escribir el idioma cherokee. Como resultado, muchos cherokee aprendieron a leer y escribir en su propio idioma.

Repaso ¿Qué recursos usaban los cherokee como alimentos?

Casas de los cherokee Muchas familias cherokee construían dos casas. Usaban recursos renovables como ramitas, pasto y barro.

Casa de invierno

Casa de verano

En 1838, el gobierno estadounidense obligó a miles de hombres, mujeres y niños cherokee a dejar sus hogares.

DESTREZA Leer mapas ¿Qué indica la flecha en el mapa?

Historia de los cherokee

Los cherokee vivieron en el Sur por miles de años. La llegada de los europeos cambió su forma de vida. En ocasiones, los cherokee y los colonizadores se llevaban bien. Otras veces, no era así.

Hacia la década de 1820, los cherokee comerciaban con los colonizadores. Comenzaron un periódico. Sin embargo, los colonizadores querían las tierras de los cherokee. Pelearon con los cherokee por la tierra y otros recursos.

En la década de 1830, Estados Unidos obligó a la mayoría del pueblo cherokee a dejar sus hogares. Viajaron miles de millas en dirección oeste hacia lo que es ahora Oklahoma. Cuatro mil indígenas cherokee murieron. Este suceso se llama la Marcha de las Lágrimas.

Los niños cherokee siguen aprendiendo sobre su historia.

Los cherokee de hoy

Hoy en día, los cherokee viven en Oklahoma, Carolina del Norte y otras partes del país. Valoran su historia y están orgullosos de sus tradiciones. Una **tradición** es la forma especial en que una cultura hace las cosas. Las tradiciones cherokee incluyen comidas especiales, danzas y artesanías. Algunos programas nacionales ayudan a los indígenas norteamericanos a preservar su cultura. Los cherokee han trabajado con el Servicio de Parques Nacionales y el Museo Nacional del Indígena Americano. Así han documentado su historia y han compartido sus relatos.

Wilma Mankiller En 1985, se convirtió en la primera mujer líder de la Nación Cherokee.

Repaso ¿Por qué se mudaron los cherokee a Oklahoma?

Repaso de la lección

1. **VOCABULARIO** Escribe una oración que diga lo que puedes cultivar en el **piedmont.**
2. **DESTREZA DE LECTURA** Usa tu tabla para decir la **secuencia** en la que ocurrieron los siguientes sucesos: la Marcha de las Lágrimas, el comienzo del periódico de los cherokee, la llegada de los europeos.
3. **IDEA PRINCIPAL: Geografía** Describe la tierra de los cherokee en el Sur y cómo la usaban.
4. **IDEA PRINCIPAL: Historia** ¿De qué manera afectó la llegada de los colonizadores europeos la historia de los cherokee?
5. **RAZONAMIENTO CRÍTICO: Generalizar** ¿Cómo crees que la llegada de los colonizadores europeos afectó a otros indígenas norteamericanos?

ESCRITURA
Los cherokee tienen muchas tradiciones, como la de compartir relatos. Escribe un párrafo corto acerca de una tradición que tenga tu familia.

Biografía

SEQUOYAH

Después de doce largos años, Sequoyah logró su meta. Creó su propio sistema de letras para que pudiera haber libros en su idioma cherokee.

Durante mucho tiempo, Sequoyah se había interesado en las "hojas parlantes", que es como él llamaba a las páginas de los libros. Él sabía que los libros y las palabras escritas eran formas poderosas de aprender y dar información. Pero no había palabras escritas para el idioma que hablaban los cherokee.

En 1821, Sequoyah terminó 86 letras basadas en sonidos hablados. Al cabo de unos meses, miles de cherokee podían leer y escribir en su propio idioma. Hoy en día, muchos cherokee usan el sistema de escritura de Sequoyah.

PHŒNIX.

MAY 28, 1828.

NO. 14.

CORRESPONDENCE.

¿Lo sabías?

Las secuoyas gigantes se llaman así por el líder cherokee. Estos árboles son los seres vivos más grandes de la Tierra.

Mira de cerca.

El título de este periódico está escrito en letras de Sequoyah. ¿Cuál es el título del periódico?

Sistema de escritura

La hija de Sequoyah fue una de las primeras personas en usar el silabario (alfabeto) que él inventó.

Actividades

1. **COMÉNTALO** ¿De qué manera crees que el sistema de escritura de Sequoyah cambió la vida del pueblo cherokee?

2. **HAZLO TÚ MISMO** Crea tu propio alfabeto. Traduce un poema o una canción a tu sistema de escritura.

Tecnología Para leer otras biografías, visita Education Place. www.eduplace.com/kids/hmss/

Identificar causa y efecto

▶ VOCABULARIO

causa

efecto

Cuando estudias historia, estudias los sucesos del pasado. Para aprender por qué ocurrieron los sucesos, necesitas mirar las causas y los efectos. Una causa es una cosa que hace que un suceso ocurra. Un efecto es lo que sucede como resultado de una causa.

Aprende la destreza

Paso 1: Busca palabras clave que te digan si algo es una causa o un efecto. Una palabra clave que ayuda a identificar una causa es *porque*. Las palabras clave que ayudan a identificar un efecto son *por lo tanto, debido a* y *como resultado.*

Paso 2: Identifica la causa. Busca algo que hace que algo suceda. Ésa es la causa.

Paso 3: Identifica el efecto. Un efecto es lo que sucede como resultado de una causa.

Causa y efecto

Causa		Efecto
Sequoyah quería encontrar una manera de escribir el idioma cherokee.	→	Como resultado, inventó una manera de escribir en cherokee.

Practica la destreza

Lee el párrafo de abajo. Busca palabras clave que te digan si algo es una causa o un efecto. Anota la información en una tabla.

Sequoyah quería encontrar una manera para que los cherokee tuvieran su propio idioma escrito. Por eso, creó un sistema de escritura llamado silabario. Entonces Sequoyah enseñó a otros cómo leer y escribir en cherokee. Como resultado, algunos cherokee publicaron libros y periódicos en su propio idioma.

Aplica la destreza

Revisa la Lección 3. Busca tres o cuatro causas o efectos relacionados con los cherokee. Escribe un párrafo que muestre cómo una causa llevó a un efecto. Trata de usar palabras clave.

Lección central 4

Haudenosaunee

VOCABULARIO

gobierno

constitución

DESTREZA DE LECTURA

Sacar conclusiones Presta atención a los detalles en la segunda sección acerca de la vida de los haudenosaunee antes y después de la llegada del Pacificador. Luego saca una conclusión acerca de la razón por la que las naciones se unieron.

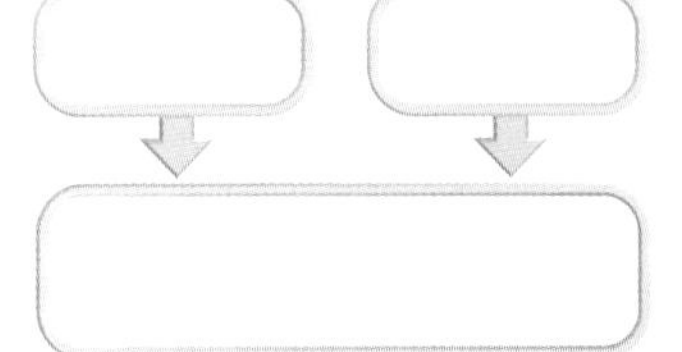

Desarrolla lo que sabes A veces es bueno hacer cosas por tu cuenta. Otras veces es útil formar un equipo con otras personas. Luego pueden trabajar juntos.

La vida en los bosques

Los inviernos son fríos y nevados en los bosques del Noreste. Ahí vivían indígenas norteamericanos, los haudenosaunee, hace mucho tiempo. Los haudenosaunee planeaban con anticipación para los inviernos largos. En verano, las mujeres plantaban cultivos como maíz, frijoles y calabazas. Luego guardaban parte de la cosecha para comer durante el invierno. Los hombres cazaban venados, osos y castores para obtener carne. Usaban las pieles como vestido. Los haudenosaunee dependían de los recursos del bosque para obtener alimentos, vestido y vivienda.

idea principal

Casas comunales

Haudenosaunee significa "pueblo de la casa comunal". Los haudenosaunee construían casas alargadas y estrechas, parecidas a edificios de apartamentos. Usaban postes de madera, corteza de árboles y pieles de animales. Entre seis y diez familias vivían juntas en una casa comunal. Cada familia tenía su propio espacio, pero compartía una fogata con la familia del otro lado del pasillo.

Las familias que vivían en cada casa comunal pertenecían al mismo clan, o familia política. Todos eran familia. La mujer de más edad en el clan era la matriarca, o líder de la casa comunal.

Repaso ¿Cómo se preparaban los haudenosaunee para el invierno?

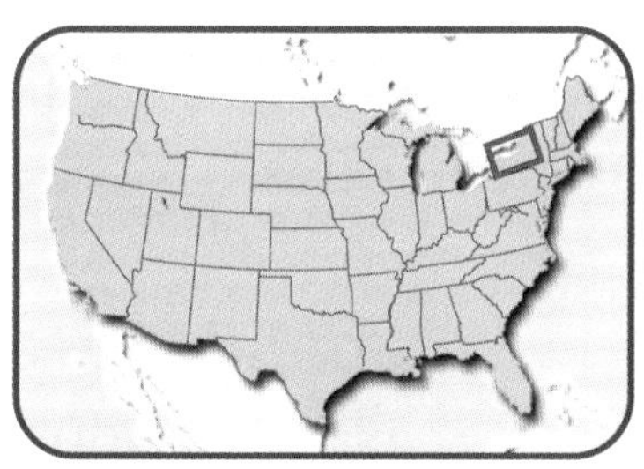

Algunos pueblos estaban rodeados de cercas altas. Estaban hechas de postes, mantenían alejados a los animales y protegían a la gente.

Un nuevo gobierno

Había muchas naciones haudenosaunee. A menudo luchaban por decidir quién podía cazar o cultivar ciertas áreas. Las peleas daban lugar a más peleas. Muchas personas murieron en estas batallas. Luego vino un gran cambio. La gente cuenta cómo un hombre sagrado, conocido como el Pacificador, los visitó. Les dijo que vivieran juntos en paz.

Hiawatha

Un líder llamado Hiawatha escuchó. Estuvo de acuerdo con el Pacificador y lo ayudó a difundir el mensaje. Cinco naciones acordaron unirse en paz. Según cuenta la historia, el Pacificador les pidió que enterraran sus armas. Luego plantó un árbol de pino. Lo llamó el Árbol de la Paz. Le recordaría a las naciones su promesa de dejar de pelear unas con otras.

Los haudenosaunee se unen

idea principal

El Pacificador y Hiawatha ayudaron a los haudenosaunee a formar un nuevo gobierno. Un **gobierno** es una organización que crea leyes y mantiene el orden. Ayuda a resolver discusiones sobre las leyes. El gobierno haudenosaunee a veces es llamado la Liga de Iroqueses. (El nombre "iroqués", que viene de "iroquois", fue dado por los franceses.)

Usualmente, cada nación haudenosaunee se gobernaba a sí misma. Sin embargo, para asuntos importantes sobre la guerra, la paz y el comercio, las cinco naciones trabajaban juntas. Cincuenta líderes de las cinco naciones se reunían para el Gran Concejo. Se reunían cerca de lo que es hoy en día Syracuse, Nueva York. Ahí discutían los problemas y tomaban juntos las decisiones.

Repaso ¿Cuál era el propósito del gobierno haudenosaunee?

Gobierno haudenosaunee

El patrón en este cinturón *wampum* muestra la unidad de las cinco naciones. Los cuatro recuadros blancos representan cuatro naciones. El árbol en el centro representa la nación onondaga y el Árbol de la Paz.

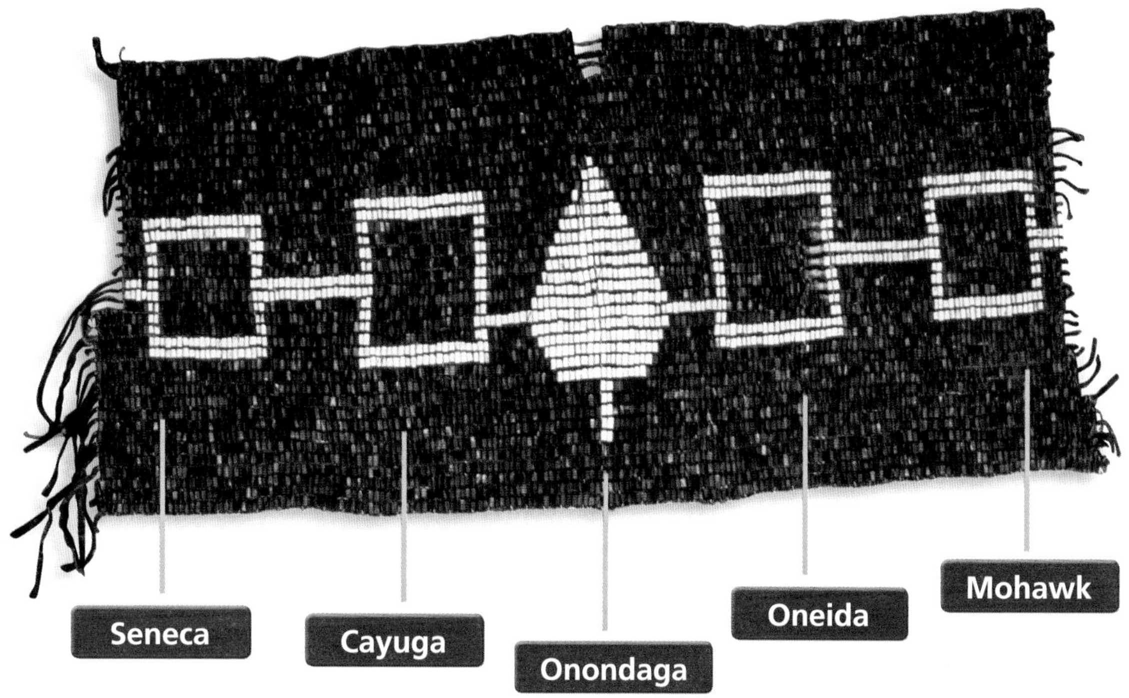

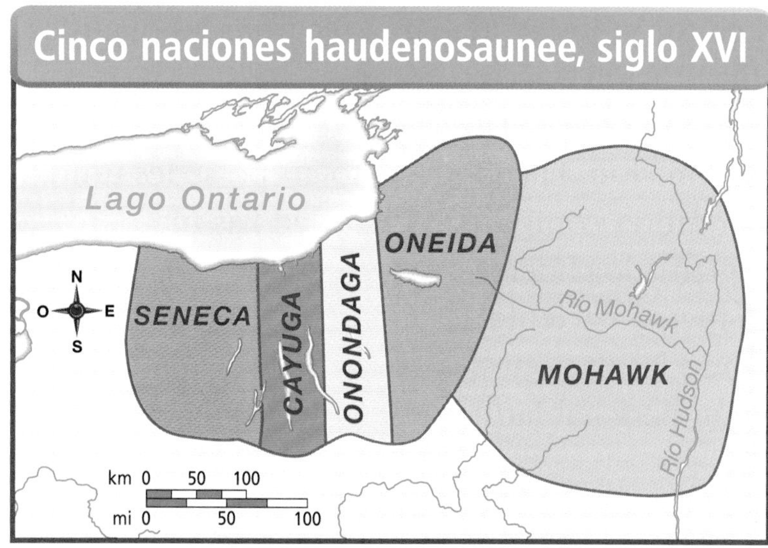

Compara el mapa de las cinco naciones haudenosaunee con el cinturón *wampum*. ¿Qué tienen en común?

Gobierno Los líderes haudenosaunee (arriba a la izquierda) tienen en sus manos cinturones *wampum*. Hoy en día, los líderes de seis naciones continúan reuniéndose en concejo y gobernando a los haudenosaunee.

La Constitución

Según la tradición haudenosaunee, el Pacificador elaboró una constitución para las naciones. Una **constitución** comprende las leyes e ideas básicas que un gobierno y su gente siguen. La constitución haudenosaunee no estaba escrita al principio. Era oral, o de palabra. Para llevar un registro, la gente hacía cinturones *wampum*, o cuentas de conchas. Las conchas en el cinturón los ayudaban a recordar las distintas partes de la constitución.

Cinco naciones haudenosaunee acordaron obedecer las reglas de la constitución. Luego un sexto grupo se les unió. Las mujeres y los hombres compartían el poder. Las matriarcas de los clanes escogían a los líderes de cada nación. Se esperaba que los líderes fueran pacientes, honestos y tranquilos, no enojados. Cuando las naciones estaban en desacuerdo, los líderes se reunían para hablar hasta que llegaban a una decisión.

idea principal

Los haudenosaunee de hoy

Hoy en día, miles de haudenosaunee viven en Nueva York, Wisconsin, Oklahoma y Canadá. Como en el pasado, el gobierno haudenosaunee actúa por el pueblo. Trabaja para proteger su tierra y sus tradiciones. Estados Unidos respeta el derecho de las naciones indígenas norteamericanas de tener su propio gobierno.

Repaso ¿Qué hace el gobierno haudenosaunee hoy en día?

Un muchacho haudenosaunee aprende de su abuelo.

Repaso de la lección

1. **VOCABULARIO** ¿De qué manera las reglas o leyes hechas por un **gobierno** ayudan a la gente a convivir?
2. **DESTREZA DE LECTURA** Completa tu tabla. **Saca una conclusión** donde digas por qué crees que las cinco naciones escogieron unirse.
3. **IDEA PRINCIPAL: Geografía** ¿De qué recursos dependían los haudenosaunee para alimentarse y vestirse?
4. **IDEA PRINCIPAL: Gobierno** ¿Quién formaba parte del gobierno de las cinco naciones?
5. **RAZONAMIENTO CRÍTICO: Comparar** ¿En qué se parecen el gobierno haudenosaunee de antes y el de ahora?

ESCRITURA Investiga sobre el gobierno de una nación indígena de California. Escribe un informe corto acerca de lo que aprendiste.

Lección 4

Literatura

La canción del águila

por Joseph Bruchac

Danny está preocupado porque su papá va para la escuela. Su padre es miembro de la Nación Mohawk. Los mohawk son una de las naciones que integran el **gobierno** haudenosaunee, a veces llamado la Liga de los Iroqueses.

—Consuela y Tyrone, gracias. Ya pueden sentarse —dijo la Sra. Mobry—. Niños, éste es el Sr. Richard Bigtree, el padre de Daniel.

Richard Bigtree le sonrió a su hijo y luego miró a todos en la clase mientras sacaba algo de su bolsa.

—¿Quién sabe qué es esto?

Danny sabía lo que era: un cinturón *wampum*. Su padre lo había hecho, copiando el diseño del antiguo cinturón de Hiawatha. En el cinturón, en cuentas moradas y blancas estaban las formas de un árbol alto y cuatro cuadrados, símbolos de la fundación de la Gran Liga de la Paz.

—¿Es una cinta para la cabeza? —preguntó alguien desde el fondo del salón.

El papá de Danny negó con la cabeza.

—¿Es un cinturón? —dijo Consuela.

—Muy bien —dijo el papá de Danny—. Pero, ¿qué tipo de cinturón es?

Un niño llamado Kofi levantó la mano en el otro lado del salón. El papá de Danny asintió con la cabeza.

—Yo sé —dijo Kofi—. Es un cinturón *wampum*. Vi uno en el museo la semana pasada.

—Así es —dijo el papá de Danny—. Es un cinturón *wampum*. Para nosotros es como un libro porque nos cuenta una historia. ¿Les gustaría escuchar esa historia?

—Sí —respondieron todos.

Y Danny escuchó de nuevo a su papá contar la historia de la llegada de la paz, la historia de Aionwahta.

El papá de Danny terminó la historia y miró a los alumnos. Nadie se movía ni decía palabra. Sonrió.

—¿Alguien ha visto en alguna parte el árbol de pino?

Nadie contestó. Entonces alzó su casco y algunos de los niños rieron.

—Está en su casco —dijo un niño de la primera fila. Danny estaba sorprendido. El niño, que se llamaba Tim, nunca era el primero en responder a una pregunta. Tim volteó para mirar a Danny y le sonrió.

Richard Bigtree asintió con la cabeza.

—Una de las primeras banderas de Estados Unidos tenía un árbol de pino pintado. Los fundadores de este país, Benjamín Franklin en particular, conocían de la Liga de los Iroqueses. El bonachón Ben Franklin dijo que los colonos debían unirse como lo hicieron las naciones iroquesas. Muchas personas que estudian cómo están formados los gobiernos ahora piensan que la Constitución de Estados Unidos sigue en parte el modelo de los iroqueses. ¿Alguno de ustedes tiene una moneda de 25 centavos?

Todos en la clase empezaron a buscar en sus bolsillos. Danny, sin embargo, había estado esperando este momento. Ya tenía la moneda lista en la mano.

—Aquí va, papá —dijo Danny y le lanzó la moneda.

Richard Bigtree estiró su mano grande y cogió la moneda sin mirarla. La alzó.

—¿Ven lo que está de este lado? Es un águila, igual a la que tiene mi casco. Igual a la que está en la cima del pino grande. ¿Qué lleva agarrado?

Brad levantó la mano.

—Yo sé —dijo—. Lleva trece flechas. Representan las trece colonias.

—Al igual que nuestra águila iroquesa lleva cinco flechas que representan las cinco naciones iroquesas.

—Increíble —dijo Brad.

La maestra Mobry se puso de pie y levantó las manos, con las palmas hacia la clase.

La clase explotó en aplausos y el papá de Danny les devolvió una sonrisa. Miró a Danny y le hizo un guiño.

Danny le guiñó de vuelta. Era maravilloso que su papá viniera a la escuela.

Actividades

1. **COMÉNTALO** ¿Qué objetos muestra el Sr. Bigtree a los estudiantes mientras les habla sobre los iroqueses?
2. **HAZ TU PROPIO DIBUJO** Dibuja un símbolo que sea especial para ti. Escribe una descripción del símbolo y explica por qué es importante para ti.

Capítulo 3

Repaso y Preparación para pruebas

Resumen visual

1–4. Escribe una descripción de cada elemento mencionado abajo.

Cultura de los navajo

Uso de los recursos naturales por los yurok

Escritura de los cherokee

Gobierno de los haudenosaunee

Hechos e ideas principales

Responde a cada pregunta.

5. **Cultura** ¿Qué dos cosas son parte de la cultura de los navajo?
6. **Economía** ¿Qué usaban los yurok como dinero?
7. **Geografía** ¿Por qué era usual para las familias cherokee tener dos casas?
8. **Gobierno** ¿Cuál era la constitución de los haudenosaunee?

Vocabulario

Elige la palabra correcta de la lista de abajo para completar cada oración.

cultura, pág. 76
economía, pág. 84
gobierno, pág. 98

9. Cinco naciones haudenosaunee formaron un ______.
10. Los recursos naturales a menudo influencian la ______, o forma de vida de un pueblo.
11. El comercio con otros grupos era parte de la ______ de los yurok.

Aplicar destrezas

Identificar causa y efecto Usa el organizador de abajo y lo que has aprendido acerca de causa y efecto para responder a cada pregunta.

Un hombre conocido como el Pacificador dijo a los haudenosaunee que dejaran de pelear y vivieran juntos en paz.	→	Como resultado, cinco naciones haudenosaunee acordaron dejar de pelear.

12. ¿Qué hizo que los haudenosaunee dejaran de pelear?
13. ¿Qué palabras clave indican que algo es un efecto?

    A. El Pacificador
    B. naciones haudenosaunee
    C. como resultado
    D. juntos en paz

Razonamiento crítico

Escribe un párrafo corto para responder a cada pregunta de abajo. Usa detalles para apoyar tu respuesta.

14. **Comparar y contrastar** ¿De qué manera aprendieron los navajo y los yurok a usar los recursos naturales?
15. **Inferir** ¿De qué manera pudo haber ayudado a los cherokee tener dos cultivos de maíz por año?
16. **Sacar conclusiones** ¿Cómo pudo haber ayudado a los haudenosaunee formar un gobierno para dejar de pelear unos con otros?

Actividades

Investigación Usa los recursos de la biblioteca para investigar sobre las primeras personas que vivieron donde está tu comunidad actualmente. Escribe un párrafo sobre su historia.

Escritura Escribe un informe acerca de una nación indígena norteamericana que viva cerca de tu comunidad.

Tecnología

Consejos para el proceso de escritura
Busca ayuda para tu informe en **www.eduplace.com/kids/hmss/**

Capítulo 4 Las comunidades en la historia

Vistazo al vocabulario

ruta comercial

Los exploradores europeos usaban un camino o vía fluvial llamada **ruta comercial** cuando viajaban para comprar, vender o intercambiar bienes.
página 110

misión

Los sacerdotes españoles construían **misiones** donde enseñaban su religión a los indígenas norteamericanos que vivían en los alrededores.
página 120

Línea cronológica del capítulo

980
Vikingos en América del Norte

1492
Colón en América del Norte

800 — 1000 — 1200 — 1400

Estrategia de lectura

Revisar y aclarar A medida que lees, usa esta estrategia para comprobar tu comprensión.

Consejo Haz una pausa para verificar que lo que estás leyendo tenga sentido. Léelo de nuevo, si es necesario.

independencia

Los colonos americanos querían la **independencia**. Estaban dispuestos a luchar para lograr su libertad del dominio británico.
página 124

símbolo

La bandera estadounidense representa a Estados Unidos. Es un **símbolo** de nuestro país y sus 50 estados.
página 135

1620
Peregrinos en Plymouth

1775
Guerra con Gran Bretaña

1600 1800 2000

Lección central 1

Llegan los exploradores

VOCABULARIO

ruta comercial

explorador

DESTREZA DE LECTURA

Categorizar Anota en la tabla detalles acerca de los exploradores provenientes de España y Francia.

España	Francia

Desarrolla lo que sabes Piensa en un lugar que nunca hayas visitado. Las personas de esta lección nunca habían estado en América del Norte. Sabían poco o nada de ella antes de llegar.

Explorar las Américas

Los primeros europeos en visitar América del Norte llegaron hace más de 1,000 años. Conocidos como los vikingos, navegaron hasta aquí desde el norte de Europa. Miles de años después, otros europeos los siguieron. Iban en busca de Asia.

En el siglo XV, algunos países europeos se hicieron ricos gracias al comercio con Asia. Las rutas comerciales por mar y por tierra eran largas y difíciles. Una **ruta comercial** es un camino o vía fluvial por la que viaja la gente para comprar, vender o intercambiar bienes.

Cristóbal Colón Salió de España con una tripulación y tres barcos en agosto de 1492.

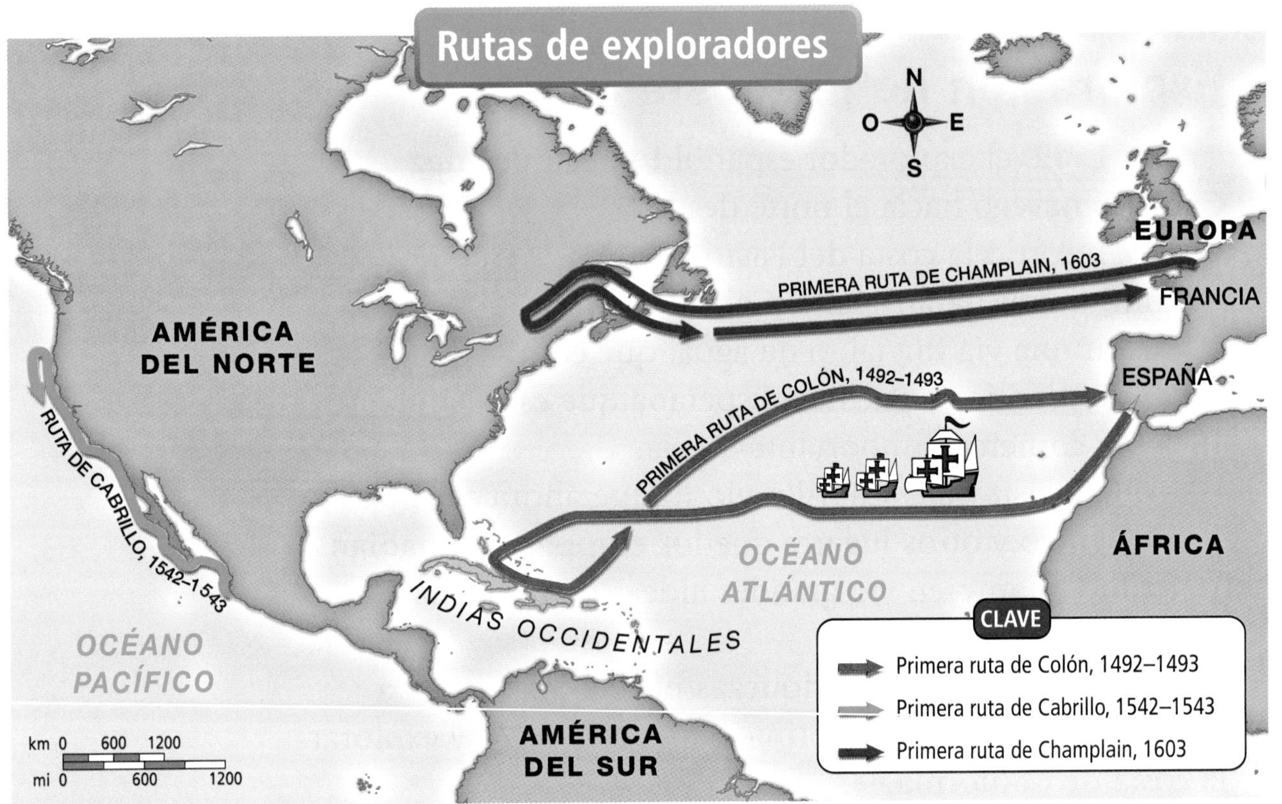

DESTREZA **Leer mapas** ¿Cual océano atravesaron Colón y Champlain para llegar a Norteaméricana?

En busca de Asia

Un navegante llamado Cristóbal Colón quería encontrar una mejor ruta para llegar a Asia. En aquellos días, los europeos que querían llegar a Asia iban hacia el este. Colón tenía otra idea. Él y su tripulación trataron de navegar hacia el oeste desde España en 1492. Cuando llegaron a tierra, pensaron que estaban en Asia, pero habían llegado a América del Norte. En aquella época, los indígenas norteamericanos eran los únicos que vivían ahí.

idea principal

Cuando regresó a España, Colón les contó a otros todo lo que había visto. Al poco tiempo, otros exploradores de España, Francia y Portugal navegaron hacia América. Un **explorador** es una persona que viaja para aprender sobre lugares nuevos. Estos exploradores también esperaban encontrar oro y la mejor ruta comercial con Asia.

Repaso ¿Por qué Colón quería viajar a Asia?

Exploración de las costas

En 1542, el explorador español **Juan Rodríguez Cabrillo** navegó hacia el norte desde México. Con dos barcos, recorrió la costa del Pacífico en busca de oro y reclamó tierras para España. Cabrillo también buscaba descubrir una vía fluvial, o de agua, que conectara los océanos Atlántico y Pacífico. Esperaba que esa vía fuera una ruta comercial importante a Asia.

Durante su viaje, Cabrillo vio lo que ahora es la Bahía de San Diego y otros lugares que los europeos no habían visto antes. También vio grandes aldeas de indígenas norteamericanos.

Cabrillo no encontró riquezas ni una nueva ruta a Asia. Sin embargo, fue el primer europeo en ver y explorar la costa de California.

Monumento Nacional a Cabrillo En California, cerca de la costa, hay una estatua de Juan Rodríguez Cabrillo (izquierda).

Francia explora la Costa Este

Al igual que España, Francia también envió exploradores a América. Un explorador fue **Samuel de Champlain**. Champlain exploró la costa este de América del Norte. En vez de una ruta a Asia, encontró recursos como peces y castores. Estos recursos lo convencieron de que a América del Norte debían ir pobladores de Francia. En 1608, fundó lo que es hoy la ciudad de Quebec, en Canadá.

idea principal

Exploradores de Francia, España y otros países navegaron hacia el continente americano esperando encontrar riquezas y una ruta comercial a Asia. En lugar de eso, se encontraron con indígenas norteamericanos. También viajaron a lugares que los europeos nunca habían visto y a veces hallaron riquezas.

Repaso ¿Por qué España y Francia enviaron exploradores a América del Norte?

Repaso de la lección

1492
Colón llegó a Norteamérica

1542
Cabrillo exploró la costa del Pacífico

1450 1500 1550 1600 1650

1. **VOCABULARIO** Usa **ruta comercial** y **explorador** en una oración acerca de los europeos en América del Norte.

2. **DESTREZA DE LECTURA** Usa la información de tu tabla para dar dos detalles que tienen en común los exploradores franceses y españoles.

3. **IDEA PRINCIPAL: Historia** ¿Qué hizo Colón para tratar de encontrar una ruta comercial a Asia?

4. **IDEA PRINCIPAL: Historia** ¿Qué convenció a los pobladores franceses de vivir en América del Norte?

5. **DESTREZA DE LA LÍNEA CRONOLÓGICA** ¿Cuándo exploró Cabrillo California?

6. **RAZONAMIENTO CRÍTICO: Sacar conclusiónes** ¿Qué características debería tener un explorador?

APLÍCALO **ARTE** Usa los recursos de la biblioteca para investigar sobre los viajes de Colón. Dibuja un mapa de la ruta de uno de los viajes.

Fuente primaria

El mapa de Champlain

¿Cómo llevaban los exploradores un control de los nuevos lugares que veían? Había mucho que recordar. Era útil hacer mapas y llevar notas para viajes posteriores.

En 1607, Samuel de Champlain creó un mapa que mostraba los lugares que exploró a lo largo de la costa del Atlántico en el este de Canadá y Estados Unidos. Dibujó las formas de las vías fluviales y las costas.

Mapa de Champlain de 1607

Cape Cod

La misma área hoy en día

Mira de cerca

Compara las formas de la tierra en el mapa de Champlain y el mapa de la misma área en nuestros días. ¿En qué se diferencian? ¿Qué se ve igual?

Actividades

1. **COMÉNTALO** ¿Por qué crees que los mapas viejos son tan diferentes de los mapas de ahora?
2. **HAZLO TÚ MISMO** De memoria, dibuja y rotula un mapa de tu escuela y el vecindario que lo rodea. ¿Qué cosas son difíciles de recordar y dibujar? ¿Cuáles son más fáciles?

Tecnología Para explorar más fuentes primarias para esta unidad, visita Education Place. www.eduplace.com/kids/hmss/

Desarrollar destrezas

Leer e interpretar una línea cronológica

VOCABULARIO

línea cronológica
década
siglo

Las personas que estudian historia a menudo consultan líneas cronológicas para organizar sucesos importantes. Una línea cronológica muestra las fechas de sucesos pasados y el orden en que ocurrieron. Las líneas cronológicas también nos ayudan a ver cuánto tiempo pasó entre los sucesos.

Aprende la destreza

Una línea cronológica puede dividirse en años, décadas e incluso siglos. Una **década** es un período de 10 años. Un **siglo** son 100 años. Los sucesos que aparecen en el lado izquierdo de una línea cronológica ocurrieron antes que los sucesos del lado derecho.

Paso 1: Fíjate dónde empieza y dónde termina la línea cronológica. Busca los puntos donde empieza cada período.

Paso 2: Busca los sucesos importantes en la línea cronológica. Fíjate en el año en que ocurrió cada suceso.

Paso 3: Fíjate en el orden en que ocurrieron los sucesos. Piensa en cómo un suceso puede afectar a otro.

Practica la destreza

Usa la línea cronológica para responder a estas preguntas acerca de la historia estadounidense.

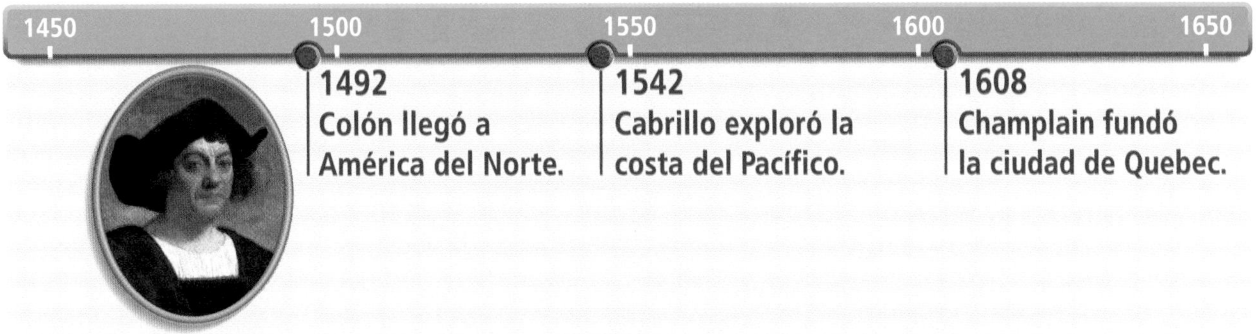

1. ¿Qué período cubre la línea cronológica?
2. ¿Cuál es el primer suceso en esta línea cronológica?
3. ¿Qué suceso ocurrió entre 1492 y 1608?
4. ¿Cuántos siglos se muestran en la línea cronológica?

Aplica la destreza

Crea una línea cronológica de tu vida. Divídela en años. Escoge sucesos o fechas importantes de tu vida, como tu nacimiento o el año en que empezaste la escuela.

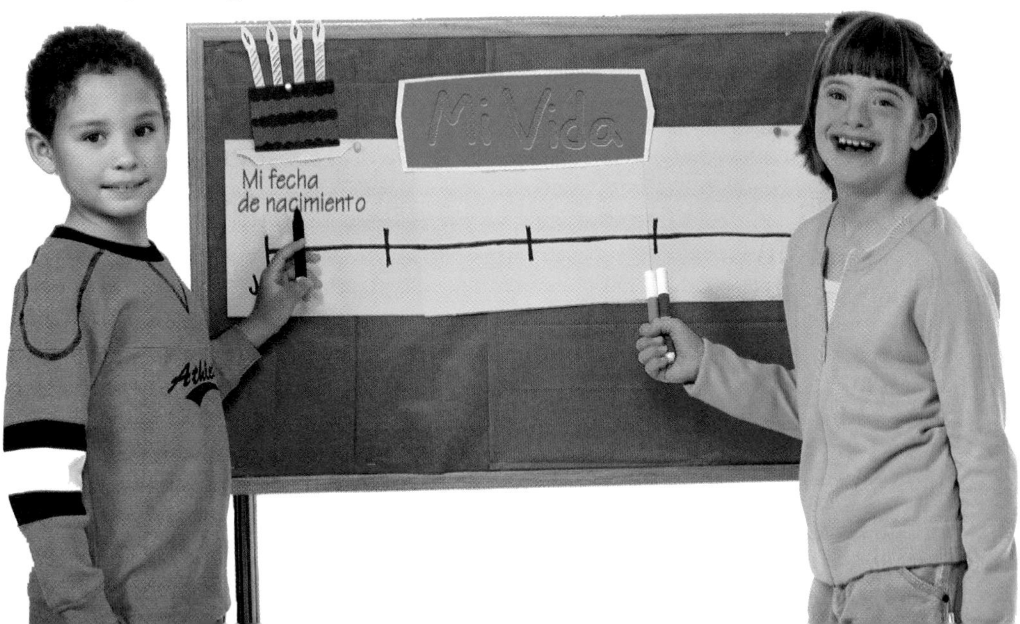

Colonias en América del Norte

▶ **VOCABULARIO**

colonia

misión

DESTREZA DE LECTURA
Comparar y contrastar
Anota en qué se parecían y en qué se diferenciaban las colonias inglesas y las españolas.

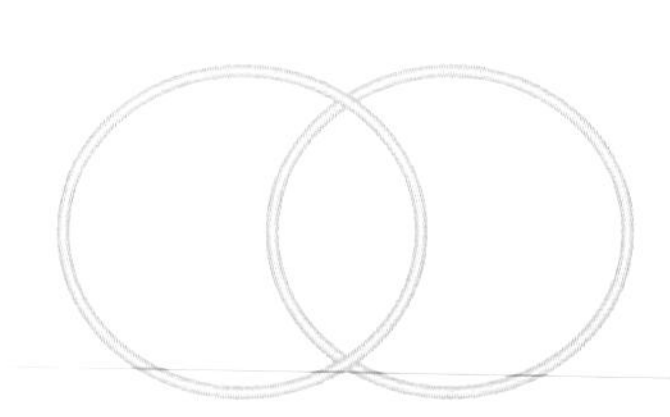

Desarrolla lo que sabes ¿Qué celebración especial ocurre en noviembre? El Día de Acción de Gracias, por supuesto. Cuando celebras el Día de Acción de Gracias, estás haciendo lo que hicieron los pobladores hace casi 400 años.

Los peregrinos

En 1620, un grupo de pobladores llegó a Plymouth, Massachusetts. Los llamamos los peregrinos. Navegaron desde Inglaterra en un barco llamado el *Mayflower*.

Los peregrinos eran cristianos que esperaban formar una colonia donde pudieran vivir y practicar su religión en libertad. Una **colonia** es una comunidad que pertenece a un país lejano.

El primer invierno de los peregrinos fue duro. No tenían suficiente comida. La mitad de ellos murió durante el invierno. Sin embargo, en la primera primavera los peregrinos recibieron ayuda de los indígenas norteamericanos que vivían en los alrededores.

Plymouth Los colonos peregrinos construyeron un pequeño pueblo agrícola en terreno que pertenecía a los indígenas wampanoag.

Ayuda de los wampanoag

Con ayuda de los indígenas wampanoag, los peregrinos aprendieron a adaptarse a su nuevo hogar. Los wampanoag enseñaron a los peregrinos a pescar y a cazar venados y pavos. También les mostraron cómo plantar frijoles, maíz y calabazas. Ese otoño, los peregrinos y los wampanoag tuvieron un festín para dar gracias.

En poco tiempo, otras familias inglesas llegaron a Nueva Inglaterra y crearon otros asentamientos. Como los peregrinos, querían practicar su religión libremente, pero no todos estaban de acuerdo en la forma de hacerlo. Cuando **Roger Williams** expresó una idea diferente, los líderes de la colonia lo obligaron a marcharse. Lo mismo sucedió con **Anne Hutchinson**. Con el tiempo, las leyes de Nueva Inglaterra cambiaron. La gente se convenció de que las personas debían practicar la religión de la forma que quisieran.

Anne Hutchinson

Repaso ¿De qué manera se adaptaron los peregrinos a la vida en Plymouth?

Los españoles en el Oeste

Las colonias de Inglaterra crecieron rápidamente. Esto preocupaba al rey de España. Él temía que Inglaterra tratara de reclamar las tierras de España en el Oeste. Por eso, en el siglo XVIII, España envió soldados y sacerdotes a California y otros lugares. La meta era construir fuertes, convertir a los indígenas y defender la tierra. Convertir significa cambiar de una creencia a otra.

Misiones españolas

Los sacerdotes españoles eran católicos romanos. Los sacerdotes empezaron las misiones. Una **misión** es una comunidad construida alrededor de una iglesia. Los sacerdotes usaban las misiones para enseñar su religión a los indígenas norteamericanos.

Miles de indígenas norteamericanos llegaron a las misiones en California y otros lugares. Los soldados obligaron a algunos indígenas a abandonar sus hogares y unirse a la vida de la misión. Otros se unieron voluntariamente. El trabajo en las misiones era duro. Sin embargo, para muchos indígenas se convirtió en una forma de aprender nuevas destrezas e ideas.

Misión San Gabriel Arcángel Esta misión era el hogar de los indígenas gabrielinos. DESTREZA **Lectura de material visual** ¿En qué se diferencian los edificios que ves en la pintura?

Una mezcla de culturas

Con el tiempo, la cultura de California se convirtió en una mezcla de las culturas española e indígena. Los sacerdotes y soldados en las misiones españolas no sólo enseñaban a los indígenas, también aprendían de ellos. Muchas iglesias tenían diseños españoles e indígenas. Hoy en día, la cultura de California muestra ambas influencias.

Tanto los peregrinos como los españoles vinieron a construir asentamientos. Cada grupo se encontró con indígenas norteamericanos y tuvo que adaptarse a la vida en un lugar nuevo. Hoy en día, las culturas indígena, inglesa y española son parte de nuestra cultura estadounidense.

Repaso ¿De qué manera es la cultura de California una mezcla de las culturas española e indígena?

Misiones en California

CALIFORNIA

San Gabriel Arcángel

CLAVE

• isión española

Repaso de la lección

1620 **Los pereginos llegaron a Plymouth**

1769 **Los españoles constuyeron la pimera misión en California**

1600 | 1650 | 1700 | 1750 | 1800

1. **VOCABULARIO** Escoge la mejor palabra para completar la oración.

   misión **colonia**

   Los peregrinos empezaron una _______ en Plymouth.

2. **DESTREZA DE LECTURA** Usa tu tabla para comparar y contrastar la vida en una colonia inglesa y en una misión española.

3. **IDEA PRINCIPAL: Geografía** ¿Cómo ayudaron los wampanoag a los peregrinos a adaptarse a Plymouth?

4. **IDEA PRINCIPAL: Cultura** ¿Por qué los españoles construyeron misiones en América del Norte?

5. **DESTREZA DE LA LÍNEA CRONOLÓGICA** ¿Qué sucedió primero, la llegada de los peregrinos o la construcción de misiones españolas?

6. **RAZONAMIENTO CRÍTICO: Hechos y opiniones** Los líderes de las colonias obligaron a Anne Hutchinson a marcharse por su forma de pensar. Da tu opinión sobre este hecho.

ESCRITURA Escribe un cuento corto en que un peregrino agradece a un indígena wampanoag por su ayuda.

Ampliar Lección 2

Historia

Día de Acción de Gracias

¿Cómo fue el primer Día de Acción de Gracias? En 1621, los peregrinos invitaron a sus vecinos wampanoag al festín. Juntos celebraron la cosecha del año.

Por lo menos 90 wampanoag y su líder, Massasoit, fueron a la celebración. Había unos 50 peregrinos. La comida que prepararon los peregrinos consistía en estofados, ganso, pescado y langosta.

El Día de Acción de Gracias, amigos y familiares se reúnen para comer y dar gracias por las cosas buenas de sus vidas.

1 Ropa de los peregrinos

Fíjate en la ropa de los peregrinos. ¿En qué se diferencia de la ropa que la gente viste hoy en día?

2 Indígenas norteamericanos

El artista pintó a los wampanoag con ropa equivocada. Lo que llevan puesto es lo que habrían usado los indígenas de la región de las Grandes Llanuras.

La artista Jennie Augusta Brownscombe pintó esto en 1914. ¿Qué palabras podría haber usado ella para describir su pintura?

Actividades

1. **COMÉNTALO** ¿Qué tradiciones del Día de Acción de Gracias conoces?

2. **ESCRÍBELO** Escribe un párrafo que explique en qué se parece y en qué diferencia el festín de 1621 a nuestro Día de Acción de Gracias.

Lección central 3

Convertirse en país

▶ VOCABULARIO

independencia

democracia

DESTREZA DE LECTURA

Secuencia Anota en la tabla los sucesos y fechas importantes en el orden en que ocurrieron.

Desarrolla lo que sabes Tu cumpleaños marca el día de tu nacimiento. Los países también tienen fecha de nacimiento. La fecha de nacimiento de Estados Unidos es el 4 de julio de 1776.

Lucha por la libertad

Gran Bretaña dominó sus colonias en América del Norte durante más de 150 años. Los colonos obedecían las leyes británicas y daban dinero al gobierno. Sin embargo, a veces los británicos trataban injustamente a las colonias. Algunos colonos se enojaron. Comenzaron a hablar de independencia. **Independencia** significa libertad. Esos colonos querían la libertad del dominio británico.

En 1775, estalló la guerra. Los líderes de las colonias se reunieron en Philadelphia, Pennsylvania. En la Sala de la Independencia, eligieron a **George Washington** para que dirigiera las tropas norteamericanas. También escribieron una de las declaraciones más famosas de la historia.

Campana de la Libertad

Declarada la independencia En Nueva York, los colonos derriban una estatua del rey de Inglaterra.

La Declaración de Independencia

La declaración que escribieron fue llamada la Declaración de Independencia. Su autor, **Thomas Jefferson**, explicó por qué los colonos debían librarse del dominio británico. Escribió:

> **“todos los hombres son creados iguales...”**

En aquella época, los líderes estadounidenses no pensaban que las mujeres, los afroamericanos o los indígenas debían ser ciudadanos por completo. **Abigail Adams** pensaba que las mujeres debían ser ciudadanas. Ella le escribió sobre esto a su esposo, John Adams, quien ayudó a redactar la Declaración.

Los líderes acordaron declarar la independencia el 4 de julio de 1776. Luego, la gente hizo sonar la Campana de la Libertad para celebrar. En 1783, Gran Bretaña acordó la paz con Estados Unidos. Estados Unidos se había convertido en un nuevo país.

Repaso ¿Por qué pelearon las colonias contra Gran Bretaña?

Una nueva Constitución

Después de la guerra, el nuevo país necesitaba nuevas leyes. En 1787, los líderes se reunieron otra vez en Philadelphia. Redactaron una constitución, que es un plan para el gobierno.

Durante todo el verano, Benjamín Franklin y otros líderes del nuevo país discutieron su plan. ¿Quién haría las leyes, y cómo? ¿Cuánto poder debía tener cada parte del gobierno? Decidieron que Estados Unidos sería una democracia. Una **democracia** es un gobierno en el que la gente se gobierna a sí misma. En una democracia, los ciudadanos eligen a sus líderes.

La Constitución de EE.UU. La Constitución indica las ideas básicas y leyes de nuestro país.

DESTREZA **Fuente primaria** Busca las palabras "*We the People*" ("Nosotros, el pueblo"). ¿Qué crees que significan?

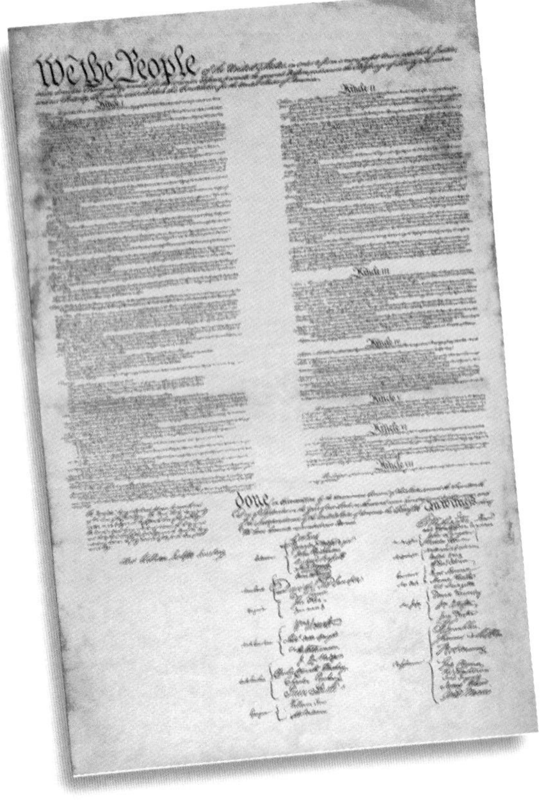

George Washington El 30 de abril de 1789, se convirtió en el primer presidente de Estados Unidos.

La Constitución

En septiembre de 1787, se terminó la Constitución de Estados Unidos. Al año siguiente, George Washington se convirtió en el primer presidente, o líder oficial, del país. Los estadounidenses pensaban que por su valentía y honestidad era el mejor candidato.

Hoy en día, la Constitución tiene más de 200 años. Los estadounidenses todavía obedecen sus leyes. Se han agregado nuevas partes para garantizar la libertad total de las mujeres, los afroamericanos y los indígenas. Nuestra Constitución protege la libertad de todos los estadounidenses.

Repaso ¿Cuál es el propósito de la Constitución de Estados Unidos?

Repaso de la lección

1775 **Comenzó la guerra**

1783 **Gran Brentaña acordó la paz**

1787 **Se terminó la Constitución**

1770 1775 1780 1785 1790

1. **VOCABULARIO** Usa **independencia** y **democracia** en un párrafo acerca de la guerra con Gran Bretaña.
2. **DESTREZA DE LECTURA** ¿Cuál es la **secuencia** de sucesos entre el comienzo de la guerra y la redacción de la Constitución?
3. **IDEA PRINCIPAL: Historia** ¿Qué es la Declaración de Independencia y qué hizo?
4. **IDEA PRINCIPAL: Gobierno** ¿Qué es la Constitución de Estados Unidos y qué hace?
5. **DESTREZA DE LA LÍNEA CRONOLÓGICA** ¿Fue escrita la Constitución de Estados Unidos antes o después de que terminara la guerra con Gran Bretaña?
6. **RAZONAMIENTO CRÍTICO: Resumir** ¿Por qué las reglas y las leyes son importantes para una nación?

ESCRITURA Benjamín Franklin ayudó a escribir la Constitución. Haz una lista de tres preguntas que un reportero podría haberle hecho a Franklin acerca de su trabajo.

Biografías

Héroes de la libertad

¿Qué significa la libertad para ti? Para Benjamín Franklin, Thomas Jefferson y Abigail Adams, la **independencia** del dominio de Gran Bretaña era una meta importante. Pasaron gran parte de su vida ayudando al nuevo Estados Unidos a convertirse en una nación libre.

Benjamín Franklin 1706–1790

De niño en Boston, a Benjamín Franklin le encantaba leer y escribir. Luego, se mudó a Philadelphia y se convirtió en escritor. Experimentó con la electricidad e hizo muchos inventos.

Franklin creía que las colonias debían ser una sola nación libre. Por esa razón, firmó la Declaración de Independencia. Después de que los colonos ganaron la guerra contra Gran Bretaña, él ayudó a redactar la Constitución de Estados Unidos.

Thomas Jefferson 1743–1826

Thomas Jefferson era un hombre muy talentoso. Durante toda su vida, Jefferson diseñó edificios, inventó cosas y fundó una universidad.

Thomas Jefferson es quizás más conocido por redactar la Declaración de Independencia. Sus palabras demostraban que la libertad y la justicia eran importantes para él. En 1801, Jefferson se convirtió en el tercer presidente de Estados Unidos.

Abigail Adams 1744–1818

Abigail Adams jugó un papel clave en la vida de dos presidentes de Estados Unidos. Fue esposa de John Adams, el segundo presidente, y madre de John Quincy Adams, el sexto presidente.

Mientras su esposo se encontraba ausente durante la guerra contra Gran Bretaña, Abigail Adams cuidó de sus cuatro hijos y se ocupó de la granja de la familia. A ella le interesaba la independencia de las mujeres y la educación de las niñas.

Actividades

1. **HAZLO** Haz fichas biográficas de Franklin, Jefferson y Adams. Cuenta cómo ellos demostraron patriotismo, o amor a un país.

2. **ESCRÍBELO** Escribe una carta a Franklin, Jefferson o Adams. Expresa lo que piensas sobre el trabajo de esa persona por la libertad.

Tecnología Para leer otras biografías, visita Education Place. www.eduplace.com/kids/hmss/

Desarrollar destrezas

Hacer una entrevista

VOCABULARIO

entrevista

Imagina que quieres investigar acerca de héroes de tu comunidad. Una forma de obtener información es haciendo una entrevista. Una entrevista es una junta donde una persona le pide hechos o información a otra.

Aprende la destreza

Paso 1: Decide lo que quieres aprender en la entrevista. Puedes preguntarle a un adulto si cree que hay un héroe en tu comunidad. También puedes investigar por qué esa persona es un héroe.

Paso 2: Escoge a una persona a quien entrevistar. Puede ser un adulto de tu casa, de la escuela o de tu comunidad. Hazle saber a la persona lo que quieres investigar. Fija una hora para la junta.

Paso 3: Prepara una lista de preguntas antes de la entrevista. Piensa en preguntas que empiecen con *quién, qué, dónde, cuándo, por qué* y *cómo.*

Paso 4: Entrevista a la persona. Escucha con atención y anota las respuestas. Di "gracias" cuando hayas terminado.

Practica la destreza

1. ¿De qué tema quieres saber más?
2. ¿A quién deberías entrevistar para obtener esa información?
3. ¿Por qué es buena idea fijar una junta con anticipación?

Aplica la destreza

Escoge un tema. Fija una entrevista con alguien que conozca sobre tu tema. Haz una lista de por lo menos cuatro preguntas.

Preguntas para la entrevista

Tema: héroe local

Entrevistada: Terry Anderson,
directora de la escuela

1. ¿Quién cree usted que es un héroe en nuestra comunidad?

2. ¿Qué ha hecho esa persona?

3. ¿Por qué cree que esa persona es un héroe?

4. ¿Qué características tiene un héroe?

Lección central 4

CONEXIÓN CON EL MUNDO

Canadá

VOCABULARIO

herencia

símbolo

DESTREZA DE LECTURA

Comparar y contrastar
A medida que lees, anota en qué se parecen y en qué se diferencian Estados Unidos y Canadá.

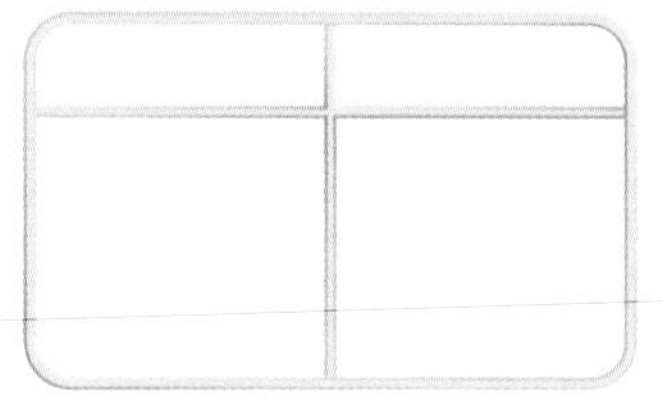

Desarrolla lo que sabes Piensa en las cosas que compartes con tus vecinos. Tal vez vayan a la misma escuela o usen la misma biblioteca. La gente de Estados Unidos y Canadá también comparten muchas cosas.

Nuestro vecino, Canadá

Canadá y Estados Unidos son vecinos. Tienen muchas cosas en común. Ambos son países de América del Norte. Ambos se extienden desde el océano Atlántico hasta el Pacífico. Muchos de los mismos recursos naturales, como bosques y suelo fértil, se pueden encontrar en ambos países. En los dos países, los primeros habitantes eran indígenas norteamericanos. Luego, naciones europeas enviaron exploradores a ambos lugares y crearon colonias en cada uno.

Las extensas áreas de tierra de cultivo son uno de los recursos naturales de Canadá.

La independencia de Canadá

idea principal

Canadá y Estados Unidos lograron su independencia de manera diferente. Gran Bretaña y Francia tenían colonias en Canadá. Durante muchos años, estos países lucharon entre sí por las colonias. Los británicos finalmente ganaron en 1763, pero muchos colonos franceses permanecieron en Canadá. Hoy en día, el francés es un idioma oficial de Canadá.

A diferencia de Estados Unidos, los canadienses no fueron a una guerra para independizarse de Gran Bretaña. Consiguieron su libertad con el tiempo. Paso a paso, los canadienses crearon sus propias leyes y lograron su independencia en 1867.

Repaso ¿Cómo lograron los canadienses su independencia?

Montreal Con casi cuatro millones de habitantes, Montreal es la segunda ciudad más grande de Canadá.

Canadá hoy en día

El camino hacia la independencia de Canadá fue pacífico. Hoy en día, la idea de la paz es parte de la herencia de Canadá. **Herencia** es la historia, las ideas y las creencias que la gente recibe del pasado. En la herencia de Canadá hay idiomas y tradiciones.

Hoy en día, en Canadá se usan varios idiomas. Por ejemplo, muchos letreros en las carreteras están escritos en inglés y en francés, los dos idiomas oficiales del país. El nombre Canadá proviene de una palabra haudenosaunee que significa "aldea". La herencia británica, francesa e indígena forma parte de la vida de Canadá actualmente. idea principal

El gobierno de Canadá

Puedes encontrar pistas del pasado de Canadá en su gobierno. Es similar al gobierno británico. Ambos países tienen una constitución. Igualmente, ambos tienen un líder del gobierno llamado primer ministro, y un líder de la realeza, la reina Isabel II.

Los símbolos de Canadá

La reina Isabel II en realidad no gobierna Canadá. Es un símbolo de los lazos que tiene Canadá con Gran Bretaña. Un **símbolo** es una cosa que representa otra cosa. Los símbolos de Canadá aparecen en sus estampillas y monedas. Un símbolo canadiense importante es la hoja de arce. Les recuerda a los canadienses los árboles de arce que crecen en muchas partes del país.

Para resumir, Canadá tiene muchas cosas en común con Estados Unidos. Una vez fue una colonia británica. Sin embargo, Canadá logró su independencia de forma pacífica. Hoy en día, la herencia de Canadá es una mezcla de muchos grupos diferentes que viven ahí.

Repaso ¿Dónde puedes encontrar cosas que hacen recordar diariamente la herencia de Canadá?

Moneda canadiense de cinco centavos, parte de adelante y parte de atrás

Repaso de la lección

1763 **Gran Bretaña ganó la guerra con Francia**

1867 **Canadá logró la independecia**

1750 1800 1850 1900

1. **VOCABULARIO** Usa **herencia** y **símbolo** en una oración acerca de Canadá.
2. **DESTREZA DE LECTURA** ¿Estados Unidos y Canadá tienen más diferencias o más cosas en común?
3. **IDEA PRINCIPAL: Historia** ¿Cómo logró Canadá su independencia?
4. **IDEA PRINCIPAL: Historia** ¿Qué dicen los idiomas de Canadá acerca de la gente que ha vivido ahí?
5. **DESTREZA DE LA LÍNEA CRONOLÓGICA** Aproximadamente, ¿por cuántos años ha sido independiente Canadá?
6. **RAZONAMIENTO CRÍTICO: Inferir** ¿Dónde buscarías pistas acerca de la herencia de Estados Unidos?

APLÍCALO

ARTE El símbolo en la bandera canadiense es una hoja de arce. Crea una bandera para tu clase. Incluye un símbolo que represente algo especial acerca de tu clase.

Geografía

Los recursos de Canadá

Nuestro vecino del norte, Canadá, es un país rico en recursos. El agua es uno de los recursos naturales más valiosos de Canadá. La madera de los bosques, el mineral de hierro, el petróleo y la pesca son otros. Canadá comparte muchos de sus recursos, como la energía eléctrica que genera con el agua, con Estados Unidos. Algunos de los recursos más importantes de Canadá se muestran en este mapa. Estudia la gráfica de barras para aprender más acerca de uno de estos recursos.

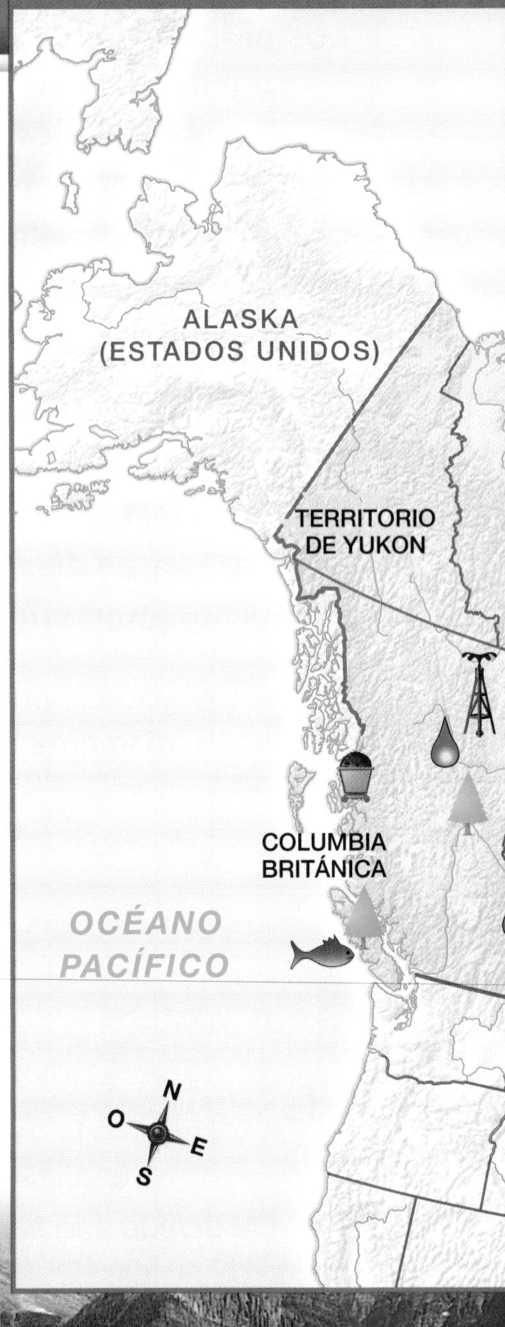

Los recursos naturales de Canadá

Los tres peces más comunes de Canadá

Actividades

1. **DIBÚJALO** Dibuja un mapa grande de Canadá. Usa un atlas para buscar la ubicación de ríos y lagos, luego márcalos en tu mapa.

2. **REPÓRTALO** Usa una enciclopedia para averiguar más acerca de uno de los recursos naturales de Canadá. Escribe un informe corto que resuma lo que has aprendido.

Repaso y Preparación para pruebas

Resumen visual

1–3. Escribe una descripción de cada elemento mencionado abajo.

Historia de Estados Unidos, 1542–1776	
Cabrillo en California	
Peregrinos en Plymouth	
Declaración de Independencia	

Hechos e ideas principales

Responde a cada pregunta.

4. **Historia** ¿Por qué los exploradores europeos estaban buscando nuevas rutas a Asia?
5. **Geografía** ¿De qué país venían los peregrinos originalmente?
6. **Civismo** ¿Quién fue el primer presidente de Estados Unidos?
7. **Gobierno** ¿En qué se parece el gobierno de Canadá al gobierno de Gran Bretaña?

Vocabulario

Elige la palabra correcta de la lista de abajo para completar cada oración.

colonia, pág. 118
democracia, pág. 126
herencia, pág. 134

8. La ______ de un país incluye sus tradiciones e idiomas.
9. Antes de que California formara parte de Estados Unidos, era una ______ española.
10. Los redactores de la Constitución de Estados Unidos decidieron que su gobierno debía ser una ______.

LÍNEA CRONOLÓGICA DEL RESUMEN DEL CAPÍTULO

980 Vikingos en América del Norte

1492 Colón en América del Norte

1620 Peregrinos en Plymouth

1867 Canadá independiente

800 1000 1200 1400 1600 1800 2000

Aplicar destrezas

Leer e interpretar una línea cronológica Usa la línea cronológica del capítulo de arriba para responder a cada pregunta.

11. ¿Cuál es el primer suceso mostrado en la línea cronológica?

A. Colón en América del Norte
B. Canadá independiente
C. Vikingos en América del Norte
D. Peregrinos en Plymouth

12. ¿En qué períodos se divide esta línea cronológica?

A. días
B. semanas
C. décadas
D. siglos

13. ¿Qué suceso ocurrió entre 1800 y 2000?

A. Colón en América del Norte
B. Canadá independiente
C. Vikingos en América del Norte
D. Peregrinos en Plymouth

Razonamiento crítico

Escribe un párrafo corto para responder a cada pregunta de abajo.

14. Causa y efecto ¿Qué efecto tuvieron las misiones en la cultura de California?

15. Resumir ¿Qué pasos dieron las trece colonias norteamericanas para convertirse en Estados Unidos?

Línea cronológica

Usa la línea cronológica del capítulo de arriba para responder a la pregunta.

16. ¿En qué año llegaron los peregrinos a Plymouth?

Actividades

Actividad verbal Prepara un discurso en el que digas lo que piensas sobre el Día de Acción de Gracias.

Escritura Imagina que los redactores de la Declaración de Independencia quieren que tú la firmes. Escribe un ensayo persuasivo en el que expliques por qué la firmarías o no.

Tecnología

Consejos para el proceso de escritura
Puedes obtener ayuda para tu ensayo en: **www.eduplace.com/kids/hmss/**

Cuaderno comunitario
HISTORIA

La historia del lugar donde vives

Piensa en las personas que vivieron en tu comunidad antes que tú. ¿Quiénes eran? ¿Por qué crearon tu pueblo? ¿Qué tradiciones trajeron? Puedes fijarte en tu comunidad para encontrar pistas de su pasado.

Historia de mi comunidad

Primeros habitantes → Primeros exploradores → Primeros pobladores

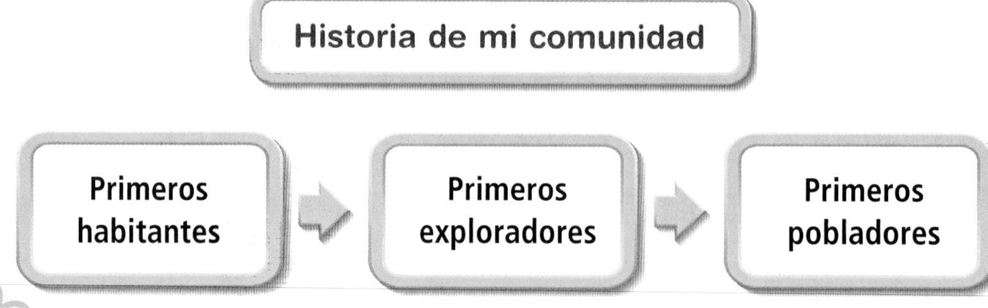

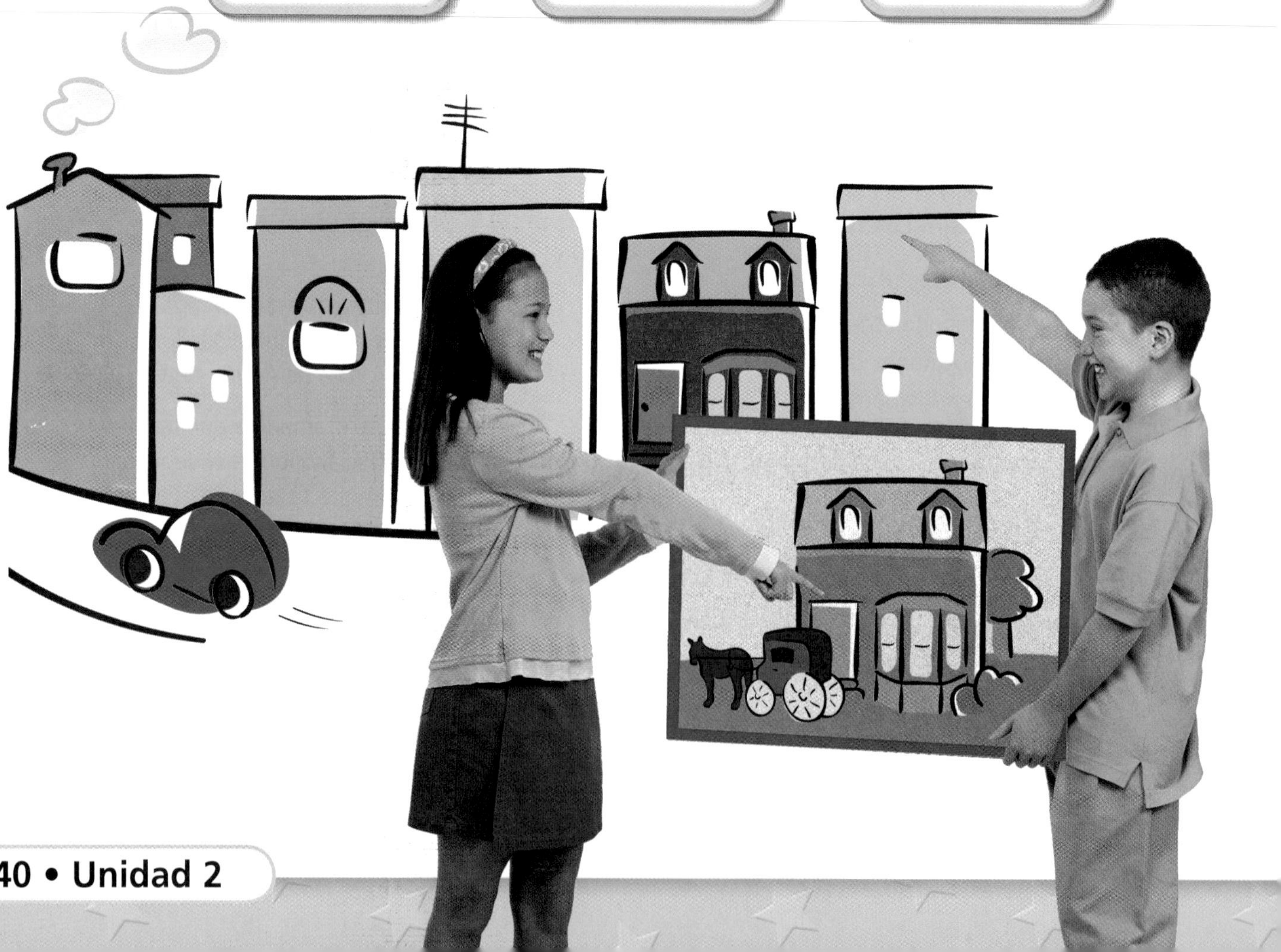

¡Descúbrelo!

Esta familia de pobladores vivió en las Grandes Llanuras a finales del siglo XIX.

Explora la historia de tu comunidad.

- **Comienza con la biblioteca.** Algunas bibliotecas tienen secciones sobre historia local. En mapas antiguos tal vez encuentres las primeras calles y edificios.
- **Busca monumentos conmemorativos.** Tienen información sobre las personas que vivieron en tu comunidad.
- **Habla con ciudadanos de edad mayor.** Las personas mayores pueden recordar cómo era el pueblo hace muchos años.
- **Visita la sociedad histórica.** Este grupo estudia la historia de la comunidad. Pide a uno de los miembros que dé una charla en tu clase.

Usa tu cuaderno comunitario para organizar la información que obtengas.

UNIDAD 2

Repaso y Preparación para pruebas

Vocabulario e ideas principales

Escribe una oración para responder a cada pregunta.

1. ¿Qué **comerciaban** los yurok con otras naciones indígenas?
2. ¿Cuáles son algunas de las reglas de la **constitución** de los haudenosaunee?
3. ¿Qué hizo que los colonos empezaran a pensar en la **independencia** de Gran Bretaña?
4. ¿Qué grupos forman parte de la **herencia** de Canadá?

Razonamiento crítico

Escribe una respuesta corta para cada pregunta. Usa detalles para apoyar tu respuesta.

5. **Causa y efecto** ¿Qué tenían que hacer los haudenosaunee debido a los inviernos fríos?
6. **Comparar y contrastar** ¿En qué se parecían y en qué se diferenciaban los exploradores de España y los de Francia?

Aplicar destrezas

Usa la información de abajo y lo que has aprendido sobre escoger la fuente correcta para responder a cada pregunta.

> Todd está escribiendo un informe sobre Plymouth, Massachusetts. Necesita decidir qué fuentes usar para encontrar información específica.

7. ¿Qué fuente probablemente usaría Todd para obtener información general acerca de los peregrinos?

   A. una revista
   B. un periódico
   C. un diccionario
   D. una enciclopedia

8. ¿Qué tipo de fuente probablemente usaría Todd para averiguar la temperatura de hoy en Plymouth?

Actividad de la unidad

Haz una hoja desplegable de hechos

- Escoge una nación indígena norteamericana de la unidad.
- Investiga la gente y anota la información en un archivo de hechos.
- Dobla una hoja de papel por la mitad. En un lado, anota la información que encontraste.
- En el otro lado, dibuja una comunidad indígena. Rotula tu dibujo.

En la biblioteca

Busca este libro en la biblioteca pública o la de tu escuela.

Pearl
por Debby Atwell
Pearl relata los sucesos que vio en la historia estadounidense.

WEEKLY READER

Sucesos actuales

Conectar con el presente

Crea una línea cronológica de sucesos.

- Busca artículos acerca de sucesos importantes ocurridos el año pasado.
- Haz un pequeño dibujo o mapa para ilustrar dos sucesos. Ponle rótulos con la fecha de cada suceso.
- Coloca tus dibujos en una línea cronológica de la clase.

Tecnología
Weekly Reader te ofrece artículos de ciencias sociales. Visita: **www.eduplace.com/kids/hmss/**

Léelo

Busca estos libros para lectura independiente de ciencias sociales en tu salón de clase.

UNIDAD 3

La gente se muda de un lugar a otro

La gran idea

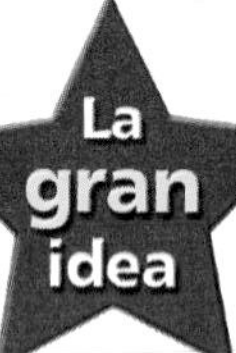

¿Por qué cambian las comunidades con el paso del tiempo?

"...[N]ada es fijo, por siempre y para siempre, nada es fijo; la tierra siempre está moviéndose, la luz siempre está cambiando,..."

de los escritos de
James Baldwin

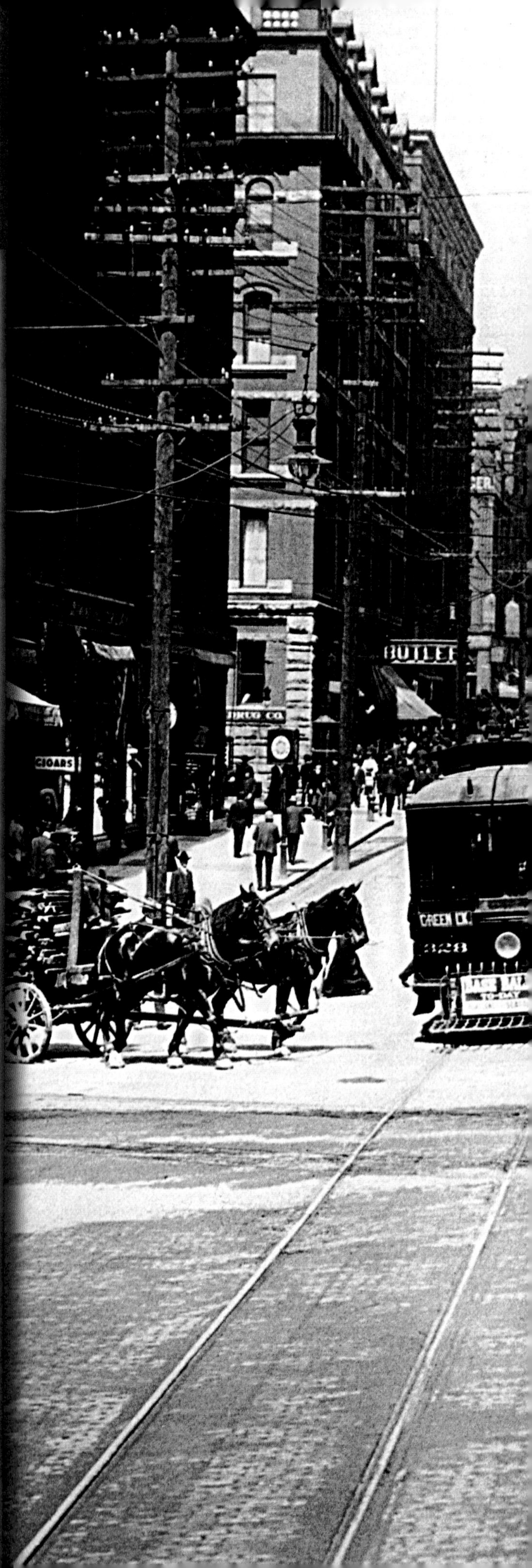

Wils
Whis
That
NOW
J. F. Price & Co.
DRUG Co.
THOMPSON'S
BUTTER STORE
MARKET CO
349

UNIDAD 3

Almanaque

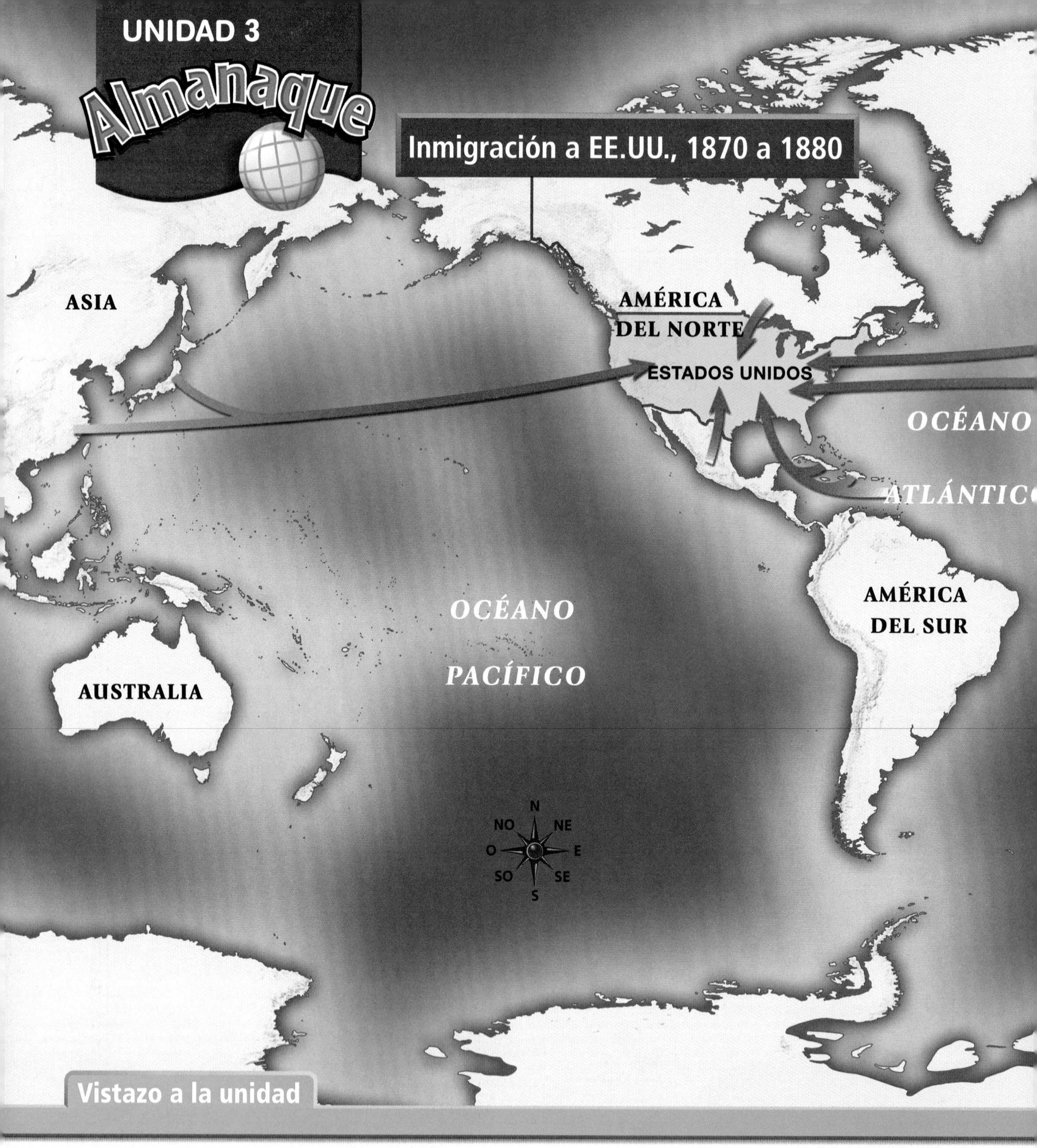

Inmigración a EE.UU., 1870 a 1880

ASIA

AMÉRICA DEL NORTE

ESTADOS UNIDOS

OCÉANO ATLÁNTICO

OCÉANO PACÍFICO

AMÉRICA DEL SUR

AUSTRALIA

N NE E SE S SO O NO

Vistazo a la unidad

St. Louis
Una ciudad crece
Capítulo 5, página 150

Trenes y telégrafos
La gente y las ideas se mueven con rapidez
Capítulo 5, página 160

Llegan los inmigrantes
Los recién llegados arriban a EE.UU.
Capítulo 6, página 172

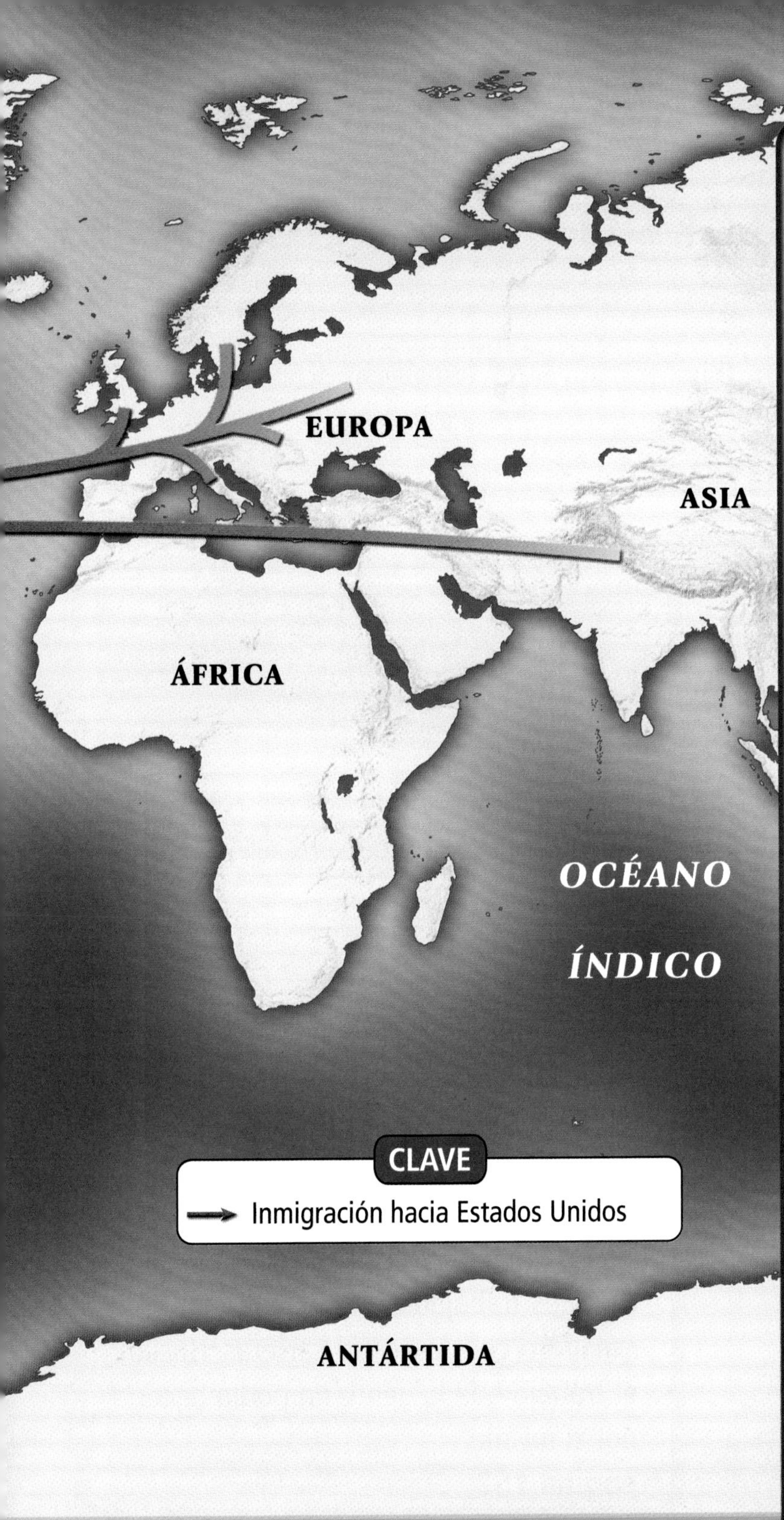

EUROPA

ASIA

ÁFRICA

OCÉANO ÍNDICO

ANTÁRTIDA

CLAVE

→ Inmigración hacia Estados Unidos

Conectar con **el presente**

San Francisco, 1870

Recién llegados

Personas nacidas en Estados Unidos

En 1870, ¿tenía San Francisco más recién llegados o más personas nacidas en Estados Unidos?

San Francisco, 2000

Recién llegados

Personas nacidas en Estados Unidos

Compara las dos gráficas circulares. En el año 2000, ¿eran los recién llegados una parte más grande o más pequeña de la población de San Francisco que en 1870?

WEEKLY READER

Sucesos actuales

¡Sucesos actuales en Internet!

Lee artículos de ciencias sociales en: **www.eduplace.com/kids/hmss/**

Establecerse en Brasil
Los inmigrantes encuentran nuevos hogares
Capítulo 6, página 185

Capítulo 5

Se establecen los recién llegados

Vistazo al vocabulario

Tecnología
e • glosario
www.eduplace.com/kids/hmss/

bienes

En el siglo XIX, barcos llenos de **bienes** iban de arriba abajo por ríos anchos. Los barcos llevaban muchos artículos que la gente compraba y vendía.
página 151

servicio

Algunos trabajadores prestaban un **servicio** construyendo carretas. Hacían el trabajo que la gente no podía hacer por sí misma.
página 152

Línea cronológica del capítulo

1764
Se estableció St. Louis

1844
Se construyó la primera línea de telégrafo

1869
Los ferrocarriles conectaron las costas

1750 — 1800 — 1850

Estrategia de lectura

Preguntar A medida que lees, hazte preguntas sobre las ideas importantes.

Haz una lista de las preguntas que tienes. Después de leer, repasa el texto para hallar las respuestas.

transportes

Muchos tipos de **transporte** permitieron que las personas atravesaran el país. Viajaban por barco, a caballo y en carretas.
página 160

telégrafo

Con la invención del **telégrafo** la gente podía enviar mensajes rápidamente de un lado al otro del país.
página 162

1965
Se terminó el Arco de St. Louis

1900 1950 2000

Lección central 1

Pobladores en St. Louis

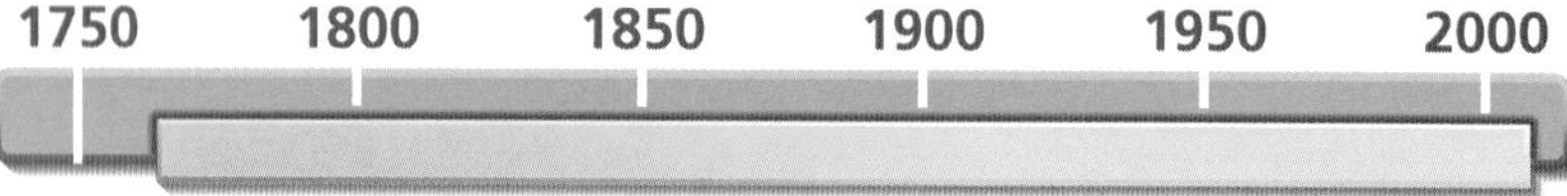

VOCABULARIO

bienes
servicio
empresario
ganancia

DESTREZA DE LECTURA
Idea principal y detalles
Escribe detalles que digan qué cosas ayudaron a la ciudad de St. Louis a crecer.

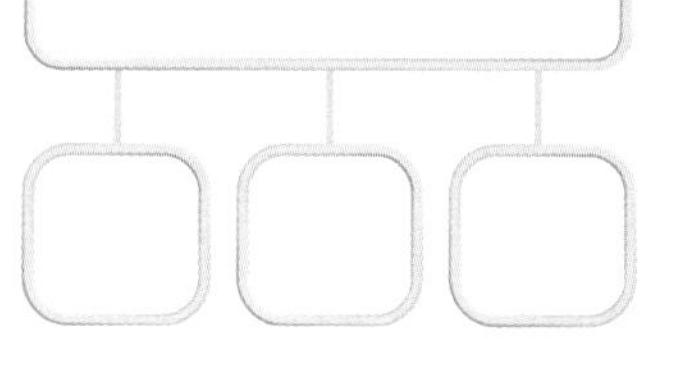

Desarrolla lo que sabes ¿Alguna vez ha llegado una persona nueva a tu clase o a tu comunidad? A menudo, los recién llegados traen nuevas ideas a un lugar. Algunos recién llegados de St. Louis, Missouri, tenían nuevas ideas para ganar dinero.

Los primeros años en St. Louis

En el siglo XIX, Estados Unidos creció. Miles de personas comenzaron a trasladarse hacia el oeste. Uno de los lugares donde se establecieron fue St. Louis.

En 1794, St. Louis comenzó como un establecimiento comercial en las riberas del río Mississippi. No muy lejos, otro río grande, el Missouri, se conecta con el Mississippi. La ubicación de St. Louis donde se unen dos ríos grandes ayudó a la ciudad a crecer. idea principal

Barco de río
Un barco a vapor se desplaza por el río Mississippi durante la década de 1830.

Ciudades y ríos Los pobladores viajaban a St. Louis y más allá a través de los ríos. DESTREZA **Leer mapas** ¿Qué ríos se conectan al norte de St. Louis?

Arriban los recién llegados

En el siglo XIX, la gente usaba los ríos para recorrer distancias largas. Los barcos transportaban personas y bienes de un lado a otro por los ríos y por todo el camino hasta el mar. Los **bienes** son cosas que la gente compra o vende.

A medida que más personas usaban los ríos para viajes y comercio, St. Louis se convertía en un lugar activo. El pueblo servía como un punto de partida para los pobladores que iban más lejos hacia el oeste. Los pioneros tenían que llevar bienes hacia allá. Necesitaban arados, carretas y otros suministros.

Los recién llegados también provenían de países como Alemania e Irlanda. Encontraban trabajo, cultivaban o establecían nuevos negocios. Algunos de ellos prestaban servicios. Un **servicio** es el trabajo que una persona hace por otra. Por ejemplo, los capitanes de barco prestaban el servicio de transportar personas por el río Mississippi.

Repaso Explica cómo los ríos ayudaron a St. Louis a crecer.

Las empresas fomentan el desarrollo de St. Louis

A medida que llegaba más gente, la economía de St. Louis creció. Los empresarios comenzaban periódicos, molinos y otros negocios. Un **empresario** es una persona que toma un riesgo y empieza un negocio.

Los empresarios que atendían sus negocios obtuvieron muchas ganancias. La **ganancia** es el dinero que un negocio hace después de pagar sus costos. La gente obtenía ganancias prestando servicios o vendiendo propiedades privadas, como terrenos. La propiedad privada es algo que le pertenece a una persona y no al gobierno.

Como St. Louis estaba creciendo tan rápido, la gente podía obtener más ganancias ahí que en otros lugares. La oportunidad de tener una propiedad y de comenzar nuevos negocios fue una de las razones por las que tantos recién llegados se mudaban a St. Louis.

Ganancia y costos Un fabricante de carretas en 1874 las vendía por aproximadamente $100 cada una. Costaba aproximadamente $90 fabricar una carreta. El fabricante obtenía una ganancia de $10.

St. Louis hoy en día

St. Louis ha cambiado con el paso de los años. Los primeros pobladores vivían en cabañas. Muchas familias ahora viven en edificios altos. Hoy en día, la gente fabrica camiones con motores en lugar de carretas. Sin embargo, los barcos siguen transportando bienes. Más de 300,000 personas viven en St. Louis hoy en día. Actualmente es la segunda ciudad más grande de Missouri.

Repaso Explica cómo los ríos ayudaron a St. Louis a crecer.

El Arco de St. Louis celebra el pasado de la ciudad como la "puerta de entrada al Oeste".

Repaso de la lección

1764 **Se estableció St. Louis**

1860 **Muchas tiendas y casas nuevas en St. Louis**

1750 — 1800 — 1850 — 1900 — 1950 — 2000

1. **VOCABULARIO** Escoge la mejor palabra para completar la oración.

   bienes servicio ganancia

   Algunas empresas en St. Louis obtuvieron una ________ después de pagar sus costos.

2. **DESTREZA DE LECTURA** ¿Qué **detalles** describen porqué creció el número de personas en St. Louis?

3. **IDEA PRINCIPAL: Geografía** ¿Cómo contribuyó la ubicación de St. Louis al crecimiento de la ciudad?

4. **MAIN IDEA: Economía** ¿Cuáles fueron algunas de las cosas que hicieron los empresarios para ayudar a St. Louis a crecer?

5. **DESTREZA DE LA LÍNEA CRONOLÓGICA** ¿En qué año se estableció St. Louis?

6. **RAZONAMIENTO CRÍTICO: Predecir resultados** El tráfico de barcos de carga por el río Mississippi comenzó a disminuir a finales del siglo XIX. Explica cómo esto afectaría a los empresarios de St. Louis.

MAPAS El río Mississippi fluye a través de 10 estados. Usa un mapa para descubrir cuáles estados son. ¿Dónde comienza y dónde termina el río?

Teatro del lector

¡Hola, St. Louis!

No todos los pobladores viajaron al lejano Oeste. En la década de 1850, St. Louis, Missouri, era un agitado pueblo fronterizo. A menudo los pioneros se detenían allí para conseguir suministros y abordar barcos que los llevaran por el río Mississippi en su viaje hacia el Oeste. Pero, como podrás ver, algunas familias decidieron quedarse en St. Louis.

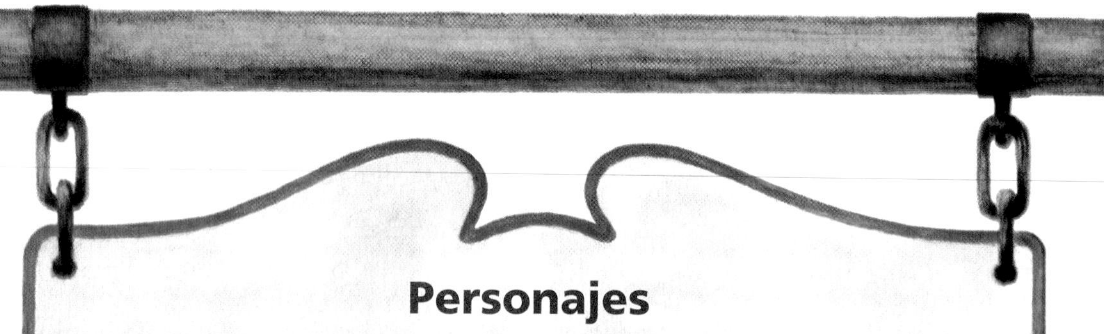

Personajes

Narrador

Joseph Boone: poblador, esposo de Anna

Anna Boone: pobladora, esposa de Joseph

Conrad Fitzgerald: fabricante de carretas, esposo de Elsie

Elsie Fitzgerald: tendera, esposa de Conrad

Benjamin Boone: hijo de los Boone, de ocho años

Rebecca Boone: hija de los Boone, de nueve años

Sarah Stanwood: amiga de los Fitzgerald

Narrador: La familia Boone, proveniente de Virginia, va camino a California. Los Boone se detienen en St. Louis para comprar suministros y una carreta. Van a un negocio de fabricación de carretas para hacer su pedido.

Joseph Boone: Creo que ya está todo arreglado. Recogeremos nuestra carreta en dos semanas.

Conrad Fitzgerald: Podríamos tenerla lista antes, Sr. Boone, si no estuviéramos tan ocupados. Parece que todos los que pasan por St. Louis quieren una carreta.

Elsie Fitzgerald: Nos alegra por nuestro negocio. Es triste que no se queden más personas para ver lo que St. Louis tiene para ofrecer.

Anna Boone: Tienen una ciudad alegre. Hay muchas conferencias y conciertos. Me gusta lo que veo.

Benjamin Boone: A mí también. Me gusta ver los barcos en el río.

Rebecca Boone: En periódico decía que van a abrir una escuela para niñas. Pienso que sería maravilloso.

Joseph: ¡Oigan! No van a cambiar de opinión sobre irnos a California, ¿verdad? Rebecca y Benjamin, ustedes estaban entusiasmados con la idea de mudarnos para allá.

Anna: California sería un lindo lugar para vivir, Joseph. Pero también lo sería St. Louis.

Rebecca: ¡St. Louis tiene muchas cosas, papá! Tiene un teatro, para empezar.

Sarah Stanwood: Tienes razón, Rebecca. Hasta tenemos una universidad.

Benjamin: Me gustaría asistir a la universidad.

Sarah: Es un buen objetivo, Benjamin. Necesitamos personas educadas que nos ayuden a gobernar St. Louis. Está creciendo muy rápido.

Joseph: Ahora me han puesto a pensar.

Anna: ¡Lo sabía!

Joseph: Un pueblo en crecimiento significa que la gente necesita cosas. Podríamos comenzar un negocio. Anna y yo sabemos un poco de caballos y mulas. Podríamos dedicarnos a la cría. ¿Qué te parece, Anna?

Joseph

Rebecca

Anna: El Sr. Fitzgerald acaba de decir que todos quieren comprarle una carreta. Necesitarán mulas para llevarlas. Nos iría bien y yo estaría feliz de quedarme.

Joseph: ¿Rebecca? ¿Benjamin? ¿Les parecería bien a ustedes también?

Rebecca y Benjamin: ¡Sí!

Anna: Parece que todos estamos de acuerdo, Joseph.

Elsie: Entonces no necesitarán una carreta, pero sí clientes. Mandaremos clientes a comprarles mulas después de que hayan comprado sus carretas.

Conrad: También les ayudaremos a encontrar hogar. Sé de una casa cercana a la nuestra que está en alquiler.

Anna: ¡Clientes y una casa! Ya me siento establecida aquí.

Joseph: Gracias a los dos. No puedo imaginarme una mejor bienvenida a St. Louis.

Actividades

1. **COMÉNTALO** Si fueras uno de los Boone, ¿preferirías quedarte en St. Louis o viajar a California? ¿Por qué?
2. **REPRESÉNTALO** Escribe la escena siguiente en la que los Boone comienzan su nuevo negocio.

Desarrollar destrezas

Leer una gráfica lineal

▶ VOCABULARIO

gráfica lineal

Las ciudades como St. Louis cambian a través del tiempo. Puedes aprender acerca de los cambios al estudiar una gráfica lineal. Una gráfica lineal es un tipo de gráfica que usa líneas y puntos para mostrar cómo una cosa cambia a través del tiempo. Los pasos de abajo te ayudarán a leer una gráfica lineal.

Aprende la destreza

Paso 1: Lee el título de la gráfica lineal. El título dice el tipo de información que aparece en la gráfica.

Paso 2: Lee las palabras y números en el costado y la base de la gráfica. Los números en el costado te indican la cantidad, o lo que se mide. Los números en la base muestran el período de tiempo.

Paso 3: Observa el lugar donde caen los puntos en la gráfica. Los puntos muestran una cantidad en un punto específico en el tiempo.

Paso 4: Sigue la línea con el dedo. La línea muestra el cambio en la cantidad de un tiempo a otro.

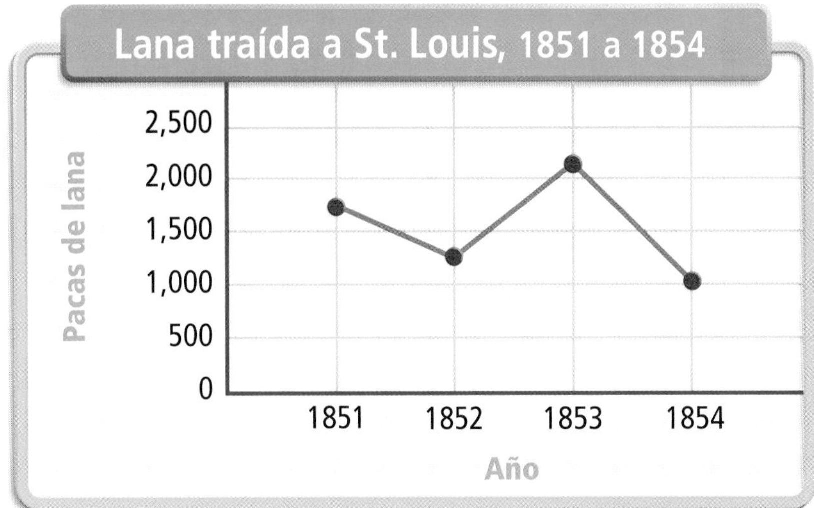

Practica la destreza

Usa la gráfica lineal para responder a estas preguntas.

1. ¿Qué período cubre la gráfica lineal?
2. ¿En qué año se trajo la mayor cantidad de lana a St. Louis? ¿Y la menor cantidad de lana?
3. ¿Aproximadamente cuántas pacas de lana se trajeron a St. Louis en 1854?

Aplica la destreza

Busca la gráfica lineal de la página 199. Lee el título. ¿Qué indica la gráfica sobre el número de mujeres en el Congreso a través del tiempo? Escribe un párrafo para describir cualquier cambio.

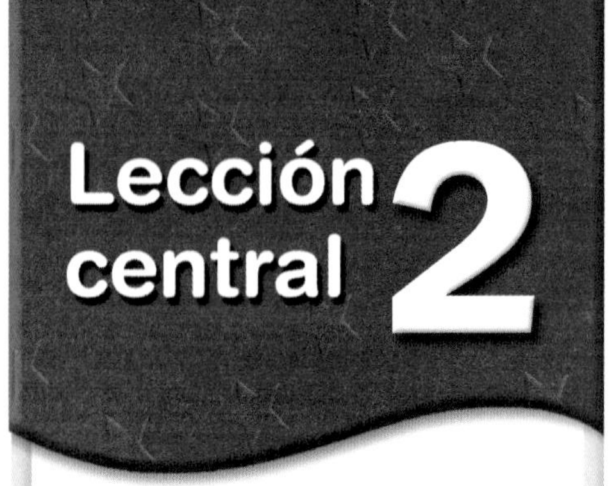

El movimiento hacia el Oeste

1750 1800 1850 1900 1950 2000

1807–1869

VOCABULARIO

transporte

máquina de vapor

ferrocarril

telégrafo

DESTREZA DE LECTURA

Categorizar A medida que lees, organiza la información en dos categorías: transporte y comunicación.

Desarrolla lo que sabes Un automóvil puede recorrer más de 60 millas por hora. Hace tiempo, no había autos y había pocas carreteras. La gente que iba a pie podía tardarse un día entero para viajar tan sólo 15 millas.

El transporte en el siglo XIX

En el siglo XIX, miles de personas que se mudaban al Oeste esperaban empezar una nueva vida en California y Oregon. Estos pobladores usaban muchos tipos de transporte en sus viajes. **Transporte** es la forma en que la gente y las cosas se llevan de un lugar a otro.

A principios del siglo XIX, la gente usualmente llegaba a St. Louis en caballo o barco. Desde ahí, podían seguir por caminos difíciles que atravesaban el país. Algunos caminaban. Otros conducían carretas grandes cubiertas con tela gruesa. Estos pobladores realizaban viajes difíciles a través de ríos, montañas y llanuras.

Las carretas y los trenes llevaban a la gente hacia el Oeste en la década de 1860.

Cómo funciona una máquina de vapor

1. **Quemar combustible produce calor.**
2. **El calor convierte el agua en vapor.**
3. **El vapor hace girar las ruedas.**

Barcos de vapor y ferrocarriles

Con el tiempo, se hizo más fácil viajar hacia el Oeste. La máquina de vapor hizo más rápido el transporte. Una **máquina de vapor** es una máquina que convierte el vapor en energía. Robert Fulton construyó el primer barco de vapor útil en 1807. Usaba una máquina de vapor para producir energía. Los barcos de vapor viajaban por ríos y océanos. Los viajeros que iban al Oeste podían tomar barcos de vapor hacia St. Louis. Podían hacer el resto del viaje en carreta.

idea principal

Los ferrocarriles también cambiaron la forma de viajar de las personas. Un ferrocarril es una vía con dos rieles de acero por los cuales se deslizan los trenes. Para la década de 1830, ya se habían construido ferrocarriles en el Este. Pocos años después, las máquinas de vapor impulsaban los trenes.

Repaso ¿De qué manera cambiaron las máquinas de vapor el transporte?

La comunicación en el siglo XIX

Otro invento, el telégrafo, permitió que la gente obtuviera información con más rapidez. Un **telégrafo** es una máquina que envía señales por medio de electricidad. Las señales se desplazan con rapidez por un cable tendido entre estaciones telegráficas. **Samuel Morse** ayudó a inventar el telégrafo. En 1844, las líneas de telégrafo podían enviar mensajes en minutos entre ciudades.

Los trenes y telégrafos hicieron más fácil la vida en el Este. Sin embargo, el transporte y la comunicación eran lentos en el Oeste. La comunicación es la forma en que las personas se pasan información entre sí. La gente dependía de barcos y diligencias para recibir noticias. Luego llegó el servicio postal Pony Express. Era un grupo de jinetes jóvenes que llevaban el correo a caballo. Podían galopar de Missouri a California en unos 10 días.

El telégrafo Samuel Morse ayudó a inventar el telégrafo. La gente enviaba mensajes marcando el Código Morse en el aparato que se ve abajo, llamado clave telegráfica.

Unir el Este y el Oeste

Por muy rápidos que fueran los jinetes, no podían competir con el telégrafo. Después de que la primera línea de telégrafo cruzó el país en 1861, el servicio Pony Express se acabó. Luego en 1869, un ferrocarril conectó por primera vez las costas del Este y el Oeste. El telégrafo y el ferrocarril unieron el país.

idea principal

A mediados del siglo XIX, el ferrocarril, el barco de vapor y el telégrafo cambiaron la forma de viajar y la comunicación en Estados Unidos. Hicieron posible que los estadounidenses atravesaran el país y enviaran noticias con más rapidez que antes.

Jinete del Pony Express

Repaso ¿Cómo afectó el telégrafo a Estados Unidos?

Repaso de la lección

Año	Suceso
1807	**Primer barco a vapor útil**
1844	**Primera línea de telégrafo**
1869	**Ferrocarriles unieron las costas**

(Línea cronológica: 1800, 1820, 1840, 1860, 1880)

1. **VOCABULARIO** Usa **telégrafo** en una oración acerca de Samuel Morse.
2. **DESTREZA DE LECTURA** ¿Pusiste el Pony Express en la categoría de comunicación o transporte? Explica por qué.
3. **IDEA PRINCIPAL: Historia** ¿Qué tipos de transporte usaban los pobladores antes de la máquina de vapor?
4. **IDEA PRINCIPAL: Historia** ¿Por qué se acabó el Pony Express?
5. **DESTREZA DE LA LÍNEA CRONOLÓGICA** ¿En qué año conectó el ferrocarril por primera vez las costas del Este y el Oeste?
6. **RAZONAMIENTO CRÍTICO: Analizar** ¿De qué manera los ferrocarriles y los barcos de vapor hicieron más fácil la vida para la gente en el siglo XIX?

ESCRITURA El primer tren acaba de llegar a un pueblo del Oeste. Escribe dos titulares acerca del suceso para el periódico del pueblo.

Tecnología

El transporte
entonces y hoy en día

Las personas siempre han viajado, pero no siempre se han movido muy rápido. No hace mucho tiempo, las personas viajaban sólo tan rápido como podían caminar o como el viento empujaba las velas de sus barcos. Algunas viajaban a caballo o en carretas tiradas por animales. Cuando llegó la **máquina de vapor**; el **transporte** cobró más velocidad.

Las máquinas de vapor impulsaban los trenes y barcos. A finales del siglo XIX, empezaron a circular automóviles, autobuses y camiones. La gasolina, no el vapor, hacía funcionar muchos de sus motores. Unos años después, comenzaron a volar aeroplanos pequeños. Hoy en día, grandes aviones cruzan el cielo a toda velocidad. Los autos pasan como un rayo por autopistas anchas y uniformes. Los viajes largos ya no tardan tanto como en el siglo XIX.

Carreta

- En la década de 1860, las carretas que iban al Oeste se desplazaban por caminos accidentados.
- El viaje desde el río Missouri hasta California era de unas 2,000 millas.
- Las carretas, cargadas con bienes y gente, podían recorrer entre 10 y 15 millas por día.

1 a 2 millas por hora

Ferrocarril

- El enlace occidental del primer ferrocarril que cruzaba el país cubría desde el río Missouri hasta California.
- El viaje tenía unas 1,776 millas de largo.
- Una compañía de trenes prometía que el viaje podía hacerse en menos de cuatro días.

25 a 35 millas por hora

Avión

- Los aviones de hoy en día pueden transportar a más de 350 personas.
- Un viaje de 2,000 millas puede durar unas tres horas y media.
- Los aviones pueden desplazarse a unas 600 millas por hora.

600 millas por hora

Actividades

1. **DIBÚJALO** Imagina que tu trabajo es vender boletos para el primer viaje a través del país. Haz un cartel para convencer a la gente de que haga el viaje.
2. **DETERMÍNALO** ¿Cuánto más rápido es un avión hoy en día comparado con un tren del siglo XIX?

Desarrollar destrezas

Leer la escala de un mapa

▶ **VOCABULARIO**

escala del mapa

En el siglo XIX, las personas recorrían largas distancias para mudarse al Oeste. ¿Qué puedes hacer para saber qué distancia recorrían? Puedes usar la escala de un mapa. La escala del mapa te ayuda a medir las distancias

Aprende la destreza

Paso 1: Fíjate en la escala del mapa. Muestra que 1 pulgada en el mapa equivale a 300 millas en el mundo real.

km 0 150 300
mi 0 150 300

Paso 2: Usa una regla para hallar la distancia entre Ogden y Sherman Summit en el mapa. La regla mide 1 pulgada, así que la distancia entre estos dos lugares es de aproximadamente 300 millas.

Paso 3: Para distancias más largas, multiplica el número de pulgadas por 300 millas. Por ejemplo, imagina que mides 2 pulgadas entre los lugares en el mapa. Al multiplicar 2 por 300, obtienes 600 millas.

Practica la destreza

Usa una regla y la escala del mapa para responder a las preguntas de abajo.

1. En el norte de Nevada, aproximadamente ¿cuántas millas hay entre las fronteras del este y el oeste?
2. Aproximadamente, ¿cuántas millas hay de Elko a Promontory Point?
3. Aproximadamente, ¿cuántas millas hay de San Francisco a Ogden?

Aplica la destreza

Fíjate en el mapa político de Estados Unidos en el atlas. Usando la escala, busca en el mapa la distancia entre las siguientes ciudades:

- **Columbus, Ohio y Tampa, Florida**
- **Phoenix, Arizona y San Diego, California**

Capítulo 5 Repaso y Preparación para pruebas

Resumen visual

1–3. Escribe una descripción de cada elemento mencionado abajo.

Cambios a través del tiempo

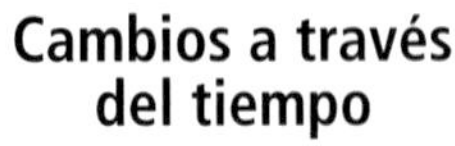

St. Louis

____

____

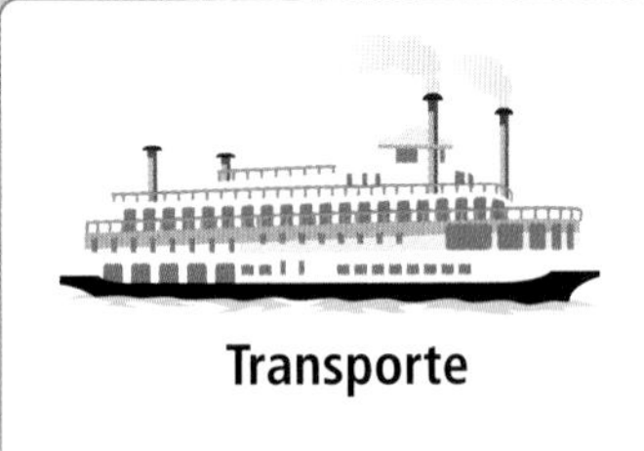

Transporte

____

____

Comunicaciones

____

____

Hechos e ideas principales

Responde a cada pregunta.

4. **Geografía** Explica cómo la ubicación de St. Louis ayudó a la ciudad a crecer.
5. **Economía** ¿Qué es la propiedad privada?
6. **Historia** Nombra por lo menos tres formas en que la gente viajaba a principios del siglo XIX.
7. **Historia** Explica cómo la máquina de vapor cambió la vida en el siglo XIX.

Vocabulario

Elige la palabra correcta de la lista de abajo para completar cada oración.

empresario, pág. 152
ganancia, pág. 152
ferrocarril, pág. 161

8. Los propietarios de negocios en St. Louis vendían bienes para obtener una ______.
9. Cuando el ______ conectó las costas del este y el oeste, se hizo más fácil viajar a través del país.
10. El ______ aceptaba un riesgo, o una oportunidad, y comenzaba un nuevo negocio.

LÍNEA CRONOLÓGICA DEL RESUMEN DEL CAPÍTULO

1764
Se estableció St. Louis

1807
Se construyó el primer barco a vapor de utilidad

1844
Se construyó la primera línea de telégrafo

1869
El ferrocarril conectó las costas

1760 1780 1800 1820 1840 1860 1880

Aplicar destrezas

Leer una gráfica lineal. Revisa la gráfica lineal de abajo. Luego usa tus destrezas de gráficas lineales para responder a cada pregunta.

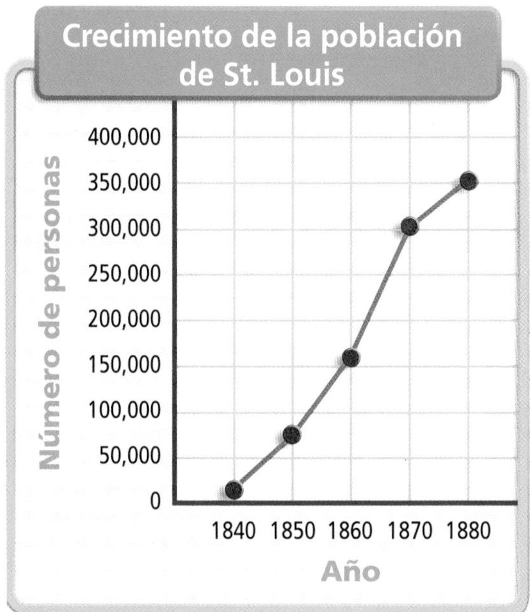

11. Aproximadamente, ¿cuántas personas vivían en St. Louis en 1850?

A. 20,000
B. 80,000
C. 160,000
D. 310,000

12. Aproximadamente, ¿en qué año vivían 310,000 personas en St. Louis?

A. 1840
B. 1850
C. 1860
D. 1870

Razonamiento crítico

 Responde a cada pregunta.

13. Sacar conclusiones ¿Por qué se mudaron los empresarios a St. Louis en el siglo XIX?

14. Causa y efecto ¿De qué maneras podría el transporte ayudar a una comunidad a crecer más rápido?

Línea cronológica

Usa la línea cronológica del capítulo que aparece arriba para responder a la pregunta.

15. ¿En qué año enviaron por primera vez los estadounidenses mensajes por telégrafo a través del país?

Actividades

Investigación ¿Qué hacían los niños durante los largos viajes en carretas al Oeste? Usa la biblioteca y los recursos de Internet para investigarlo. Prepara una charla corta para contar lo que pasaba en un día típico.

Escritura Escribe las instrucciones para una forma de obtener ganancias. Enumera las instrucciones.

Tecnología

Consejos para el proceso de escritura
Obtén ayuda para tu informe en **www.eduplace.com/kids/hmss/**

Capítulo 6 Viene gente de muchos lugares

Vistazo al vocabulario

Tecnología
e • glosario
www.eduplace.com/kids/hmss/

diversidad

Como en Estados Unidos vive mucha gente de diferentes países, la nación tiene una gran **diversidad**.
página 172

inmigrante

Gente de otros países se mudó a las costas del Este y el Oeste. Estos **inmigrantes** dejaron su propio país para trabajar y vivir en Estados Unidos.
página 174

Estrategia de lectura

Predecir e inferir Usa esta estrategia antes de empezar a leer.

Fíjate en los títulos y las fotos. ¿Qué puedes notar acerca de la gente sobre la que leerás?

antepasado

La mayoría de la gente que vive en Estados Unidos tiene parientes mayores, o **antepasados**, que vinieron de otro país.

página 186

generación

Los antepasados pasan las tradiciones a la siguiente **generación**. La gente que nació en la misma época pertenece a la misma generación.

página 186

Lección central 1

Venir a los Estados Unidos

VOCABULARIO

diversidad

esclavitud

inmigrante

DESTREZA DE LECTURA

Sacar conclusiones Haz una lista de los detalles que te ayudarán a explicar por qué los inmigrantes hacia Estados Unidos se establecieron en la Costa Oeste.

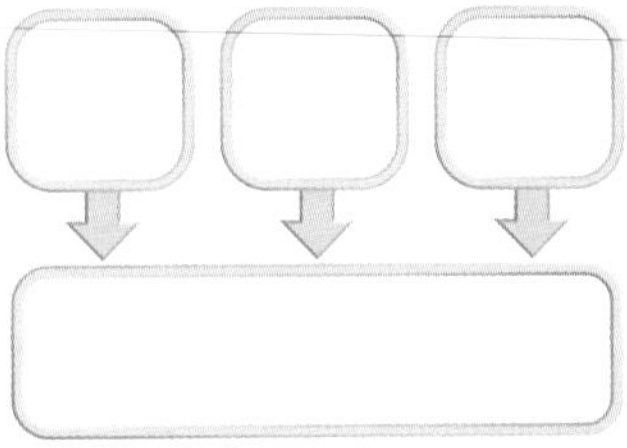

Desarrolla lo que sabes Cuando hojeas un directorio telefónico, encuentras muchos nombres diferentes. ¿De dónde provienen estos nombres? Muchos pertenecen a gente que vino a Estados Unidos de otros países.

Gente de muchos lugares

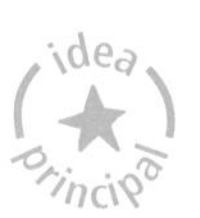

Estados Unidos es una mezcla de mucha gente. Esta mezcla hace que nuestro país sea un lugar de gran diversidad. **Diversidad** significa variedad. La gente en Estados Unidos tiene diversos orígenes. Pueden tener edades y habilidades diferentes, pero muchas de sus tradiciones se han mezclado y han dado lugar a la cultura estadounidense.

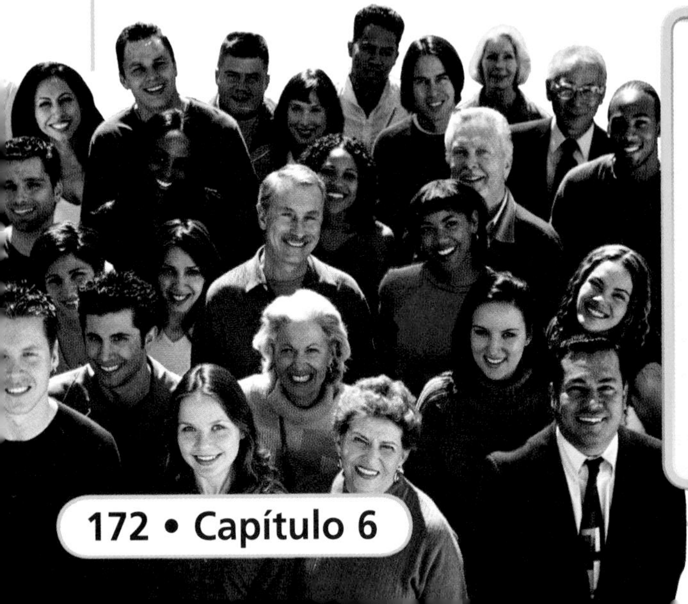

DESTREZA **Leer gráficas** ¿Durante qué años arribó la mayoría de los recién llegados?

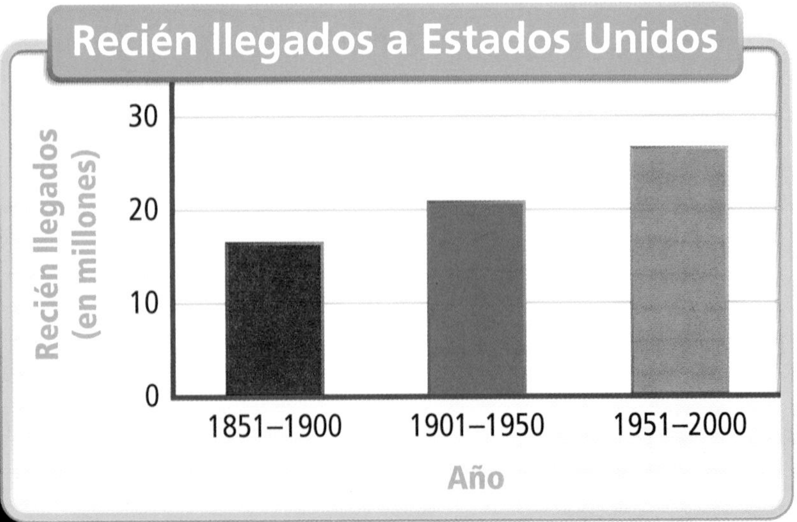

Libertad Frederick Douglass (derecha) escapó de la esclavitud y luchó por la libertad. Para 1900, miles de niños negros libres iban a la escuela.

Africanos en América

Algunos pobladores decidieron dejar sus hogares para venir a Estados Unidos, pero no todos los que llegaron querían venir. Durante más de 300 años, millones de africanos fueron capturados, traídos a América y forzados a trabajar en esclavitud. **Esclavitud** es un sistema bajo el cual la gente no tiene libertad. Obligan a las personas a trabajar sin recibir pago. A la gente que se resistía a la esclavitud, la podían golpear o matar. Muchos esclavos sí se resistieron. Algunos hasta lograron escaparse o encontraron maneras de comprar su libertad.

Durante los siglos XVIII y XIX, los africanos libres a veces se establecían en sus propias comunidades. Algunos vivían en ciudades grandes, mientras que otros cultivaban la tierra en áreas rurales. Otros abrían empresas o trabajaban como sacerdotes, maestros y abogados. Aún así, los afroamericanos a veces eran tratados injustamente. Muchos formaron grupos para ayudarse mutuamente a salir adelante. En la década de 1860, el gobierno de EE.UU. finalmente prohibió la esclavitud.

Repaso ¿Qué tipos de trabajos tenían los africanos libres en Estados Unidos?

Mudarse al Oeste

En 1542, los europeos llegaron a California, en la Costa Oeste de lo que hoy es Estados Unidos. Al principio, California pertenecía a España. De 1822 a 1848 formó parte de México. Los pobladores españoles y mexicanos trajeron su idioma y tradiciones a su nuevo hogar. Luego, en 1848, California se convirtió en parte de Estados Unidos. Ese mismo año, se encontró oro ahí. Gente de todas partes del país y del mundo se apresuraron a ir a California.

idea principal

Mucha gente que se mudaba a Estados Unidos se estableció en la Costa Oeste. Entre los inmigrantes había gente de China. Un **inmigrante** es alguien que deja su país y se muda a otro. Muchos chinos vinieron a California para ganar dinero para sus familias que estaban en China.

California y la Costa Oeste
Inmigrantes de China, Irlanda, Japón, México y muchos otros países vinieron a trabajar y a buscar una mejor vida.

Fiebre del oro, década de 1850

Constucción del ferrocarril, década de 1860

Siguen llegando inmigrantes

Luego, otros inmigrantes llegaron a la Costa Oeste. Llegaron agricultores de Japón, Corea y Filipinas. Desde 1910 hasta 1940, la primera parada para muchos inmigrantes asiáticos que viajaban a la Costa Oeste era *Angel Island,* en la Bahía de San Francisco. Los inmigrantes tenían que esperar en *Angel Island* hasta que el gobierno de Estados Unidos decidiera si podían entrar al país.

La gente también llegaba a California de lugares donde se hablaba español, incluidos México y América Central. Hoy en día, más de una cuarta parte de los habitantes de California es de origen latino.

Repaso ¿Por qué se fueron los inmigrantes de sus propios países para mudarse a un nuevo país?

Angel Island, **década de 1910**

California hoy en día

Mudarse al Este

A finales del siglo XIX y principios del siglo XX, millones de inmigrantes europeos llegaron a la Costa Este. Muchos llegaron a *Ellis Island*, en Nueva York. Al igual que *Angel Island*, *Ellis Island* era un centro gubernamental para los inmigrantes. Una de las primeras cosas que veían los inmigrantes al llegar era la Estatua de la Libertad.

Para los inmigrantes en ambas costas, Estados Unidos ofrecía muchas oportunidades. Algunas personas no tenían derecho a poseer tierras en sus países de origen. En Estados Unidos, la mayoría de las personas tenía derecho a la propiedad privada.

idea principal

Sin embargo, la vida en Estados Unidos también era difícil. A veces los inmigrantes chinos tenían que esperar semanas o meses para tener permiso para salir de *Angel Island*. Muchos inmigrantes irlandeses en la Costa Este tuvieron dificultad para encontrar trabajos que pagaran bien.

Los inmigrantes que llegaban a Nueva York veían la Estatua de la Libertad, un obsequio que el pueblo de Francia le dio a Estados Unidos.

Contribuciones

Sin embargo, los recién llegados no se dieron por vencidos. Trabajaron mucho e hicieron contribuciones a Estados Unidos. Los trabajadores chinos ayudaron a construir ferrocarriles que atravesaban el país. Un estadounidense de origen ruso llamado **Vladimir Zworykin** ayudó a inventar la televisión. Muchos inmigrantes han trabajado duro y les ha ido bien en su nuevo país. Hoy en día siguen llegando inmigrantes aquí y continúan contribuyendo con la diversidad del país.

Repaso ¿De qué manera han contribuido los inmigrantes con nuestro país?

Vladimir Zworykin

Repaso de la lección

1. **VOCABULARIO** Usa **inmigrante** en un párrafo corto que describa cómo era llegar a la Costa Oeste.
2. **DESTREZA DE LECTURA** ¿Por qué se establecieron grupos diferentes de inmigrantes en la Costa Oeste de Estados Unidos?
3. **IDEA PRINCIPAL** **Historia** ¿Cómo salieron adelante los afroamericanos libres en Estados Unidos?
4. **IDEA PRINCIPAL:** **Historia** ¿Por qué la vida era difícil para algunos inmigrantes nuevos?
5. **LUGARES POR CONOCER** ¿Dónde está *Ellis Island*?
6. **RAZONAMIENTO CRÍTICO: Comparar** ¿En qué se parecían las experiencias de los inmigrantes en la Costa Este y la del Oeste?

ESCRITURA Diferentes países tienen diferentes tipos de comida. Busca la sección de restaurantes en el directorio telefónico. Haz una lista de tres países mencionados y escribe una oración para cada uno en la que digas lo que sabes acerca de la gente o su comida.

El diario de Hannah

por Marissa Moss

Hannah y su prima Esther salen de su pequeña aldea en Lituania para ir a Estados Unidos. Como **inmigrantes**, esperan encontrar libertad y empleo. Antes de abordar el barco a Estados Unidos, conocen a Samuel, un huérfano de Rusia.

Noviembre 6, 1901

¡Qué día tan magnífico! ¡Por fin estamos aquí, en Estados Unidos! Lo primero que vimos fue la estatua de la que todos hablan: una enorme diosa verde que alza en lo alto la antorcha de la Libertad para prometer libertad a todos los que llegan a su orilla. Y en el otro brazo sujeta un libro, ¿es acaso una señal de que obtendré la educación con la que he soñado?

Todos se amontonaron en la cubierta para verla. Los hombres vitoreaban. Las mujeres agitaban sus pañuelos. Los niños aplaudían emocionados. Incluso Esther, por primera vez desde la tormenta, salió a mirar la famosa estatua. Se veía tan delgada y pálida en la luz amarillenta del otoño que me sentí mal por ella. Yo había dicho que la cuidaría y en realidad no lo había hecho. Yo había evitado los efectos del timón lo mejor que pude, pero me olvidé de su sufrimiento. Me prometí a mí misma que en Estados Unidos lo haría mejor. Me aseguraría de que ella se sintiera feliz y bien.

Mientras estábamos en las barandas, un transbordador se acercó a nuestro barco. Deseaba saber inglés para poder entender lo que sucedía.

Lo único que sé es que unos hombres abordaron el barco, mencionaron nombres, la gente salió apresurada de un lado a otro, y cuando se acabó el alboroto, todos los pasajeros de primera y segunda clase se habían ido, en transbordador a Estados Unidos.

Samuel dijo que teníamos que esperar nuestro propio transbordador, pero que no nos llevarían a Estados Unidos, no de momento. Primero teníamos que pasar por la estación de inmigración en *Ellis Island*.

¿*Ellis Island*? Nunca había escuchado hablar de ese lugar, pero Samuel dijo que la llamaban la Isla de las Lágrimas porque mucha gente no pasaba la inspección y era enviada de regreso.

¿Otra inspección? Después de venir de tan lejos, ¿nos podrían enviar de vuelta? ¡No tenía idea de que fuera posible! Esther escuchó la palabra inspección y volvió a estallar en lágrimas. Le dije que no se preocupara, que yo me ocuparía de todo. Pero por dentro me preguntaba qué haríamos. ¿Cómo podía saber si nos dejarían entrar?

Tuvimos que contestar preguntas hasta para bajar del barco. El inspector me preguntó si sabía leer y escribir. ¡Estaba aterrada! ¿Tendría que enseñarle este diario? Luego pensé en el libro de oraciones de Papashka y mostré que podía leer la primera página. Ves, Papashka, no malgastaste el tiempo al enseñarme. En Estados Unidos, ¡vale mucho lo que sabes!

Me ponía nerviosa caminar por la pasarela desde el gran buque de vapor hasta el pequeño transbordador, pero Samuel hizo bromas y trató de convertirlo en un juego. Incluso logró hacer sonreír a Esther, a pesar de lo cansada e irritable que estaba.

El barco había estado repleto, pero eso no era nada comparado con la cantidad de gente en *Ellis Island*. Ahora puedo escuchar otros idiomas más: griego, irlandés, italiano, turco, demasiados para distinguirlos. Por dondequiera que mirábamos había largas filas. Nos quedamos parados en el mismo sitio largo rato y apenas avanzábamos. ¡Ni siquiera habíamos entrado al edificio!

INSPECTION CARD
(Immigrants and Steerage Passengers.)
Port of Departure Hamburg
Name of Ship Atlanta
Name of Immigrant Rivka
Last Residence
Inspected and passed
Passed at quarantine, prt of
Ship's list or manifest
24 28
1 2 3 4 5 6 7 8 9 10 11 12 13 14 15 16 17 18 19

Los inmigrantes tenían que llevar etiquetas o tarjetas con cierta información, como sus nombres.

Actividades

1. **COMÉNTALO** Describe tres cosas que Hannah ve cuando llega a Estados Unidos.
2. **ESCRÍBELO** Hannah dice: "En Estados Unidos, ¡vale mucho lo que sabes!". ¿Estás de acuerdo? ¿No estás de acuerdo? Escribe una oración en la que digas lo que piensas.

Desarrollar destrezas

Identificar fuentes primarias e indirectas

VOCABULARIO
fuente primaria
fuente indirecta

Muchos inmigrantes han escrito sobre sus vidas. Estos relatos, o historias, son fuentes primarias. Una **fuente primaria** es información registrada por una persona que estuvo allí. Las fuentes primarias se diferencian de las fuentes indirectas. Una **fuente indirecta** es información registrada por una persona que no estuvo allí.

Lee las dos descripciones de abajo. Una es una fuente primaria y la otra es una fuente indirecta.

A las diez menos cuarto navegábamos hacia *Ellis Island*... No podíamos movernos una pulgada de los lugares donde estábamos parados e incómodos... Todos pensaban: "¿Lograré pasar?", "¿Tengo suficiente dinero?", "¿Me aprobará el médico?"

Stephen Graham, 1914

El gobierno comenzó a utilizar *Ellis Island* como una estación de inmigración en 1892. Se construyeron unos 35 edificios en la isla. A los recién llegados los llevaban al edificio principal... los inmigrantes eran interrogados por funcionarios del gobierno y examinados por médicos.

Aprende la destreza

Paso 1: Lee las fuentes con atención. ¿De qué tratan?

Paso 2: A medida que lees, busca claves que indiquen que el escritor era parte del suceso. El escritor de una fuente primaria posiblemente usa palabras como *yo, a mí* o *nosotros.*

Paso 3: Busca claves que indiquen que el escritor no era parte del suceso. Si el relato se basa en lo que el escritor escuchó o leyó acerca del suceso, es una fuente indirecta.

Practica la destreza

Responde a estas preguntas sobre los dos relatos.

1. ¿Qué hace diferentes estas dos historias?
2. ¿Cuál es la fuente primaria? Explica tu respuesta.
3. ¿Cuál es la fuente indirecta? Explica tu respuesta.

Aplica la destreza

Repasa la Lección 1 otra vez. Enumera tres hechos o afirmaciones que puedas encontrar en una fuente indirecta acerca de *Angel Island.*

Lección central 2

CONEXIÓN CON EL MUNDO

Brasil

VOCABULARIO

antepasado

generación

DESTREZA DE LECTURA

Idea principal y detalles

Anota los detalles que digan de dónde eran los inmigrantes que llegaron a Brasil y por qué fueron para allá.

Desarrolla lo que sabes De todas partes del mundo ha llegado gente a vivir en Estados Unidos. Muchos otros países también tienen ciudadanos de todo el mundo.

La tierra del Amazonas

Brasil es el país más grande de América del Sur. En extensión de tierra, es un poco más pequeño que Estados Unidos. Busca Brasil en el mapa.

Brasil es una tierra de muchos recursos naturales. El segundo río más largo del mundo, el Amazonas, atraviesa una vasta región de la selva tropical en el norte. Tiene playas de arena blanca que cubren la costa. Brasil también tiene buenas tierras para la agricultura y praderas para pastar.

El río Amazonas tiene aproximadamente 4,000 millas de largo.

Llegar a Brasil

idea principal

Inmigrantes de todo el mundo han hecho de Brasil su hogar. En Brasil vivían indígenas americanos mucho antes de que llegaran pobladores europeos en el siglo XVI. Los recién llegados europeos eran de Portugal y hablaban portugués. Hoy en día, la mayoría de los habitantes de Brasil habla portugués.

No todos los que fueron a Brasil lo hicieron libremente. Millones de personas esclavizadas fueron llevadas ahí desde África. Muchos fueron obligados a trabajar en enormes haciendas de caña de azúcar. Brasil finalmente acabó con la esclavitud en 1888.

Con los años, más gente de otros países se mudó a Brasil. Muchos esperaban encontrar trabajo. Los inmigrantes alemanes se establecieron en el sur brasileño. El clima de esa región les recordaba su hogar europeo. De Japón e Italia también fueron trabajadores a trabajar en las grandes haciendas de café. Algunos compraron sus propias granjas pequeñas.

Repaso ¿Por qué algunos pobladores europeos fueron a Brasil?

Brasil es el hogar de personas cuyas familias llegaron de todas partes del mundo.

Nuevas vidas, viejas maneras

Muchos inmigrantes en un nuevo país mantienen algunas de sus maneras propias de hacer las cosas, pero también aprenden maneras nuevas. A menudo viven en vecindarios con gente de su país natal. La ciudad más grande de Brasil, São Paulo, tiene una comunidad italiana enorme. También hay un vecindario japonés grande. Algunas tiendas tienen letreros en japonés. La gente publica periódicos en japonés y hace artesanía japonesa.

Los habitantes de Brasil tienen antepasados de muchas partes del mundo, entra ellas África, Europa y Asia. Un **antepasado** es un pariente que nació hace mucho tiempo. Los antepasados ayudan a pasar sus tradiciones a la siguiente generación. Una **generación** es un grupo de personas que nació y vivió durante la misma época. Tu abuela es uno de tus antepasados. Tú y tus amigos pertenecen a la misma generación.

Muchos inmigrantes japoneses en Brasil pasan sus tradiciones a sus familias. Bailan o visten kimonos.

Nuevas maneras

Hoy en día, los brasileños tienen nuevas maneras de mantenerse conectados con el mundo. Millones de brasileños usan teléfonos celulares e Internet para comunicarse. Usan el correo electrónico, o email, para enviar mensajes que viajan entre computadoras en segundos. Al igual que la gente en todo el mundo, los brasileños dependen de satélites para comunicarse. Un satélite es una máquina que viaja por el espacio, recibiendo y enviando información, como señales de televisión y de teléfono.

Repaso ¿Cómo pueden los inmigrantes pasar sus tradiciones a nuevas generaciones?

Brasileños de todas las edades usan teléfonos celulares y otros medios nuevos para mantenerse en contacto.

Repaso de la lección

1. **VOCABULARIO** Escoge la mejor palabra para completar la oración.

   antepasado **generación**

   La gente de mi ______ usa muchos tipos de tecnología nueva.

2. **DESTREZA DE LECTURA** ¿Qué **detalles** de tu tabla dicen por qué los inmigrantes fueron a Brasil?

3. **IDEA PRINCIPAL: Cultura** ¿Qué les gustaba a algunos inmigrantes alemanes acerca de Brasil?

4. **IDEA PRINCIPAL: Tecnología** ¿Cómo ayudan el correo electrónico e Internet a que la gente se mantenga en contacto?

5. **LUGARES POR CONOCER** ¿Dónde está el río Amazonas?

6. **RAZONAMIENTO CRÍTICO: Analizar** Si fueras a mudarte a un nuevo país, ¿qué tradiciones quisieras mantener?

ESCRITURA Escribe una lista de tres o cuatro preguntas acerca de las maneras en que la gente usa los satélites para comunicarse.

Tecnología

Alta tecnología en Brasil

El espacio no es tan difícil de alcanzar después de todo, especialmente si lanzas un satélite desde Brasil. En la cuenca del río Amazonas, Brasil ha construido un centro de lanzamiento de satélites. El centro se llama Alcántara y está en una ubicación ideal cercana al ecuador.

La tierra gira más rápido en el ecuador. El giro ayuda a empujar los cohetes y satélites hacia el espacio con más facilidad, y permite ahorrar combustible.

La gente de Brasil, y de todas partes, depende de los satélites. Los satélites pueden enviar todo tipo de información alrededor del mundo. Ayudan a enviar señales de TV, mensajes de Internet y detalles sobre el estado del tiempo.

Comunicación

Los satélites de comunicación envían mensajes de una parte del mundo a otra. Ayudan a los estudiantes a usar Internet.

Navegación

Los satélites ayudan a los científicos a rastrear y estudiar a los jaguares. Algunos jaguares llevan radio-collares que permiten que los científicos sigan sus actividades diarias.

Tiempo

Los satélites meteorológicos envían imágenes de la Tierra a los pronosticadores del tiempo. Estas fotografías pemiten predecir el tiempo.

Actividades

1. **COMÉNTALO** ¿Qué cosas haces que dependen de la información de satélites?

2. **ESCRÍBELO** Si pudieras diseñar un satélite para ayudar con las tareas de la Tierra, ¿para qué serviría tu satélite? Escribe un párrafo para contarlo.

Capítulo 6

Repaso y Preparación para pruebas

Resumen visual

1–3.  Escribe una descripción de cada elemento mencionado abajo.

Inmigrantes

Angel Island

____

____

Ellis Island

____

____

Japoneses en Brasil

____

____

Hechos e ideas principales

Responde a cada pregunta.

4. **Historia** ¿Cuándo prohibió el gobierno de Estados Unidos la esclavitud?
5. **Historia** ¿Por qué vino gente de todas partes del mundo a California después de 1848?
6. **Cultura** ¿Qué tradiciones podrían mantener los inmigrantes en un nuevo país?
7. **Civismo** ¿De qué dos maneras pueden contribuir los inmigrantes en un nuevo país?

Vocabulario

Elige la palabra correcta de la lista de abajo para completar cada oración.

diversidad, pág. 172
esclavitud, pág. 173
antepasado, pág. 186

8. La gente no tiene libertad bajo un sistema de _____.
9. Los numerosos idiomas hablados en una ciudad grande son una muestra de la _____ de la ciudad.
10. Alguien en tu familia de hace mucho tiempo es tu _____.

Aplicar destrezas

Identificar fuentes primarias e indirectas Lee cada fuente de abajo. Usa lo que has aprendido para responder a cada pregunta.

1

12 de enero. Cuando nuestro barco llegó al puerto, yo estaba fascinado. Había mucha gente en el muelle gritando en un idioma que yo no conocía. Así que esto era California.

2

Más de 80,000 personas llegaron en 1849 solamente, y para 1852 la población de California se disparó a más de 250,000.

11. ¿Qué palabras clave te dicen que el escritor de uno de los fragmentos era parte del suceso?

A. la palabra "yo"
B. gente
C. población
D. se disparó

12. ¿Qué fragmento es probablemente tomado de una fuente indirecta?

A. fragmento 1
B. fragmento 2
C. ambos
D. ninguno

Razonamiento crítico

Escribe un párrafo corto para responder a cada pregunta de abajo. Usa detalles en tu respuesta.

13. Comparar ¿En qué se parecen las vidas de los inmigrantes en Estados Unidos y en Brasil?

14. Resumir ¿De qué manera usa la gente las computadoras para comunicarse?

15. Tomar decisiones ¿Cuáles pueden ser las ventajas y desventajas de mudarse a un país diferente?

Actividades

Entrevista Prepara cinco preguntas que quisieras hacerle a una persona que haya inmigrado a Estados Unidos.

Escritura Escribe una descripción de la cultura estadounidense para ayudar a un inmigrante a aprender más al respecto. Incluye detalles acerca de las rutinas, la ropa y las actividades.

Tecnología

Consejos para el proceso de escritura
Busca ayuda para tu descripción en:
www.eduplace.com/kids/hmss/

Cuaderno comunitario
HISTORIA

Cambios del lugar donde vives

Todas las comunidades cambian con el paso del tiempo. Los pobladores e inmigrantes ayudaron a algunas comunidades a crecer. El transporte y la comunicación también han cambiado las comunidades. ¿Cómo ha cambiado tu comunidad a través del tiempo?

Cambios de mi comunidad

- Llegan inmigrantes y pobladores.
- Crecen los negocios.
- Mejora la comunicación.
- Se hace más rápido el transporte.

A finales del siglo XIX, los habitantes de San Fransico usaban el tranvía para transportarse.

Explora cómo ha cambiado tu comunidad a través del tiempo.

- **Empieza por las fuentes primarias.** Algún museo local o biblioteca puede tener viejos diarios, cartas y fotografías.
- **Investiga puntos de referencia locales.** Los puntos de referencia representan personas o sucesos que son importantes en tu comunidad.
- **Lee los anuncios en periódicos viejos archivados en la biblioteca.** Los anuncios dicen qué tipo de tiendas y negocios tuvo alguna vez tu comunidad.
- **Investiga sobre el transporte local en la Cámara de Comercio.** Las autopistas y aeropuertos han tenido influencia sobre los negocios locales.

Usa tu cuaderno comunitario para organizar la información que obtengas.

UNIDAD 3

Repaso y Preparación para pruebas

Vocabulario e ideas principales

Escribe una oración para responder a cada pregunta.

1. ¿Quiénes son los **empresarios?**
2. ¿De qué maneras mejoró el **telégrafo** la comunicación?
3. ¿Por qué vinieron muchos **inmigrantes** a Estados Unidos en los siglos XIX y XX?
4. Explica cómo los inmigrantes pasan algunas de sus tradiciones a la siguiente **generación.**

Razonamiento crítico

Escribe una oración para responder a cada pregunta.

5. Predecir ¿De qué maneras podría cambiar el transporte en los próximos 200 años?
6. Sacar conclusiones Describe las maneras en que los inmigrantes contribuyen con un país.

Aplicar destrezas

Usa el mapa de Atlanta, Georgia, para responder a cada pregunta.

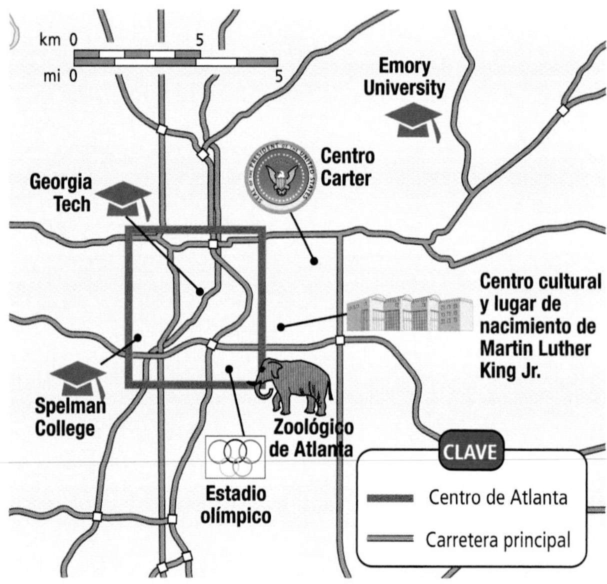

7. Aproximadamente, ¿a cuántas millas equivale una pulgada en la escala del mapa?
8. ¿Cuál es la distancia de Spelman College a Emory University?

   A. aproximadamente 2 millas
   B. aproximadamente 5 millas
   C. aproximadamente 9 millas
   D. aproximadamente 15 millas

Actividad de la unidad

Haz un par de dibujos de "antes y ahora".

- Escoge una ciudad que haya cambiado a través del tiempo. Investiga los edificios nuevos, el crecimiento de la población y otros cambios.
- Selecciona dos años que muestren un gran contraste en la forma en que se veía la ciudad.
- Dibuja dos escenas de la ciudad, una en el año de antes y otra en el año de ahora. Ponles rótulos.

En la biblioteca

Tal vez encuentres este libro en tu escuela o en la biblioteca pública.

El viaje en el tren de los huérfanos

por Andrea Warren

Warren cuenta las historias de ocho niños que viajaron a través del país en busca de nuevas familias.

WEEKLY READER

Sucesos actuales

Conectar con el presente

Presenta un plan para mudarte a un lugar nuevo.

- Busca un artículo acerca de un lugar al que te gustaría mudarte.
- Ubica el lugar en un mapa.
- Escribe un plan para explicar cómo llegarías al lugar y qué harías allá.

Tecnología

Weekly Reader ofrece artículos de ciencias sociales. Visita: **www.eduplace.com/kids/hmss/**

Léelo

Busca estos libros de ciencias sociales en tu salón de clases.

UNIDAD 4

Cómo gobernamos nuestras comunidades

La gran idea

¿Qué hace que alguien sea un buen ciudadano de Estados Unidos?

"La pregunta más noble del mundo es: ¿Qué bien puedo hacer en él?"

de "Poor Richard's Almanack"
por Benjamín Franklin

PETICIÓN
NUESTRO PARQUE Y PATIO DE JUEGOS

UNIDAD 4

Almanaque

Niveles de gobierno

OCÉANO ÁRTICO

km 0 300
mi 0 300

OCÉANO PACÍFICO

Colorado Springs

CIUDAD

CONDADO

CONDADO EL PASO

ESTADO

Colorado Springs

COLORADO

OCÉANO PACÍFICO

km 0 50 100
mi 0 50 100

OCÉANO PACÍFICO

N NE E SE S SO O NO

MÉXICO

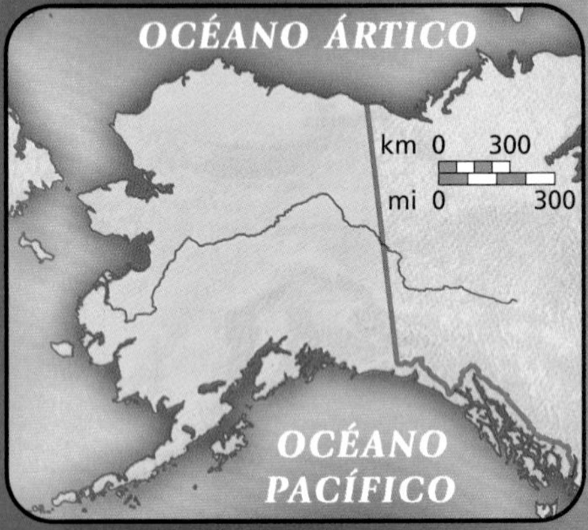

Vistazo a la unidad

Virtud ciudadana
Los ciudadanos trabajan juntos
Capítulo 7, página 203

La Constitución de EE.UU.
Protección de los derechos de los ciudadanos
Capítulo 7, página 212

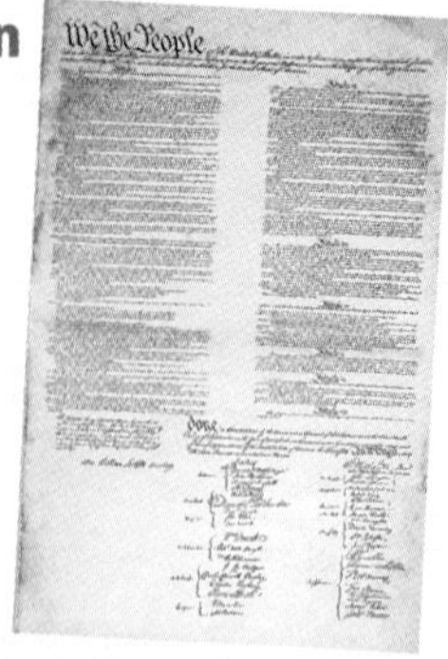
We the People

Líderes locales
Los alguaciles de policía trabajan por la seguridad
Capítulo 8, página 228

SHERIFF

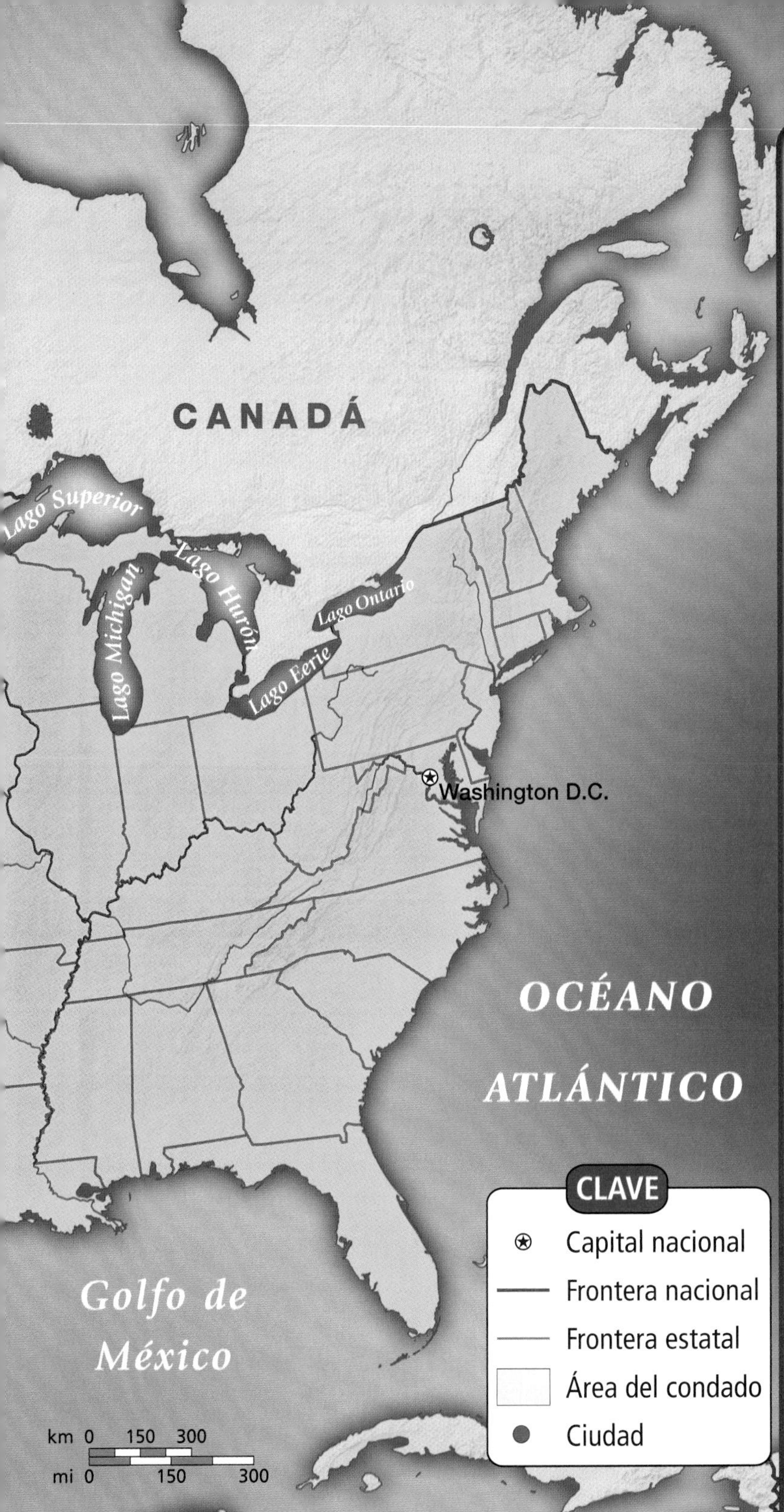

CANADÁ

Lago Superior

Lago Michigan

Lago Hurón

Lago Ontario

Lago Eerie

Washington D.C.

OCÉANO ATLÁNTICO

Golfo de México

CLAVE

- ⊛ Capital nacional
- Frontera nacional
- Frontera estatal
- Área del condado
- ● Ciudad

km 0 150 300

mi 0 150 300

Conectar con la nación

Congreso de EE.UU.

En 2003, había 74 mujeres en el Congreso.

Mujeres en el Congreso

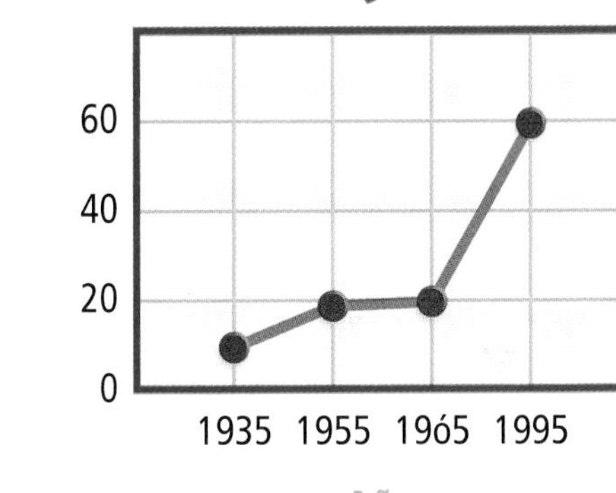

¿Cuántas mujeres hay en el gobierno de tu estado?
¿Y en el gobierno de tu condado?
¿Y en el gobierno de tu localidad?

WEEKLY READER

Sucesos actuales

¡Sucesos actuales en Internet!

Lee artículos de ciencias sociales en:
www.eduplace.com/kids/hmss/

La bandera estadounidense
Un símbolo de nuestra nación
Capítulo 8, página 242

Capítulo 7

Ser un ciudadano activo

Vistazo al vocabulario

virtud ciudadana

Las personas que trabajan juntas para ayudar a otras en su comunidad muestran **virtud ciudadana**.
página 203

voluntario

Cualquiera puede ser **voluntario**. Mucha gente ayuda a otras personas en su escuela o comunidad.
página 204

Estrategia de lectura

Resumir Usa esta estrategia para ayudarte a entender información importante de este capítulo.

Usa las ideas principales para ayudarte a resumir.

derecho

La Constitución de EE.UU. protege la libertad de todos los ciudadanos. Todos tienen el **derecho** de expresar sus opiniones.

página 212

responsabilidad

Los ciudadanos tienen la **responsabilidad** de respetar a los demás. Obedecer las leyes también forma parte de ser un ciudadano responsable.

página 214

Los ciudadanos hacen la diferencia

VOCABULARIO

virtud ciudadana

voluntario

DESTREZA DE LECTURA
Idea principal y detalles
Anota los detalles que indiquen las maneras en que los ciudadanos ayudan a las comunidades.

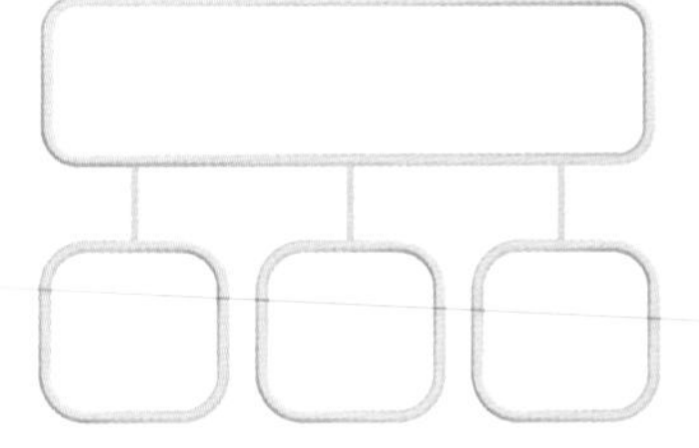

Desarrolla lo que sabes ¿Quién te ayudó hoy? Tal vez alguien de tu familia te hizo el almuerzo. Quizá tu maestra te enseñó algo nuevo. Cuando las personas se ayudan unas a otras, practican su civismo.

Los ciudadanos pueden ayudar

Hay muchas formas en las que puedes ser un buen ciudadano cuando estás en la escuela. Puedes seguir las reglas del salón de clases, entregar libros o trabajos escritos y mantener el salón limpio. También puedes prestar atención cuando otras personas están hablando. Así como ayudas en tu salón de clases, puedes ser un buen ciudadano en tu comunidad.

Ayudante en la comunidad
Este fiscal de cruce ayuda con la seguridad de las personas.

La virtud ciudadana Trabajar en un refugio de animales o ayudar a los vecinos son dos maneras de mostrar virtud ciudadana.

Trabajar para la comunidad

Como buen ciudadano, debes obedecer las leyes o ayudar a cambiarlas para mejorarlas. También puedes expresarte para hacer que las cosas sean más justas. Al ser un buen ciudadano, haces que tu comunidad sea un lugar mejor para vivir.

Los buenos ciudadanos muestran virtud ciudadana. **Virtud ciudadana** significa hacer algo por el bien de la comunidad. Mantener los parques limpios o trabajar para resolver problemas comunitarios son dos formas de mostrar virtud ciudadana.

Los ciudadanos pueden ayudar aún más trabajando en conjunto. Imagina que quieres recoger la basura de un parque cercano. Si tus compañeros de clase te ayudan, la limpieza se hará más rápido. Si se unen grupos comunitarios y líderes locales, podría tomar sólo unas horas.

Repaso ¿De qué manera pueden los estudiantes practicar cómo ser buenos ciudadanos?

Paradise Valley, Arizona Estos estudiantes de Arizona ayudaron a construir una casa nueva en su pueblo.

Formas de ayudar a otros

Algunas personas participan en su escuela o comunidad trabajando como voluntarios. Un **voluntario** es una persona que trabaja gratis, sin recibir pago. Los voluntarios se preocupan de otras personas, no sólo de sí mismos.

Los estudiantes ayudan a otros

En Paradise Valley, Arizona, un grupo de estudiantes quería ayudar a su comunidad. Después de hablar con líderes comunitarios, decidieron construir por su cuenta una casa para una familia. Trabajaron con Hábitat para la Humanidad (HFH en inglés). HFH es un grupo voluntario que ayuda a familias de todo el mundo a construir casas.

Primero, los estudiantes recaudaron dinero para materiales y suministros. Vendieron camisetas, lavaron autos, organizaron un baile y pidieron ayuda a líderes comunitarios. Muchos dueños de negocios donaron dinero y suministros.

Construir un hogar nuevo

Entonces, los estudiantes y otros voluntarios comenzaron la construcción. Tuvieron mucha ayuda. Los trabajadores de Hábitat para la Humanidad les enseñaron cómo planear y construir. Hubo carpinteros que enseñaron a los estudiantes mayores a cortar madera. También pintores que enseñaron a los estudiantes más jóvenes a pintar paredes. La familia que iba a vivir en la casa también trabajó con los voluntarios.

Estudiantes jóvenes pintan.

Al fin, la casa quedó lista. Todos celebraron. Los estudiantes se sintieron orgullosos. Esperan construir más casas en el futuro. Al ayudar a construir una casa, los estudiantes y voluntarios mostraron virtud ciudadana.

Repaso ¿Qué pasos dieron los estudiantes antes de empezar a construir la casa?

Repaso de la lección

1. **VOCABULARIO** Escoge la mejor palabra para completar la oración.

   virtud ciudadana **voluntario**

   Un _______ decide ayudar a una comunidad sin recibir pago.

2. **DESTREZA DE LECTURA** Nombra dos **detalles** que apoyan la **idea principal** de que los buenos ciudadanos ayudan en sus comunidades.

3. **IDEA PRINCIPAL: Civismo** ¿Por qué es importante que las personas sean buenos ciudadanos?

4. **IDEA PRINCIPAL: Civismo** ¿De qué manera ayudaron los estudiantes de Arizona a su comunidad?

5. **RAZONAMIENTO CRÍTICO: Analizar** ¿Por qué empezaron los estudiantes su proyecto recaudando dinero?

ESCRITURA Piensa en tu comunidad y lo que te gustaría mejorar. Escribe una carta al editor de un periódico en la que expliques tu idea.

Lección 1

Teatro del lector

¡Al rescate del fútbol!

¿Cómo pueden trabajar los estudiantes para cambiar un plan? Cuando los miembros de un equipo de fútbol se enteran de que un nuevo edificio podría quitarles su cancha, hablan acerca de lo que pueden hacer.

Ana

Personajes

Ana: estudiante
Sean: estudiante
Tam: estudiante
Jennifer: estudiante
Entrenador Wilson: entrenador de fútbol
Entrenadora Sánchez: asistente

Ana: Oigan, ¿ya se enteraron?

Sean: ¡Sí! ¡Van a construir un cine en nuestro pueblo!

Tam: ¡Qué bien! Ahora no tendremos que viajar diez millas.

Jennifer: Pero hay un problemita. Quieren construir el cine donde está nuestra cancha de fútbol.

Sean: ¿Qué? Entrenador Wilson, ¿es verdad?

Entrenador Wilson: Me temo que sí, Sean. Según lo que decía el periódico, nuestra cancha es uno de los sitios donde están pensando construir el cine.

Ana: ¡Eso no es justo!

Jennifer: No pueden obligarnos a renunciar a nuestra cancha.

Entrenadora Sánchez: Bueno, todavía no han tomado la decisión.

Tam: Creo que un cine es mejor que una cancha de fútbol.

Jennifer: ¡Tam! ¿Cómo puedes decir eso?

Tam: Es que me encantan las películas, eso es todo.

Sean: Tam tiene derecho a dar su opinión, Jennifer.

Jennifer: Tienes razón. Lo sé, ¡pero es que se trata de nuestra cancha!

Ana: ¿Hay algo que podamos hacer?

Entrenadora Sánchez: Seguro que sí. Pueden hacerle saber a la gente lo que ustedes piensan sobre el plan de construcción.

Sean: Podríamos escribir una carta al editor del periódico.

Tam: Sí. Podríamos decir que queremos el cine, pero no en nuestra cancha.

Jennifer: Ahora sí nos estamos entendiendo.

Ana: Vamos a escribir una petición que diga eso y pedir a la gente que la firme.

Entrenadora Sánchez: Son dos ideas magníficas.

Entrenador Wilson: Creo que hay una reunión municipal la semana que viene. Piensan tratar el tema del cine.

Entrenadora Sánchez

Jennifer

Sean: Podemos entregarles nuestra petición.

Jennifer: ¿Usted irá, entrenador Wilson?

Entrenador Wilson: Claro que sí. Los miembros de sus familias también pueden ir. Tal vez podamos llenar un autobús escolar.

Ana, Sean, Tam y Jennifer: ¡Genial!

Tam: ¿Tendremos que decir algo?

Entrenador Wilson: Es decisión de ustedes. Si quieren que su opinión se tome en cuenta, creo que deberían decirle a la gente lo que piensan.

Ana: ¡Puede apostar a que lo haremos!

Tam

Entrenadora Sánchez: Me gusta este plan.

Sean: Mientras tanto, ¿por qué no empezamos a trabajar en nuestra carta y petición?

Tam: Un momento. Se nos está olvidando algo.

Jennifer: ¿Qué?

Tam: ¡La práctica de fútbol!

Actividades

1. **COMÉNTALO** Durante la conversación del equipo de fútbol, ¿cómo mostraron **respeto** los unos por los otros?
2. **INVESTÍGALO** ¿Qué significa la libertad de expresión? Investiga qué dice la Constitución de EE.UU. sobre eso. ¿Se aplica a la gente joven también? Comparte lo que descubras con tus compañeros de clase.

Desarrollar destrezas

Resolver conflictos

VOCABULARIO
conflicto
concesión

Los ciudadanos que trabajan bien juntos pueden ayudar a las comunidades. A veces, sin embargo, las personas tienen ideas muy diferentes. Cuando no están de acuerdo sobre algo, se enfrentan a un conflicto. Un conflicto es un desacuerdo. Saber escuchar a los demás y tratar de resolver conflictos es una parte importante de trabajar en equipo.

Aprende la destreza

Paso 1: Identifica un conflicto. Por ejemplo, los estudiantes pueden tener ideas diferentes sobre qué hacer en un receso.

Paso 2: Pide a otras personas o grupos que compartan sus ideas. Por ejemplo, algunos estudiantes tal vez quieran pasar el receso frente a las computadoras. Otros quizá quieran pasar el receso en el patio de juegos. Escucha con atención todas las ideas.

Paso 3: Haz una lluvia de ideas sobre diferentes soluciones. La clase puede dividir el tiempo entre la cancha de fútbol y la sala de computadoras. O, los estudiantes pueden turnarse para hacer actividades diferentes en días diferentes.

Paso 4: Como grupo, pónganse de acuerdo sobre una de las soluciones. Cada lado puede hacer una concesión. Una **concesión** es un plan con el que todos están de acuerdo. Cuando se hace una concesión, usualmente cada persona tiene que renunciar a algo. Trabajen en el plan hasta que todos estén de acuerdo con por lo menos una parte de la solución.

Practica la destreza

Usa los pasos de Aprende la destreza para responder a estas preguntas sobre cómo resolver conflictos.

1. ¿Por qué debería la gente compartir sus ideas?
2. ¿Por qué es importante escuchar para resolver conflictos?
3. ¿Cómo puedes investigar si todos están de acuerdo con la solución?

Aplica la destreza

Imagina que la gente de tu comunidad quiere mejorar el parque local. Hay grupos diferentes con ideas diferentes sobre lo que se debe hacer. Un grupo quiere plantar un jardín de flores. Otro grupo quiere construir un escenario para conciertos. Escribe un párrafo sobre cómo estos dos grupos podrían trabajar juntos para resolver el conflicto. Recuerda que probablemente tendrán que hacer concesiones.

Lección central 2

Derechos y responsabilidades

VOCABULARIO

derecho
responsabilidad
votar

DESTREZA DE LECTURA
Comparar y contrastar
A medida que lees, anota en qué se parecen y en qué se diferencian los derechos y las responsabilidades.

Desarrolla lo que sabes En algunos países, muchos niños no pueden ir a la escuela. En Estados Unidos, sin embargo, los niños son libres para ir a escuelas públicas. La libertad de aprender implica el deber de aprender.

Conocer los derechos

La mayoría de los periódicos publica cartas de sus lectores. En sus cartas, la gente dice lo que piensa de los artículos que aparecen en el periódico. Las personas de Estados Unidos intercambian opiniones libremente. Tienen el derecho de decir lo que piensan. Un **derecho** es una libertad.

Los ciudadanos estadounidenses tienen muchos derechos. Algunos se mencionan en la *Bill of Rights* (Declaración de Derechos), que forma parte de la Constitución de Estados Unidos. La Constitución explica el gobierno de la nación. Dice que una tarea del gobierno es proteger los derechos de sus ciudadanos.

Un estudiante expresa su opinión en una carta al editor.

Estimado editor:
Leí en su periódico lo que dijo un líder de nuestro pueblo acerca del tráfico en Palm Drive. Yo paso por esa calle en bicicleta para ir a la escuela. La señora Lee tenía razón cuando

¿Cuáles son los derechos de los ciudadanos?

Un derecho que tienen los ciudadanos de EE.UU. se llama la libertad de religión. Los ciudadanos pueden practicar su religión, o ninguna en absoluto. Otro derecho es la libertad de asociación. Esto significa que los ciudadanos pueden reunirse cuando lo deseen. Pueden protestar contra leyes injustas. Los estadounidenses tienen el derecho de poseer propiedades. También tienen derecho a la privacidad, o a guardar secretos. Los ciudadanos son libres para hacer éstas y muchas otras cosas, siempre y cuando obedezcan la ley.

Repaso ¿Cuáles son algunos de los derechos que tienen los ciudadanos?

Libertad de religión

Libertad de tener propiedades

Nuestros derechos

Libertad de expresión

Libertad de prensa

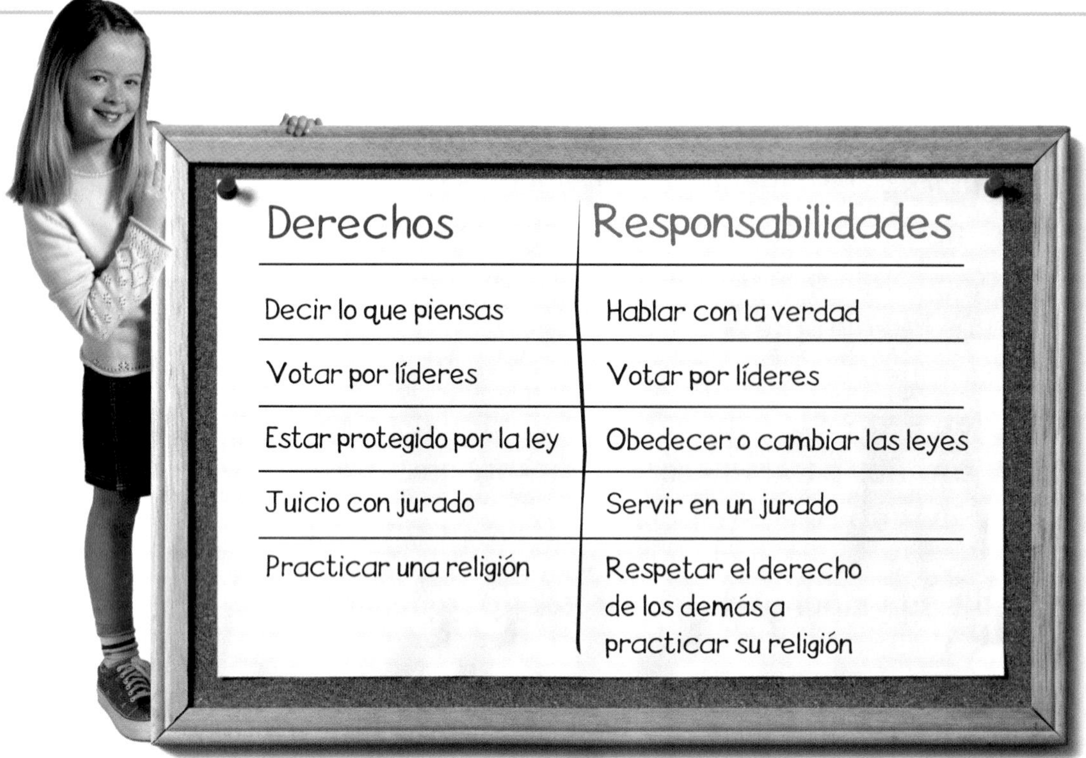

Derechos	Responsabilidades
Decir lo que piensas	Hablar con la verdad
Votar por líderes	Votar por líderes
Estar protegido por la ley	Obedecer o cambiar las leyes
Juicio con jurado	Servir en un jurado
Practicar una religión	Respetar el derecho de los demás a practicar su religión

DESTREZA **Leer tablas** ¿Qué derecho es también una responsabilidad?

Conocer nuestras responsabilidades

Los ciudadanos tienen muchos derechos, pero también tienen responsabilidades. Una **responsabilidad** es una obligación que debes cumplir. Una de las responsabilidades que tiene todo el mundo es proteger la propiedad de las personas. No se puede tomar las cosas de otras personas sin permiso. Eso interferiría con el derecho a la propiedad. También sería faltar a la ley.

idea principal

Obedecer las leyes es muy importante. Es una de nuestras responsabilidades. Es posible que una persona que no obedezca una ley tenga que pagar una multa o ir a la cárcel. Pero si una ley es injusta, los ciudadanos son responsables de cambiarla.

Ir a la escuela es una responsabilidad que tiene la gente joven. Las tareas que haces en la escuela te dan conocimientos que algún día podrás usar en un trabajo. Una buena educación también te ayudará a servir a tu comunidad.

Votar es un derecho y una responsabilidad

Los ciudadanos adultos tienen muchas responsabilidades. Por ejemplo, pueden servir en las fuerzas militares o en un jurado. Los adultos también tienen la responsabilidad de votar. **Votar** significa hacer una elección oficial.

La Constitución dice que cada ciudadano adulto tiene el derecho de votar. Los ciudadanos votan para elegir a líderes para el gobierno local, estatal y nacional. A veces los ciudadanos votan para cambiar las leyes.

Para votar con sensatez, los ciudadanos primero necesitan conocer los problemas de su comunidad. Luego, el día de la votación, deben votar. Si los ciudadanos no votan, es posible que sus opiniones no se tomen en cuenta.

Un estudiante vota sobre un asunto importante de la clase.

Repaso ¿Qué responsabilidades tienen los ciudadanos?

Repaso de la lección

1. **VOCABULARIO** Escribe un párrafo que hable sobre algunos **derechos** y **responsabilidades** que tú tienes en tu comunidad.
2. **DESTREZA DE LECTURA** Usa tu tabla para decir en qué se **diferencian** los derechos de las responsabilidades.
3. **IDEA PRINCIPAL: Civismo** Nombra dos derechos que tienen los ciudadanos de Estados Unidos.
4. **IDEA PRINCIPAL: Civismo** ¿Por qué es una responsabilidad importante obedecer las leyes?
5. **RAZONAMIENTO CRÍTICO: Analizar** ¿Cómo puede beneficiar a tu comunidad que conozcas tus responsabilidades?

ARTE Haz una cartel que diga a las personas por qué votar es importante y les recuerde que deben votar.

Ampliar **Lección 2**

Literatura

Presidente de la clase

por Johanna Hurwitz

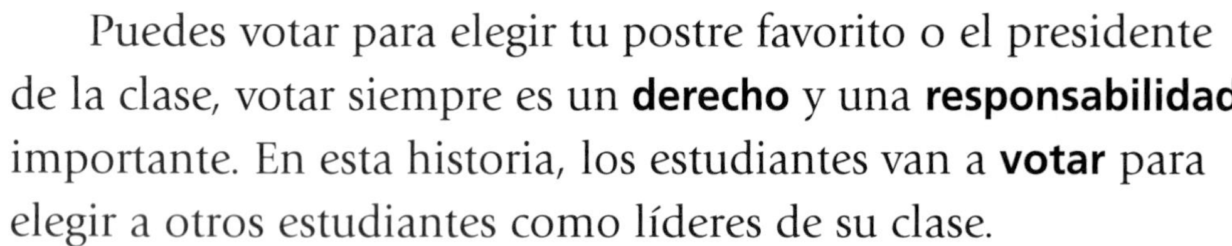

Puedes votar para elegir tu postre favorito o el presidente de la clase, votar siempre es un **derecho** y una **responsabilidad** importante. En esta historia, los estudiantes van a **votar** para elegir a otros estudiantes como líderes de su clase.

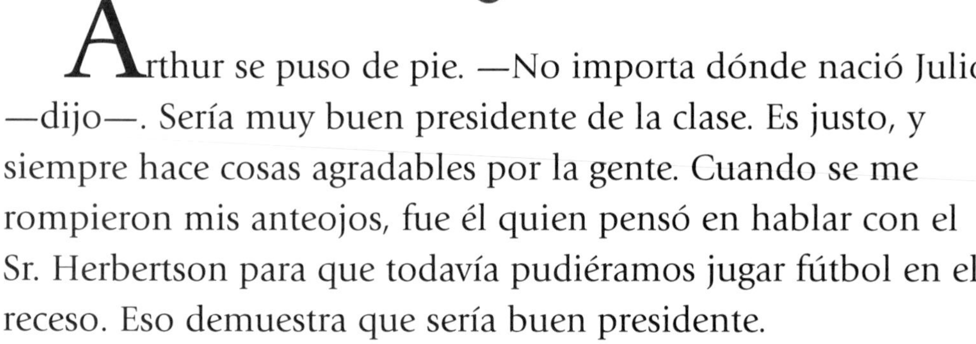

Arthur se puso de pie. —No importa dónde nació Julio —dijo—. Sería muy buen presidente de la clase. Es justo, y siempre hace cosas agradables por la gente. Cuando se me rompieron mis anteojos, fue él quien pensó en hablar con el Sr. Herbertson para que todavía pudiéramos jugar fútbol en el receso. Eso demuestra que sería buen presidente.

—Pero Julio no es uno de nuestros mejores estudiantes, como Zoe o Lucas o yo —dijo Cricket.

—Es el mejor —dijo Arthur—. Es el mejor para mí.

Julio sintió que se le calentaban las orejas por la vergüenza. Nunca había oído a Arthur decir tantas cosas en todos los años que llevaba conociéndolo.

—Gracias, Arthur —dijo el Sr. Flores—. Fue un discurso muy bueno. Todavía necesitamos que alguien apoye la candidatura. ¿Alguien la apoya?

Lucas levantó la mano.

—Apoyo la candidatura de Julio Sánchez —dijo.

El Sr. Flores se volteó para escribir el nombre de Julio en la pizarra. Lucas seguía con la mano levantada.

LITERATURA

El Sr. Flores miró de nuevo hacia la clase y llamó a Lucas otra vez.

—¿Quieres hacer un discurso de campaña? —le preguntó a Lucas.

—Sí. Voy a votar por Julio y creo que todos deberían hacer lo mismo.

—¿Ni siquiera vas a votar por ti mismo? —preguntó Cricket.

—No —dijo Lucas—. Quiero quitar mi nombre de la pizarra. Julio es un buen líder, como dijo Arthur. Cuando fuimos a ver al Sr. Herbertson, Cricket y yo estábamos paralizados del miedo, pero Julio dio un paso adelante y dijo todo lo que había que decir.

—¿Quieres que quite tu candidatura, Lucas? —preguntó el Sr. Flores.

—Sí, eso quiero. Todos los que iban a votar por mí deberían votar por Julio.

Julio estaba sentado en su silla sin moverse. No le salía ni una palabra. Apenas podía respirar.

—¿Hay otras candidaturas? —preguntó el Sr. Flores.

Zoe levantó la mano.

—Propongo cerrar las candidaturas.

—Lo apoyo —dijo Lucas.

Luego el Sr. Flores preguntó a los dos candidatos si querían decirle algo a la clase.

Cricket se puso de pie.

—Como todos saben —dijo ella—, voy a postularme para la presidencia de Estados Unidos algún día. Ser presidente de la clase será una buena práctica para mí. Además, sé que haré un trabajo mejor, mucho mejor, que Julio.

Cricket se sentó.

Julio se levantó. —Tal vez vote por Cricket cuando sea candidata para presidente de Estados Unidos —dijo—. Pero en este momento, espero que todos voten por mí. Creo que en nuestra clase debemos tomar decisiones juntos, por ejemplo la manera de gastar el dinero que ganamos en la venta de pasteles. Deberíamos gastar el dinero de una manera que agrade a todos. No sólo al maestro —Julio se detuvo y miró al Sr. Flores—. Eso es lo que pienso —dijo.

—Si soy presidente —dijo Cricket—, creo que el dinero debería ir a la Sociedad Humanitaria.

—Tampoco deberías decirnos qué hacer con el dinero —agregó Julio—. Debería ser una decisión de la clase. Todos ayudamos a ganarlo.

—Julio tiene mucha razón —dijo el Sr. Flores—. Creo que podemos votar sobre ese asunto en el futuro.

El Sr. Flores entregó las boletas de votación. Julio estaba seguro de saber los resultados incluso antes de contar los votos. Como había faltado un chico, Cricket ganaría, doce votos a once.

Julio estaba en lo cierto y también se equivocaba. Todos los chicos votaron por él, pero también algunas de las chicas. Cuando se contaron los votos, había catorce por Julio Sánchez y nueve por Cricket Kaufman. Julio Sánchez fue elegido presidente de su clase.

—Creo que han escogido bien —dijo el Sr. Flores—. Y sé que Cricket será una estupenda vicepresidente.

Julio se puso contento. De pronto le vinieron a la mente todo tipo de planes para su clase.

Actividades

1. **PIÉNSALO** ¿Cuáles son algunas de las cualidades de un buen líder? ¿Es Julio un buen líder? ¿Votarías por él? ¿Por qué sí o por qué no?

2. **ESCRÍBELO** Como si fueras Julio, escribe un discurso corto para agradecer a tus compañeros de clase por haberte elegido como presidente de la clase.

Capítulo 7 Repaso y Preparación para pruebas

Resumen visual

1–3. Escribe una descripción de cada elemento mencionado abajo.

Civismo	
Buen ciudadano	
Derechos	
Responsabilidades	

Hechos e ideas principales

Responde a cada pregunta.

4. **Civismo** ¿Cuáles son dos ejemplos de ser un buen ciudadano?
5. **Gobierno** ¿Qué documento indica los derechos de los ciudadanos estadounidenses?
6. **Civismo** ¿Cuáles son dos derechos que tiene cada ciudadano?
7. **Gobierno** ¿Quién tiene la responsabilidad de escoger a los líderes del gobierno?

Vocabulario

Elige la palabra correcta de la lista de abajo para completar cada oración.

virtud ciudadana, pág. 203
voluntario, pág. 204
votar, pág. 215

8. Un ______ puede ayudar en la biblioteca local.
9. Expresarse sobre leyes injustas es una manera de mostrar______.
10. Los estadounidenses deben ______ para escoger a sus líderes.

Aplicar destrezas

Resolver conflictos Lee el párrafo de abajo. Luego aplica lo que has aprendido sobre cómo resolver conflictos para responder a cada pregunta.

Un grupo de estudiantes tiene ideas diferentes sobre cómo presentar su proyecto de historia. Algunos de los estudiantes quieren dar una charla. Los otros prefieren hacer un cartel. ¿Cómo deberían resolver este conflicto?

11. ¿Qué es lo PRIMERO que debería hacer el grupo para resolver el conflicto?

12. ¿Cuál de estas opciones es una concesión?

A. Hacer un cartel.
B. Dar una charla.
C. Hacer proyectos separados.
D. Dar una charla usando un cartel.

Razonamiento crítico

Escribe un párrafo corto para responder a cada pregunta de abajo. Usa detalles para apoyar tu respuesta.

13. Analizar ¿Por qué es importante que la gente respete los derechos de los demás?

14. Inferir ¿De qué manera pueden los periódicos ayudar a los ciudadanos a votar inteligentemente?

Actividades

Civismo Haz un cartel para animar a la gente a servir de voluntarios en tu comunidad.

Escritura Escribe una narración personal acerca de una experiencia que hayas tenido o un suceso que hayas visto que demostraba civismo.

Tecnología

Consejos para el proceso de escritura
Busca ayuda para tu narración en **www.eduplace.com/kids/hmss/**

Capítulo 8

Nuestros gobiernos

Vistazo al vocabulario

Tecnología

e • **glosario**
www.eduplace.com/kids/hmss/

alcalde

Hay muchos tipos de gobierno. La gente en las ciudades elige a un **alcalde**, o alcadesa, quien dirige el gobierno de la ciudad.
página 228

gobernador

Los estados tienen un líder que garantiza que las leyes estatales se cumplan. Este líder se llama **gobernador**.
página 235

Estrategia de lectura

Revisar y aclarar A medida que lees, comprueba que comprendes la información del texto.

Cuando tengas confusión, regresa y vuelve a leer.

legislatura

La **legislatura** de Estados Unidos se llama Congreso. Los miembros del Congreso hacen las leyes.
página 240

embajador

La mayoría de los países tiene un **embajador** que trabaja en Washington D.C. para representar a su gobierno.
página 248

Lección central 1

Gobierno local

VOCABULARIO

elecciones
impuesto
alcalde
concejo
condado

DESTREZA DE LECTURA
Sacar conclusiones
Haz una lista de detalles que digan lo que hacen los ciudadanos antes de votar. Luego saca una conclusión de por qué hacen esas cosas.

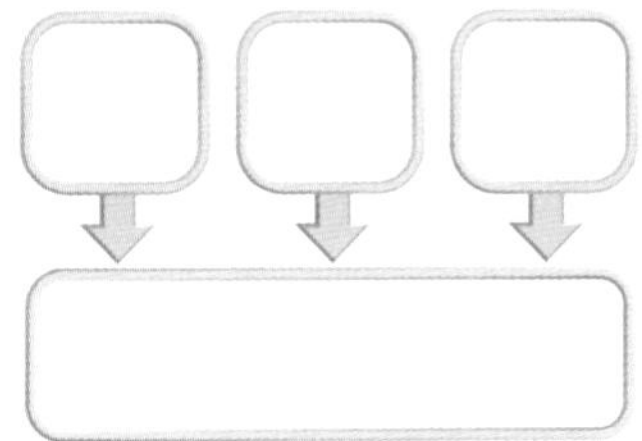

Desarrolla lo que sabes Piensa en la última vez que fuiste a la biblioteca de la escuela. ¿Quién pagó por los libros que leíste o te llevaste prestados? ¿Quién es el dueño del edificio de la biblioteca? Si respondiste que es tu gobierno local, acertaste.

Los ciudadanos deciden

idea principal

Nuestro país es una democracia. En las democracias, los ciudadanos deciden lo que el gobierno hace. Un ciudadano puede tomar decisiones acerca del gobierno local, estatal y nacional. En esta lección estudiaremos a los ciudadanos y los gobiernos locales.

En algunas comunidades, los ciudadanos van a una reunión municipal para tomar decisiones. Toman turnos para hablar. Escuchan las ideas de los demás. Luego votan para decidir qué hacer.

Los gobiernos locales proporcionan bibliotecas escolares.

Liderazgo Esta ciudadana quiere ganar una elección local. Previamente se reúne con otros ciudadanos para responder a preguntas.

Elección de representantes

Los ciudadanos escogen a personas para que los representen, o hablen por ellos. Para hacer esto, los ciudadanos votan en elecciones. Las **elecciones** son el proceso por el cual las personas votan por gente que los represente.

Antes de las elecciones, los ciudadanos hacen preguntas. ¿Cómo podría un líder mejorar los servicios de la comunidad? ¿Le daría un líder más dinero a las escuelas? La gente trata de saber todo lo que puede antes de votar.

Luego se realizan las elecciones. Los ciudadanos votan. Se cuentan los votos. La persona con más votos gana las elecciones. Esa persona representa a la gente de esa comunidad en el gobierno local.

Repaso ¿Qué pueden hacer los ciudadanos para participar en su gobierno local?

Lo que hace el gobierno local

El gobierno local es parte de nuestra vida diaria. Hace las leyes y presta los servicios que usamos todos los días. Estas leyes y servicios son por el bien común.

Las leyes pueden ayudar a mantener segura la comunidad. Algunas comunidades tienen una ley que dice que las personas que van en bicicleta deben llevar casco. Al obedecer tales leyes, los ciudadanos se mantienen más seguros.

Hay leyes que dicen cómo dirigir un gobierno local. Estas leyes dicen qué trabajos tendrán los líderes. Algunas leyes establecen grupos especiales, tales como el departamento de seguridad pública y el departamento de salud pública. ¿Qué crees tú que hacen estos grupos?

Cómo funcionan los impuestos

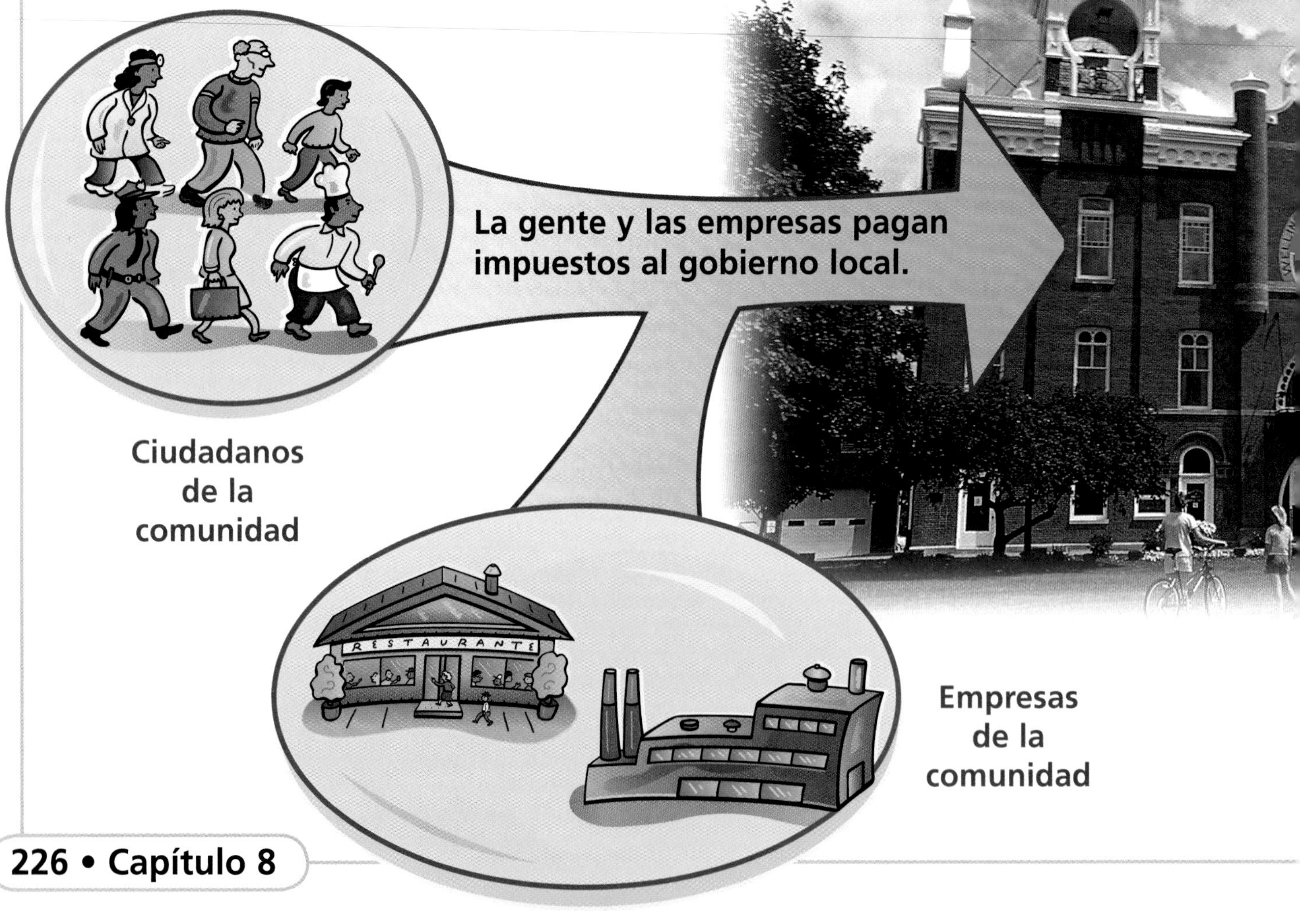

La gente y las empresas pagan impuestos al gobierno local.

Ciudadanos de la comunidad

RESTAURANTE

Empresas de la comunidad

Pago por los servicios

Para pagar por los servicios el gobierno cobra impuestos. Un **impuesto** es una cuota que los ciudadanos y otros pagan al gobierno. Las comunidades pueden cobrar un impuesto sobre las casas, tierras o empresas. También pueden cobrar impuestos sobre los bienes que compramos. El dinero obtenido se usa para pagar cosas como autobuses, subterráneos, recolección de basura y agua potable.

Pagar impuestos es una parte importante de ser ciudadano. También lo es participar en las decisiones sobre los impuestos. Muchas comunidades votan para decidir cuándo aumentar o reducir los impuestos. También pueden votar sobre cómo deberían usarse los impuestos.

Repaso ¿Cuáles son algunos de los servicios locales pagados con los impuestos?

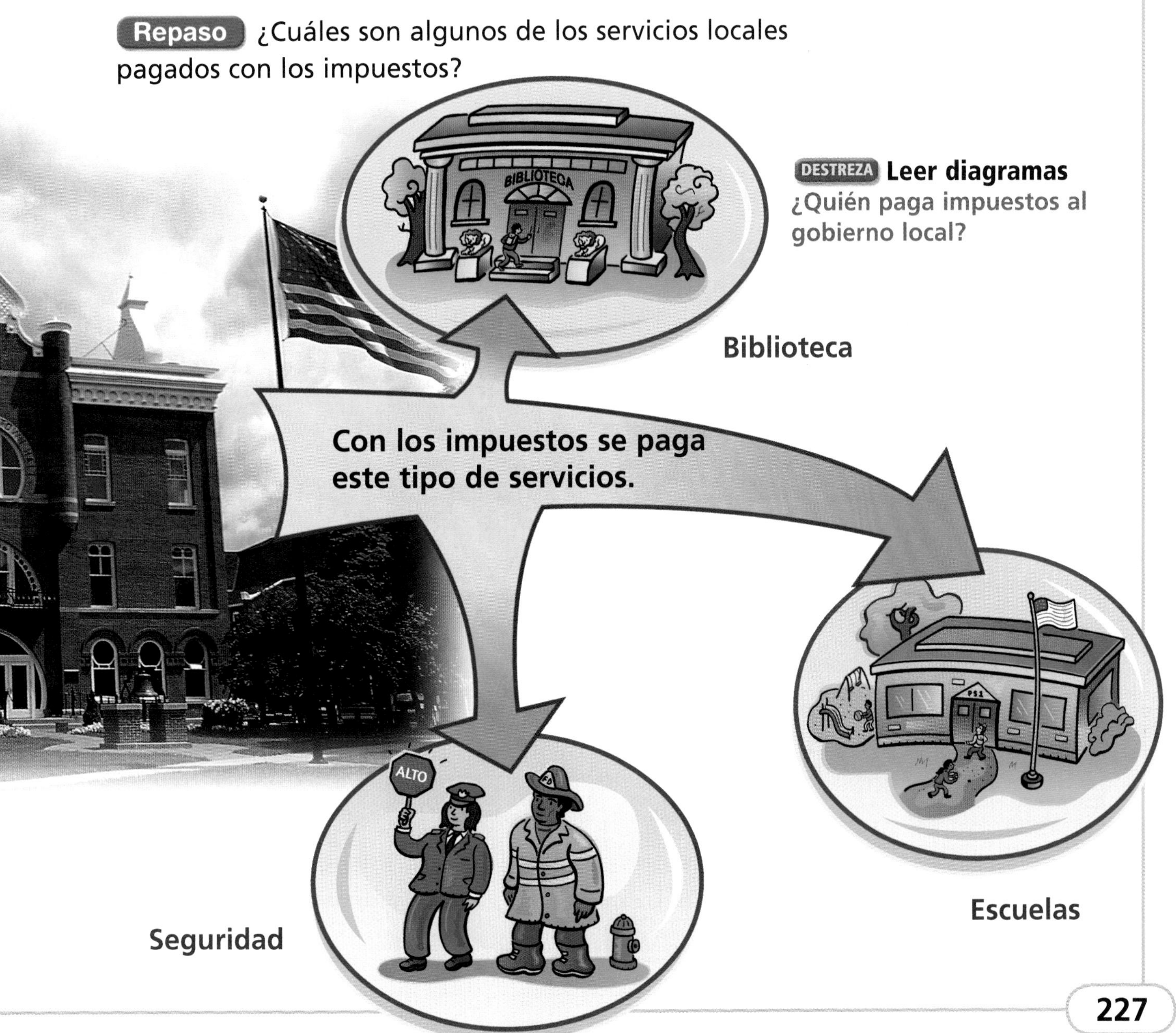

DESTREZA Leer diagramas
¿Quién paga impuestos al gobierno local?

Tipos de gobierno local

Las comunidades tienen diferentes tipos de gobierno. La mayoría de estos gobiernos locales tiene tres poderes, o partes. Cada poder tiene responsabilidades diferentes.

idea principal

Uno de los poderes del gobierno en muchas ciudades es el concejo municipal. Un **concejo** es un grupo de funcionarios que hacen reglas o leyes. Los ciudadanos eligen al concejo municipal.

Otro poder del gobierno funciona con el concejo y toma decisiones importantes. En algunas comunidades un alcalde dirige este poder. Un **alcalde** es el líder del gobierno de una comunidad. Los ciudadanos de la comunidad eligen al alcalde. En otras comunidades, se contrata a un director que se encarga del trabajo. Algunas ciudades tienen tanto un director como un alcalde.

Las cortes representan el cuarto poder del gobierno local. Las cortes arreglan desacuerdos y deciden si se ha faltado a las leyes.

Alcalde en el trabajo
La alcaldesa Irma Anderson trabaja con otros ciudadanos para ayudar a la comunidad.

Gobierno del condado

Muchos condados también tienen gobiernos. Un **condado** es un área del estado que incluye varias comunidades. Los ciudadanos del condado votan por oficiales locales, como alguaciles de policía y comisionados. Los comisionados dirigen el gobierno del condado.

El condado de Fulton, Georgia, tiene siete comisionados. Ellos toman decisiones para las comunidades del condado. Se aseguran de que la gente del condado de Fulton reciba servicios, tales como la policía y los bomberos.

Repaso ¿Por qué las comunidades tienen diferentes tipos de gobierno?

Los alguaciles protegen a los ciudadanos y garantizan el cumplimiento de las leyes.

Repaso de la lección

1. **VOCABULARIO** Usa **elecciones** en una oración que describa la manera en que los ciudadanos eligen a los líderes del gobierno.
2. **DESTREZA DE LECTURA** ¿Qué podría pasar si los ciudadanos no hacen preguntas antes de votar?
3. **IDEA PRINCIPAL: Civismo** ¿De qué manera ayudan los ciudadanos a decidir lo que debería hacer el gobierno local?
4. **IDEA PRINCIPAL: Economía** ¿Qué son los impuestos y cómo se usan?
5. **RAZONAMIENTO CRÍTICO: Comparar y contrastar** ¿En qué se parecen los gobiernos de un condado y una ciudad? ¿En qué se diferencian?

ESCRITURA Escribe una carta amable al concejo municipal. Agradece a los miembros por prestar servicios que usan los niños y escuelas. Incluye detalles para describir esos servicios.

Cómo votar

"¡Todos los que estén a favor, digan 'Sí'!" Así es como vota la gente. En clase, puedes levantar la mano. Para votar en elecciones locales, estatales o nacionales, la gente sigue varios pasos. Únete a Charlie y su mamá en los pasos que ella sigue para votar.

1 Registrarse para votar

Después de mudarse a un pueblo nuevo, Charlie y su mamá van al concejo municipal para que ella pueda registrarse para votar. Ella llena un formulario y lo envía a la oficina electoral del pueblo.

2 Enterarse de los asuntos

Antes de votar, la mamá de Charlie quiere saber más sobre los candidatos al cargo y cuáles son los asuntos importantes. Ella y Charlie ven debates en la televisión. Ella lee artículos de periódico y habla con los vecinos acerca de las elecciones.

3 Votar

El día de la votación, Charlie y su mamá van al centro de votación que le corresponde. Ella marca sus opciones en la boleta de votación y se asegura de que no cometió un error. Luego deposita su voto.

Actividades

1. **DIBÚJALO** Haz un cartel para animar a la gente a cumplir con su responsabilidad de votar en las próximas elecciones.
2. **ESCRÍBELO** Escribe un editorial en el que expliques por qué es importante que los estudiantes aprendan los pasos necesarios para votar.

Desarrollar destrezas

Punto de vista

▶ VOCABULARIO

punto de vista

Los ciudadanos en algunas comunidades van a las reuniones municipales. Ahí cada ciudadano puede compartir su punto de vista. Un punto de vista es la forma en que alguien piensa sobre un asunto. Compartir nuestro punto de vista es parte importante de ser un buen ciudadano.

Aprende la destreza

Sigue los pasos de abajo para compartir tu punto de vista.

Paso 1: Lee o escucha con atención los puntos de vista de otras personas acerca de un asunto. Si es posible, haz preguntas acerca de cualquier cosa que no entiendas.

Paso 2: Piensa en lo que han dicho otras personas. ¿Se parece a lo que piensas tú? ¿En qué se diferencia?

Paso 3: Usa la información que reuniste para escribir o explicar tu punto de vista.

Reunión municipal esta noche a las 7:00 p.m.

Practica la destreza

Imagina que hay un lote vacío en tu comunidad. Un grupo de ciudadanos acuerdan que el espacio debe usarse para el bien de toda la comunidad. Pero tienen puntos de vista diferentes acerca de cómo usar el espacio. Lee los puntos de vista de abajo y luego responde a las preguntas.

"Este lote sería un buen lugar para practicar deportes. Podríamos tener una cancha de voleibol o basquetbol".

"Sería un sitio ideal para un escenario. Podríamos construir filas de bancos y realizar obras de teatro y conciertos".

"Podríamos plantar flores y vegetales y verlos crecer la mayor parte del año. También podríamos construir comederos para los pájaros".

1. Resume cada opinión en tus propias palabras.
2. ¿Qué pregunta podrías hacer acerca de cada opinión?
3. ¿Con cuál idea estás más de acuerdo? Explica por qué.

Aplica la destreza

Escribe un párrafo para compartir tu propio punto de vista acerca de cómo usar el lote. Asegúrate de dar razones por las que tienes este punto de vista.

Lección central 2

Gobierno estatal

VOCABULARIO

capitolio
gobernador

DESTREZA DE LECTURA

Idea principal y detalles
A medida que lees, anota los detalles que indican el trabajo que hace cada poder del gobierno estatal

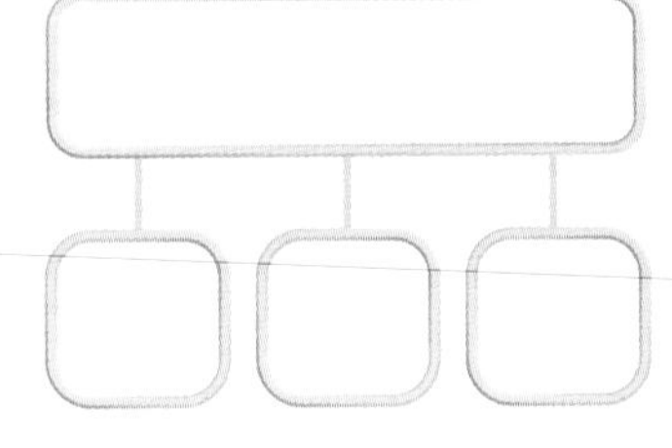

Desarrolla lo que sabes Estados Unidos tiene 50 estados. Cada uno tiene su propio gobierno. ¿En qué estado vives tú? ¿Quién dirige tu gobierno estatal?

¿Qué es el gobierno estatal?

Los ciudadanos eligen a personas para que dirijan su gobierno estatal. Muchos de estos líderes trabajan en el capitolio estatal. El **capitolio** es el edificio donde los líderes se reúnen para hacer las leyes.

Cada estado tiene su propia constitución, que es el plan para gobernar el estado. Aunque todos los gobiernos estatales son diferentes, tienen cosas en común. Cada uno tiene tres poderes, o partes. Los poderes tienen responsabilidades diferentes. Los tres poderes del gobierno estatal trabajan juntos para dirigir el estado.

idea principal

Los miembros del gobierno de California trabajan en el capitolio en Sacramento.

Tres poderes del gobierno estatal

El poder del gobierno estatal que hace las leyes está dirigido por los legisladores. Los legisladores representan a las personas de sus comunidades. Ellos informan a otros legisladores estatales sobre lo que necesitan sus comunidades. Redactan nuevas leyes que ellos creen que mejorarán el estado.

Si los legisladores aprueban una ley, pasa al gobernador. El **gobernador** es la cabeza del segundo poder del estado. La gente de cada estado elige a su gobernador. La función principal del gobernador es aplicar las leyes del estado. Firma las leyes para hacerlas oficiales. Los gobernadores también pueden vetar, o detener, nuevas leyes, si no están de acuerdo con ellas.

Las cortes forman el tercer poder del gobierno. Los jueces de las cortes garantizan que las leyes sigan las constituciones estatal y nacional. También deciden si se han violado leyes estatales. Si alguien viola una ley, la corte decide el castigo, basado en la ley.

Repaso ¿Qué hacen los legisladores estatales?

Gobierno estatal

Legisladores

- Redactan nuevas leyes estatales
- Modifican leyes anteriores
- Aprueban leyes nuevas

Gobernador

- Firma leyes
- Aplica las leyes
- Selecciona a los trabajadores estatales para dirigir los departamentos

Jueces

- Garantizan que las leyes sigan las constituciones estatal y nacional
- Deciden el castigo cuando no se cumplen las leyes

Los estados prestan servicios

Al igual que el gobierno local, el gobierno estatal presta servicios a sus ciudadanos. El gobierno paga por estos servicios con impuestos. El gobernador planea cómo gastará el estado el dinero proveniente de los impuestos. Puede sugerir usarlo para nuevas carreteras, escuelas u hospitales del estado.

idea principal

Cada estado tiene departamentos que se encargan de diferentes servicios. El gobernador escoge a personas para dirigir los departamentos. Un departamento contrata la policía estatal para patrullar las autopistas y hacerlas seguras. Otro departamento ayuda a proteger la tierra y el agua del estado de la contaminación. Incluso hay un departamento que decide lo que tú debes aprender en la escuela cada año.

Parques estatales de California
Los cactus florecen en el Parque Estatal del Desierto Anza Borrego. En Oakland (derecha), un guardabosques enseña a unos estudiantes acerca de la naturaleza.

Los estados y la nación

Cada estado es parte de la nación. El gobierno que dirige la nación se llama gobierno nacional. Los gobiernos estatales cooperan con el gobierno nacional. Trabajan juntos en proyectos importantes para el país entero.

Por ejemplo, los gobiernos nacional y estatales han creado autopistas que atraviesan Estados Unidos. Más de 20 de estas autopistas llegan hasta California. Los trabajadores del gobierno de California han planeado, construido y arreglado estas autopistas. Los trabajadores del gobierno nacional se han asegurado de que los planes para las autopistas son seguros. Las autopistas hacen que sea más fácil viajar por California.

Repaso ¿Cuáles son algunos de los servicios que prestan los gobiernos estatales?

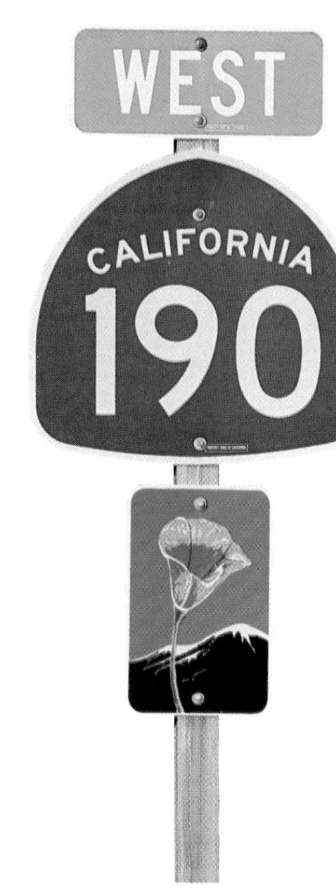

Letreros de autopistas estatales e interestatales.

Repaso de la lección

1. **VOCABULARIO** Escoge la mejor palabra para completar la oración.

   capitolio **gobernador**

   Los legisladores estatales trabajan en el ______ del estado.

2. **DESTREZA DE LECTURA** Usa los **detalles** que anotaste para explicar lo que hacen las cortes.

3. **IDEA PRINCIPAL: Civismo** Nombra tres responsabilidades que tiene un gobernador.

4. **IDEA PRINCIPAL: Gobierno** ¿De qué manera trabajan juntos los gobiernos estatales y el gobierno nacional?

5. **RAZONAMIENTO CRÍTICO: Analizar** ¿Por qué es importante que la gente de una comunidad tenga legisladores que la representen?

INVESTIGACIÓN Usa los recursos de la biblioteca para investigar acerca de tu gobernador y los legisladores estatales de tu comunidad. Menciona algunos hechos que hayas investigado.

Ampliar Lección 2

Geografía

Capitales de los estados

¿Qué ciudad es la capital de tu estado? ¿Sabes por qué es la capital? Algunas capitales se escogieron por su ubicación. Pueden estar junto a un río o una carretera principal. Hoy en día, algunas capitales son la ciudad más grande del estado.

Cuando se encontró oro en California en 1848, la gente se apresuró a ir a Sacramento. Se convirtió en la capital del estado en 1854.

Columbus, Ohio

En 1812, Columbus recibió su nombre por el famoso explorador Cristóbal Colón. Columbus fue escogida como la capital de Ohio porque estaba en el centro del estado.

DAKOTA DEL NORTE ★Bismarck
DAKOTA DEL SUR ★Pierre
MINNESOTA St. Paul★
WISCONSIN Madison★
MICHIGAN Lansing★
IOWA Des Moines★
NEBRASKA Lincoln★
ILLINOIS Springfield★
INDIANA Indianapolis★
OHIO ★Columbus
KANSAS Topeka★
MISSOURI Jefferson City★
KENTUCKY ★Frankfort
WEST VIRGINIA Charleston★
VIRGINIA ★Richmond
Washington D.C.
MARYLAND Annapolis
DELAWARE Dover
NEW JERSEY Trenton
PENNSYLVANIA Harrisburg★
NUEVA YORK Albany★
CONNECTICUT Hartford★
RHODE ISLAND Providence
MASSACHUSETTS Boston
NEW HAMPSHIRE Concord
VERMONT Montpelier★
MAINE ★Augusta
CAROLINA DEL NORTE ★Raleigh
TENNESSEE ★Nashville
OKLAHOMA ★Oklahoma City
ARKANSAS Little Rock★
CAROLINA DEL SUR ★Columbia
GEORGIA ★Atlanta
ALABAMA ★Montgomery
MISSISSIPPI ★Jackson
LOUISIANA ★Baton Rouge
TEXAS ★Austin
FLORIDA ★Tallahassee

km 0 200 400
mi 0 200 400

Tallahassee, Florida

Tallahassee fue escogida como la capital porque estaba entre dos ciudades grandes. Significa "pueblo viejo" en el idioma de los indígenas creek.

Actividades

1. **CUÉNTALO** Usa una enciclopedia para investigar y compartir datos divertidos sobre la capital de tu estado.

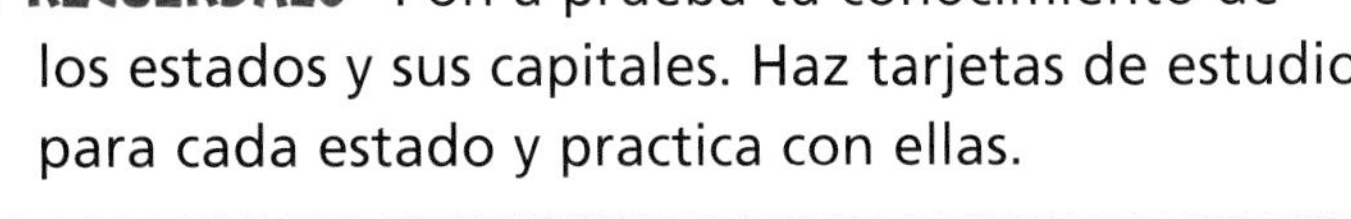

2. **RECUÉRDALO** Pon a prueba tu conocimiento de los estados y sus capitales. Haz tarjetas de estudio para cada estado y practica con ellas.

Lección central 3

El gobierno nacional

▶ **VOCABULARIO**

legislatura
poder ejecutivo
poder judicial
monumento

DESTREZA DE LECTURA
Categorizar
A medida que lees, coloca en categorías las obligaciones de cada poder del gobierno nacional.

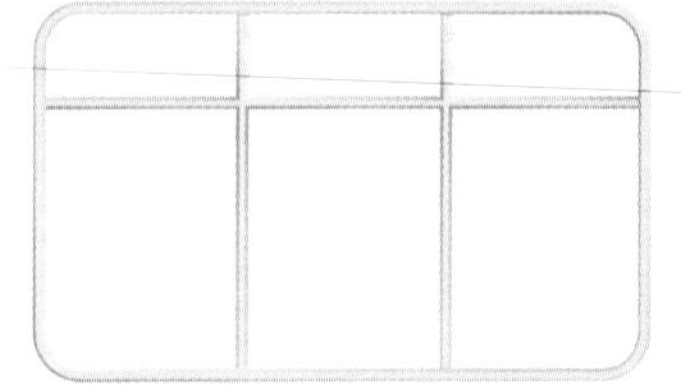

Desarrolla lo que sabes ¿Cuál es la capital de nuestra nación? Los líderes nacionales se reúnen y trabajan en Washington D.C.

Los tres poderes

El gobierno de nuestra nación tiene tres partes o poderes. La Constitución de Estados Unidos describe la función de cada poder. La función principal es proteger los derechos de los ciudadanos. 1

El primer poder es la **legislatura**, o Congreso de Estados Unidos. Este poder hace las leyes de la nación. El Congreso se divide en dos partes: la Cámara de Representantes y el Senado. Los ciudadanos eligen a los legisladores que sirven en la legislatura.

Capitolio de EE.UU.
El Congreso se reúne en el edificio del Capitolio en Washington D.C.

Casa Blanca El Presidente vive y trabaja ahí.

El poder ejecutivo y el poder judicial

El segundo poder es el ejecutivo. El **poder ejecutivo** aplica las leyes. El presidente encabeza este poder y aprueba o rechaza las leyes hechas por el Congreso. Si las leyes son aprobadas, el presidente garantiza que sean aplicadas. Los ciudadanos estadounidenses votan para decidir quién será el presidente.

Las cortes son el tercer poder, o rama judicial, del gobierno. El **poder judicial** decide lo que significan las leyes y si obedecen la Constitución. La Corte Suprema de Justicia encabeza este poder.

Los ciudadanos y otros pagan impuestos para mantener los poderes del gobierno de EE.UU. Los impuestos pagan los servicios de las fuerzas armadas que protegen el país. También pagan por los departamentos que prestan servicios, como el Servicio de Parques Nacionales.

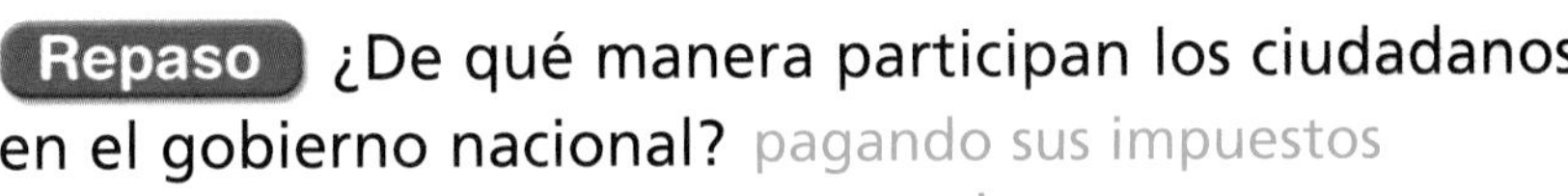

Repaso ¿De qué manera participan los ciudadanos en el gobierno nacional? pagando sus impuestos y votando

La Corte Suprema de Justicia Sus nueve miembros integran la corte más alta de Estados Unidos.

Símbolos y monumentos

El águila calva fue escogida como nuestra ave nacional en 1789.

Cuando miras en la parte posterior de un billete de un dólar, encuentras un símbolo de
2 Estados Unidos. Es el águila calva. El águila es un símbolo de la libertad. La libertad es un valor importante para los estadounidenses.

La bandera estadounidense es otro símbolo de nuestro país. Las 50 estrellas de la bandera representan los 50 estados de Estados Unidos. Las 13 franjas representan las primeras 13 colonias que se convirtieron en los Estados Unidos.

Monumento conmemorativo a Lincoln

Muchos monumentos nacionales están ubicados en Washington D.C. Un **monumento** es un edificio o estatua que nos ayuda a recordar a una persona o suceso. El Monumento conmemorativo a Lincoln tiene una estatua grande de Abraham Lincoln, hecha de piedra. Como nuestro 16° presidente, Lincoln luchó por la libertad y la igualdad. Él puso fin a la esclavitud en nuestro país.

Monumento conmemorativo a Lincoln
La estatua de Lincoln tiene 19 pies de alto.

DESTREZA Lectura de material visual
Al ver la estatua, ¿puedes darte cuenta de lo que pensaba el escultor de Lincoln? ¿Cómo? Las respuestas variarán.

El Monumento a Washington

3 El Monumento a Washington fue construido para recordar a **George Washington**. Washington fue nuestro primer presidente. El monumento representa su liderazgo y su valentía. Los símbolos y monumentos estadounidenses nos recuerdan las ideas y valores que compartimos, tales como la libertad y la igualdad. idea principal

Los Monumentos a Lincoln y a Washington son dos símbolos de grandes líderes de nuestra historia. Estos símbolos nos ayudan a recordar los valores por los cuales lucharon esos líderes.

Repaso ¿Cuál es el propósito de nuestros símbolos y monumentos nacionales?

Nos hacen recordar las ideas y valores que compartimos, como la libertad y la igualdad

Monumento a Washington
Se completó en 1884; mide un poco más de 550 pies de alto.

Repaso de la lección

1. **VOCABULARIO** Usa **poder ejecutivo** y **poder judicial** en una oración acerca del gobierno nacional.
2. **DESTREZA DE LECTURA** Escribe un párrafo que describa las obligaciones que pusiste en la **categoría** del Congreso.
3. **IDEA PRINCIPAL: Gobierno** ¿Qué poder del gobierno hace las leyes?
4. **IDEA PRINCIPAL: Civismo** ¿Por qué son importantes los símbolos y monumentos nacionales para la gente de Estados Unidos?
5. **GENTE POR CONOCER** ¿Por qué luchó **Abraham Lincoln** cuando fue presidente?
6. **RAZONAMIENTO CRÍTICO: Comparar** ¿Qué tienen en común el Congreso, el presidente y la Corte Suprema de Justicia?

ARTE Hay muchos símbolos que representan a Estados Unidos. Escoge uno y dibújalo. Explica lo que simboliza y por qué es importante para ti.

Ampliar Lección 3

Fuentes primarias

Rojo, blanco y azul

¿Qué tiene 50 estrellas y 13 franjas? Si dijiste la bandera de Estados Unidos, acertaste. Pero no siempre tuvo este número de estrellas y franjas. La bandera ha cambiado tanto como nuestra nación.

Las estrellas y franjas cuentan sobre la historia de Estados Unidos. Las estrellas representan el número de estados en la nación. A medida que Estados Unidos crecía, se fueron agregando más estrellas.

Bandera de trece estrellas

En 1777, ésta se convirtió en la primera bandera oficial de Estados Unidos. Las 13 estrellas y las 13 franjas representan las 13 colonias. Ésta fue la bandera durante el primer período presidencial de George Washington.

Bandera de quince estrellas y franjas

Cuando Kentucky y Vermont se unieron al país, se agregaron dos estrellas y dos franjas más. Ésta fue la bandera oficial entre 1795 y 1818.

Bandera de 1818

Nuestra bandera

En 1818, había 20 estados, pero no había espacio en la bandera para 20 franjas. En un nuevo diseño se volvieron a poner 13 franjas en la bandera. Había 20 estrellas para los 20 estados.

La bandera de ahora tiene 50 estrellas y 13 franjas. Las últimas dos estrellas agregadas a la bandera representan Alaska y Hawai. Se convirtieron en estados en 1959.

Actividades

1. **PIÉNSALO** ¿Por qué crees que la gente agregaba estrellas a la bandera a medida que crecía la nación?

2. **HAZLO** Dibuja o pinta una bandera que represente tu salón de clases. Puede tener símbolos como estrellas o círculos.

Tecnología Investiga sobre otras fuentes primarias para esta unidad en Education Place. www.eduplace.com/kids/hmss/

Desarrollar destrezas

Usar el recuadro de un mapa

VOCABULARIO

recuadro del mapa

Si visitaras Washington D.C., ¿cómo harías para moverte por la ciudad? Hay muchos tipos de mapas, y cada tipo te dice cosas distintas. El recuadro del mapa te muestra de cerca una parte del mapa.

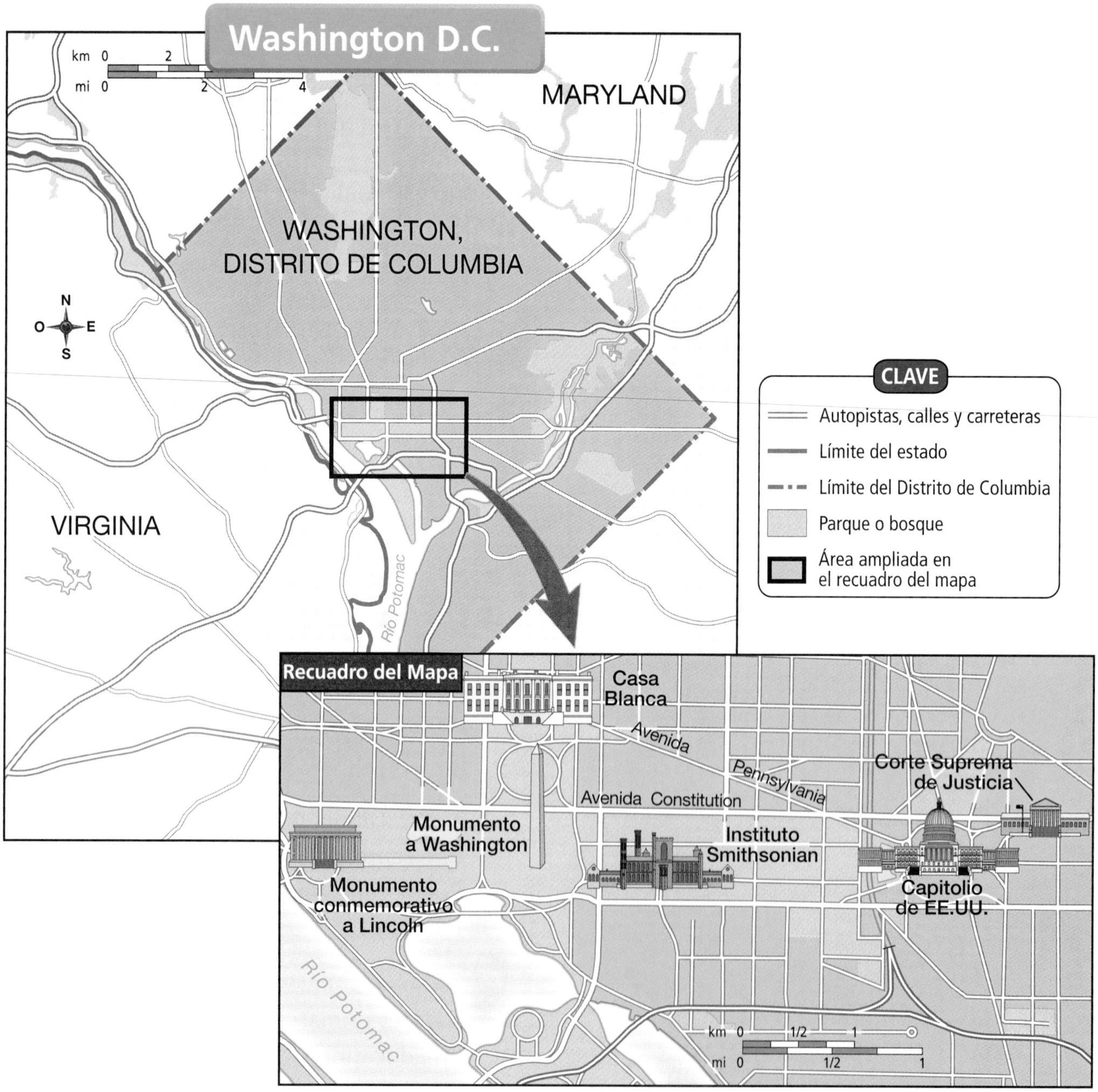

Washington D.C.

km 0 2
mi 0 2 4

MARYLAND

WASHINGTON,
DISTRITO DE COLUMBIA

N
O E
S

VIRGINIA

Río Potomac

CLAVE

Autopistas, calles y carreteras
Límite del estado
Límite del Distrito de Columbia
Parque o bosque
Área ampliada en el recuadro del mapa

Recuadro del Mapa

Casa Blanca
Avenida Pennsylvania
Corte Suprema de Justicia
Avenida Constitution
Monumento a Washington
Instituto Smithsonian
Monumento conmemorativo a Lincoln
Capitolio de EE.UU.
Río Potomac

km 0 1/2 1
mi 0 1/2 1

Aprende la destreza

Paso 1: Fíjate en las escalas de ambos mapas. ¿A cuánto equivale una pulgada en cada mapa?

Paso 2: Mira el mapa de arriba. Muestra todo Washington D.C. Puedes encontrar los estados cercanos a la ciudad.

Paso 3: Mira el mapa de abajo. Es un recuadro del mapa. Muestra de forma ampliada una parte de Washington D.C. Puedes ver más detalles, como los nombres de calles y edificios.

Practica la destreza

Usa la información de los dos mapas de Washington D.C. para responder a las preguntas de abajo.

1. ¿Qué mapa muestra la ubicación del Monumento conmemorativo a Lincoln?
2. ¿Qué estado está directamente al oeste de Washington D.C.?
3. ¿Qué calle tomarías para ir de la Casa Blanca al edificio del Capitolio de EE.UU.?

Aplica la destreza

Dibuja un mapa de tu vecindario. Luego haz un recuadro del mapa de tu calle que muestre tu casa, nombre de las calles y otros detalles.

Lección central 4

▶ VOCABULARIO

embajador

tratado

DESTREZA DE LECTURA

Problema y solución

Sigue la pista a los problemas que tienen las naciones y la forma en que solucionan esos problemas.

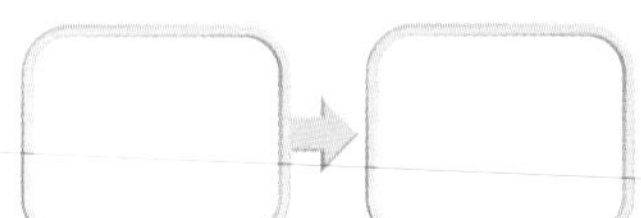

CONEXIÓN CON EL MUNDO

Las naciones trabajan unidas

Desarrolla lo que sabes Piensa en una ocasión en que un amigo o pariente te ayudó con una tarea difícil. Como los amigos y la familia, los países pueden ayudarse mutuamente.

Los gobiernos se unen

Tú sabes que algunos líderes estadounidenses trabajan en Washington D.C. Lo mismo hacen algunos embajadores de otros países. Un **embajador** es una persona que representa a su gobierno en otro país. Los embajadores de la India, Sudáfrica y muchos otros países trabajan en la capital de nuestra nación. Los embajadores de Estados Unidos trabajan en las ciudades capitales de éstos y otros países.

El presidente George W. Bush aparece junto a embajadores de todo el mundo.

El presidente George W. Bush aparece junto a embajadores de todo el mundo.

Las Naciones Unidas La sede de la ONU se construyó en 1953 y está ubicada en Nueva York.

DESTREZA **Lectura de material visual** ¿Por qué el símbolo de la ONU (abajo, a la derecha) muestra el Polo Norte en el centro?

Razones para trabajar unidos

idea principal

Las naciones trabajan unidas por muchas razones. Estados Unidos trabaja con Canadá y México para facilitar el comercio en América del Norte. Las naciones en el mundo entero trabajan para que los océanos sean seguros para los viajes y el comercio.

Las Naciones Unidas

Un grupo llamado las Naciones Unidas ayuda a los países a trabajar juntos. Las Naciones Unidas son un equipo de líderes de la mayoría de las naciones del mundo. Una de sus principales tareas es ayudar a los países a vivir en paz. Cuando las naciones están en desacuerdo, las Naciones Unidas tratan de reunirlos para solucionar sus disputas. Animan a los países a hacer un tratado. Un **tratado** es un acuerdo hecho entre naciones. Algunos tratados ponen fin a las guerras entre países y conducen a la paz.

Repaso ¿Por qué envían los países embajadores a otros países?

Libertad en Sudáfrica

Los miembros de las Naciones Unidas trabajan en países en todo el mundo. Trabajan para garantizar que todas las naciones respeten los derechos humanos. Por ejemplo, las Naciones Unidas ayudaron en parte a que la gente conquistara sus derechos en Sudáfrica.

Sudáfrica es un país ubicado en el extremo sur de África. Durante muchos años, los sudafricanos negros fueron privados de sus derechos. No les permitían votar. No eran libres de vivir o trabajar donde ellos querían.

Muchas personas en Sudáfrica y en el mundo entero ayudaron a los sudafricanos a conquistar sus derechos. **Nelson Mandela** pasó gran parte de su vida luchando por la igualdad de derechos para los sudafricanos negros. Las Naciones Unidas apoyaban a Mandela y a otros que luchaban por la igualdad. Finalmente, en 1994, los sudafricanos negros lograron su derecho al voto.

idea principal

Día de la libertad Cada año, los sudafricanos celebran las primeras elecciones democráticas realizadas en Sudáfrica. Sucedieron el 27 de abril de 1994.

Sudáfrica y Estados Unidos

Los líderes de Sudáfrica y Estados Unidos han creado programas para ayudar a que sus naciones trabajen juntas. Los científicos de ambos países comparten sus investigaciones. Estudian el medio ambiente de la Tierra. Los médicos buscan mejores maneras de cuidar de la salud de las personas. Los maestros sudafricanos y estadounidenses han creado programas para ayudar a que sus estudiantes aprendan sobre la vida en otras partes del mundo.

Repaso ¿Qué hicieron los sudafricanos para lograr la igualdad de derechos?

Los científicos trabajan para proteger la fauna, como los pingüinos.

Repaso de la lección

1. **VOCABULARIO** Combina cada palabra con la definición correcta.

   embajador **tratado**

   A. Un acuerdo entre naciones.
   B. Una persona que representa a su gobierno en otro país.

2. **DESTREZA DE LECTURA** ¿Cuál es una de las maneras que tienen las Naciones Unidas para ayudar a resolver problemas?

3. **IDEA PRINCIPAL: Civismo** ¿Por qué trabajan los países unidos?

4. **IDEA PRINCIPAL: Civismo** ¿Qué derechos buscaban Nelson Mandela y otras personas?

5. **RAZONAMIENTO CRÍTICO: Tomar decisiones** ¿Cuáles podrían ser las ventajas y desventajas de la decisión de facilitar el comercio con México y Canadá?

ESCRITURA Si fueras embajador de EE.UU., ¿qué le dirías a la gente acerca de tu país? Escribe un discurso al respecto. Repasa tu discurso una vez.

Biografía

Nelson Mandela

Nelson Mandela pasó más de 20 años de su vida en la cárcel. ¿Por qué? Habló en contra del tratamiento cruel que recibían los sudafricanos negros. El gobierno integrado sólo por blancos envió varias veces a Mandela a la cárcel para silenciarlo. Pero él no dejaba de luchar por sus creencias.

En 1962, a Mandela lo enviaron a prisión. Personas de todo el mundo se enojaron porque Mandela estaba preso. En la década de 1980, muchos países no querían hacer negocios con Sudáfrica. Esperaban forzar al gobierno sudafricano a liberar a Mandela y poner fin a la desigualdad.

Finalmente, el gobierno liberó a Mandela en 1990. Luego, en 1994, los sudafricanos lo eligieron presidente. Como presidente, Mandela trabajó para mejorar la vida de todos los sudafricanos.

"Éste es uno de los momentos más importantes en la vida de nuestro país. Me encuentro frente a ustedes lleno de un profundo orgullo y alegría... Es tiempo de sanar las viejas heridas y construir una nueva Sudáfrica".

Actividades

1. **COMÉNTALO** ¿De qué manera demostró Nelson Mandela **equidad** durante toda su vida?

2. **ESCRÍBELO** Imagina que es 1989. Escribe una carta al gobierno sudafricano en la que pidas la liberación de Nelson Mandela.

Tecnología Para leer otras biografías, visita Education Place. www.eduplace.com/kids/hmss/

Capítulo 8

Repaso y Preparación para pruebas

Resumen visual

1–4. Escribe una descripción de cada elemento mencionado abajo.

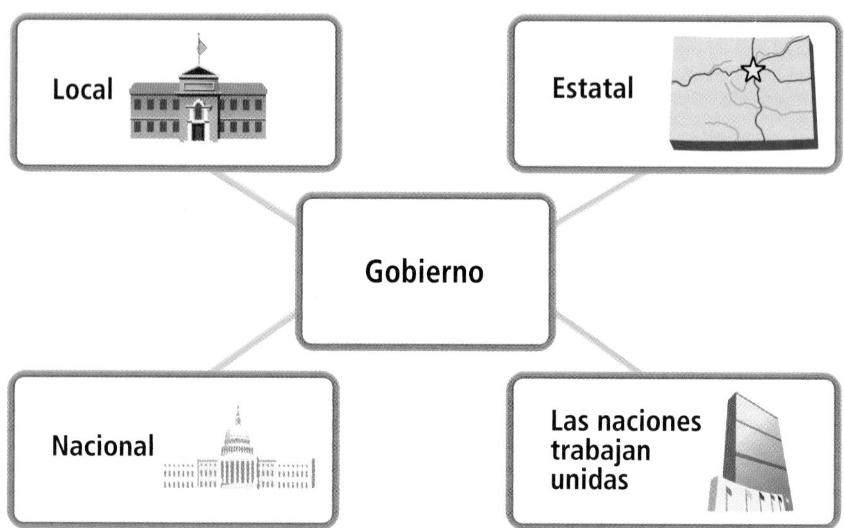

Hechos e ideas principales

Responde a cada pregunta.

5. **Civismo** ¿Cómo escogen los ciudadanos a los líderes del gobierno?
6. **Economía** ¿De qué manera recaudan dinero los gobiernos local, estatal y nacional?
7. **Gobierno** ¿Qué hace el poder judicial?
8. **Historia** ¿En qué país ayudó Nelson Mandela a la gente a lograr igualdad de derechos?

Vocabulario

Elige la palabra correcta de la lista de abajo para completar cada oración.

impuesto, pág. 227
capitolio, pág. 234
monumento, pág. 242

9. La estatua conmemorativa a Lincoln es un ______ importante.
10. Los líderes del gobierno estatal se reúnen dentro del ______ para hacer leyes.
11. Un ______ es una cuota para pagar por los servicios que presta el gobierno.

Aplicar destrezas

Punto de vista Lee el párrafo de abajo. Luego aplica lo que has aprendido acerca de los puntos de vista para responder a cada pregunta.

Los estudiantes de tu escuela tienen que usar uniformes escolares. La gente tiene puntos de vista diferentes acerca de esa regla.

"Yo debería ponerme lo que yo quiero. La escuela no debería decidir eso por mí".

"Creo que es una buena regla. No tendré que preocuparme por la ropa que usaré para ir a la escuela".

12. ¿Cuál enunciado resume uno de los puntos de vista?

    A. Nuestra escuela sabe lo que es mejor.
    B. Quiero escoger la ropa que uso.
    C. Los uniformes están bien siempre que sean azules.
    D. No me importa de ninguna manera.

13. ¿Qué paso hay que dar para conocer el punto de vista de alguien?

    A. Escuchar otros puntos de vista.
    B. Estar en desacuerdo con otros puntos de vista.
    C. Expresar tu punto de vista.
    D. No expresar tu punto de vista.

Razonamiento crítico

Escribe un párrafo corto para responder a cada pregunta de abajo.

14. **Comparar y contrastar** ¿Cuáles son las diferencias entre un alcalde, un gobernador y el presidente?

15. **Resumir** ¿Cuál es la función de cada poder del gobierno nacional?

16. **Analizar** ¿De qué manera se beneficia una democracia al tener tres poderes de gobierno?

Actividades

Arte Has leído lo que los ciudadanos hacen por el gobierno. También has leído lo que el gobierno hace por los ciudadanos. Dibuja un diagrama u otra gráfica que muestre eso.

Escritura Usa los recursos de la biblioteca o Internet para investigar sobre un servicio que preste tu ciudad o pueblo. Luego escribe un informe corto acerca de este servicio y cómo ayuda a la comunidad.

Tecnología

Consejos para el proceso de escritura
Busca ayuda para tu informe en **www.eduplace.com/kids/hmss/**

Cuaderno comunitario
EL GOBIERNO

El gobierno del lugar donde vives

Piensa en quién gobierna tu comunidad. ¿Quiénes son los líderes locales? ¿Qué bienes y servicios presta tu comunidad? ¿Cuáles son algunas de las leyes de la comunidad? Es responsabilidad de cada ciudadano saber cómo funciona el gobierno.

Características principales del gobierno local

- **Alcalde, concejo municipal o administrador municipal**
- **Elecciones o reuniones municipales**
- **Servicios, como bibliotecas y recolección de basura**
- **Impuestos para pagar por los servicios**

CONCEJO MUNICIPAL

Conoce a los candidatos a alcalde

Muchos funcionarios locales trabajan en el concejo municipal de Sonoma.

Explora tu gobierno local.

- **Empieza por el directorio telefónico.**
  Mira las páginas donde aparece el gobierno de tu ciudad o pueblo. ¿Qué departamentos y servicios ves?

- **Visita los edificios del gobierno local.**
  Con ayuda de un adulto que conozcas, investiga dónde se realizan las actividades del gobierno.

- **Investiga en Internet.**
  Descubre si tu ciudad o pueblo tiene una página de Internet. Si es así, lee acerca de lo que tu comunidad hace por sus ciudadanos.

- **Lee un periódico local.**
  Los periódicos tienen secciones de noticias locales.

Usa tu cuaderno comunitario para organizar la información que encuentras.

UNIDAD 4

Repaso y Preparación para pruebas

Vocabulario e ideas principales

Escribe una oración para responder a cada pregunta.

1. Nombra tres maneras que tienen los ciudadanos de trabajar por la **virtud ciudadana.**
2. ¿Cuáles son algunos de los **derechos** que tienen los adultos?
3. ¿Qué responsabilidades tiene un **concejo** municipal?
4. ¿Qué hace un **gobernador**?
5. ¿Cuál es una de las obligaciones de la **legislatura**?
6. ¿Por qué podría un país hacer un **tratado** con otro país?

Razonamiento crítico

Escribe una respuesta corta para cada pregunta. Usa detalles para apoyar tu respuesta.

7. Causa y efecto ¿Cuál es uno de los efectos de pagar impuestos?
8. Resumir ¿Por qué las naciones trabajan unidas?

Aplicar destrezas

Usa los mapas de Washington D.C. para responder a cada pregunta.

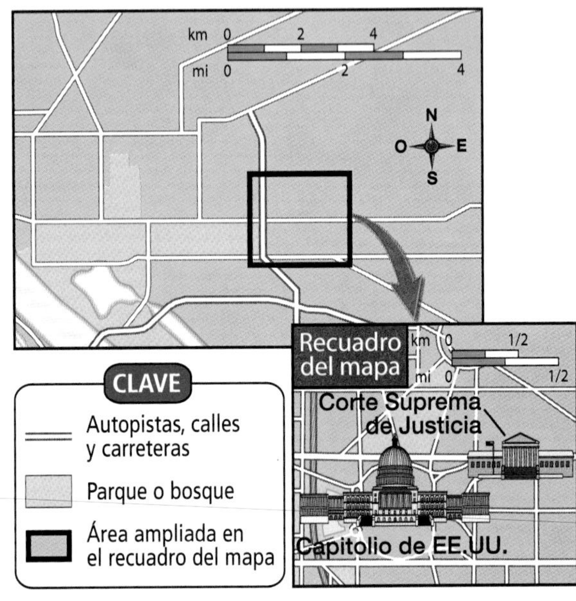

9. ¿Qué mapa muestra la ubicación del Capitolio de Estados Unidos, el mapa de arriba o el recuadro del mapa?
10. ¿Qué mapa muestra el área más grande de Washington D.C.?
    - **A.** mapa de arriba
    - **B.** el recuadro del mapa
    - **C.** ninguno de los mapas
    - **D.** ambos mapas

Actividad de la unidad

Crea un botón electoral

- Piensa en las formas en que los ciudadanos ayudan a elegir a los líderes.
- Haz una lista de asuntos que te gustaría apoyar en un candidato a un cargo.
- Usa esa lista para crear un botón electoral y un cartel que diga lo que representa el candidato.

En la biblioteca

Busca este libro en la biblioteca pública o en la de tu escuela.

A Castle on Viola Street

por DyAnne DiSalvo

Andy y su familia ayudan a una organización comunitaria a arreglar una vivienda abandonada.

WEEKLY READER

Sucesos actuales

Conectar con la comunidad

Haz un cartel de voluntarios.

- Lee artículos acerca de voluntarios que trabajan para sus comunidades.
- Escoge cuatro voluntarios para tu cartel. Haz un dibujo de cada uno.
- Escribe un resumen corto para cada voluntario y coloca los resúmenes debajo de los dibujos.

Tecnología

Busca en Weekly Reader artículos de ciencias sociales. Visita: **www.eduplace.com/kids/hmss/**

Léelo

Busca estos libros para lectura independiente de ciencias sociales en tu salón de clases.

UNIDAD 5

Tomar decisiones económicas

La gran idea

¿Por qué crees que la gente trabaja?

"Amar lo que haces y sentir que importa, ¿podría haber algo más divertido?"

Katharine Graham,
editora de prensa, 1974

UNIDAD 5

Almanaque

Productos de Estados Unidos

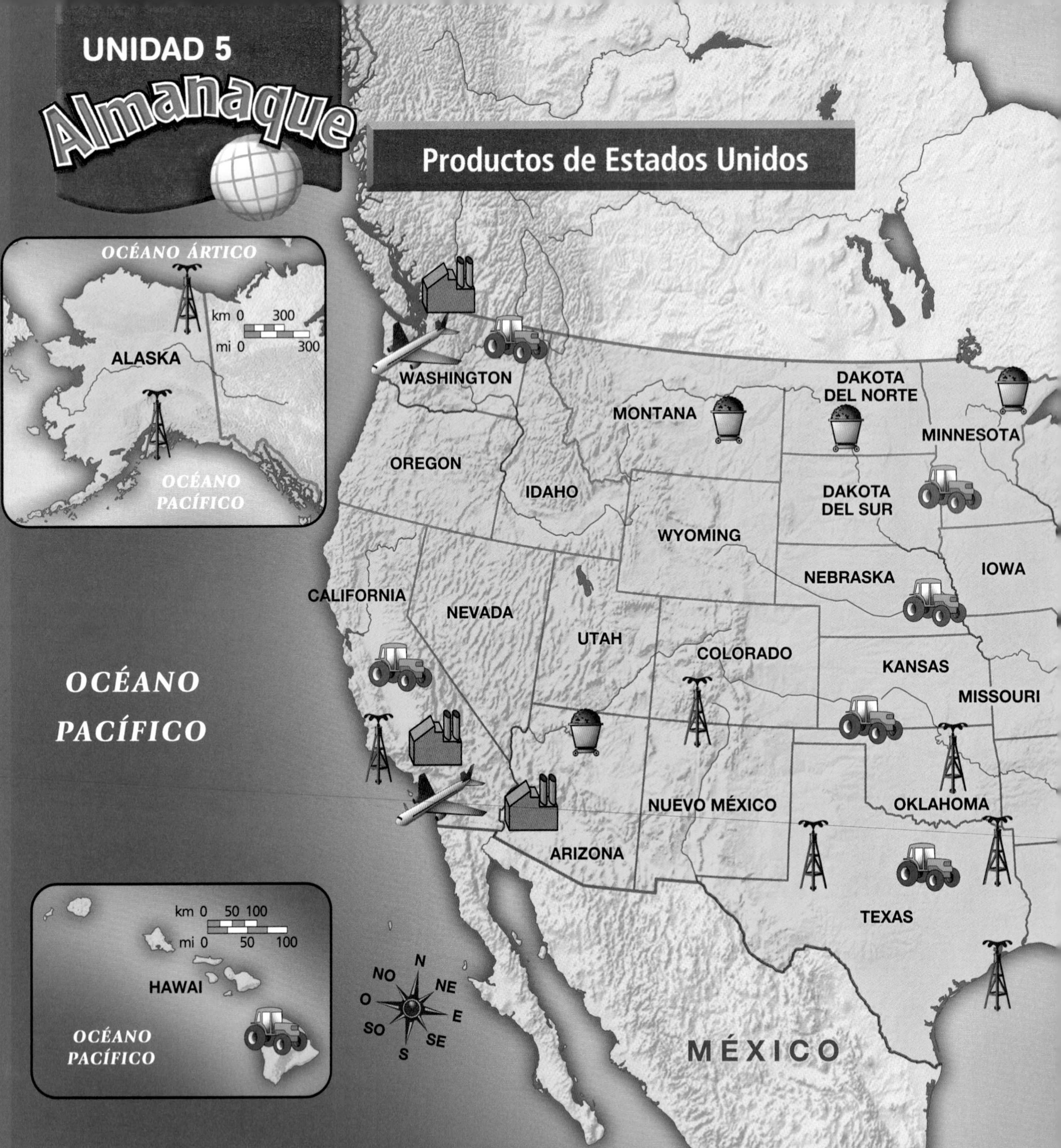

OCÉANO ÁRTICO
km 0 300
mi 0 300
ALASKA
OCÉANO PACÍFICO

WASHINGTON
MONTANA
DAKOTA DEL NORTE
MINNESOTA
OREGON
IDAHO
DAKOTA DEL SUR
WYOMING
IOWA
NEBRASKA
CALIFORNIA
NEVADA
UTAH
COLORADO
KANSAS
MISSOURI
OCÉANO PACÍFICO
NUEVO MÉXICO
OKLAHOMA
ARIZONA
TEXAS

km 0 50 100
mi 0 50 100
HAWAI
OCÉANO PACÍFICO

N
NE
E
SE
S
SO
O
NO

MÉXICO

Vistazo a la unidad

Bancos
Entendamos qué es el dinero
Capítulo 9, página 269

Decisiones económicas
La gente escoge lo que compra
Capítulo 9, página 274

Libre empresa
Libertad para hacer, comprar y vender
Capítulo 10, página 288

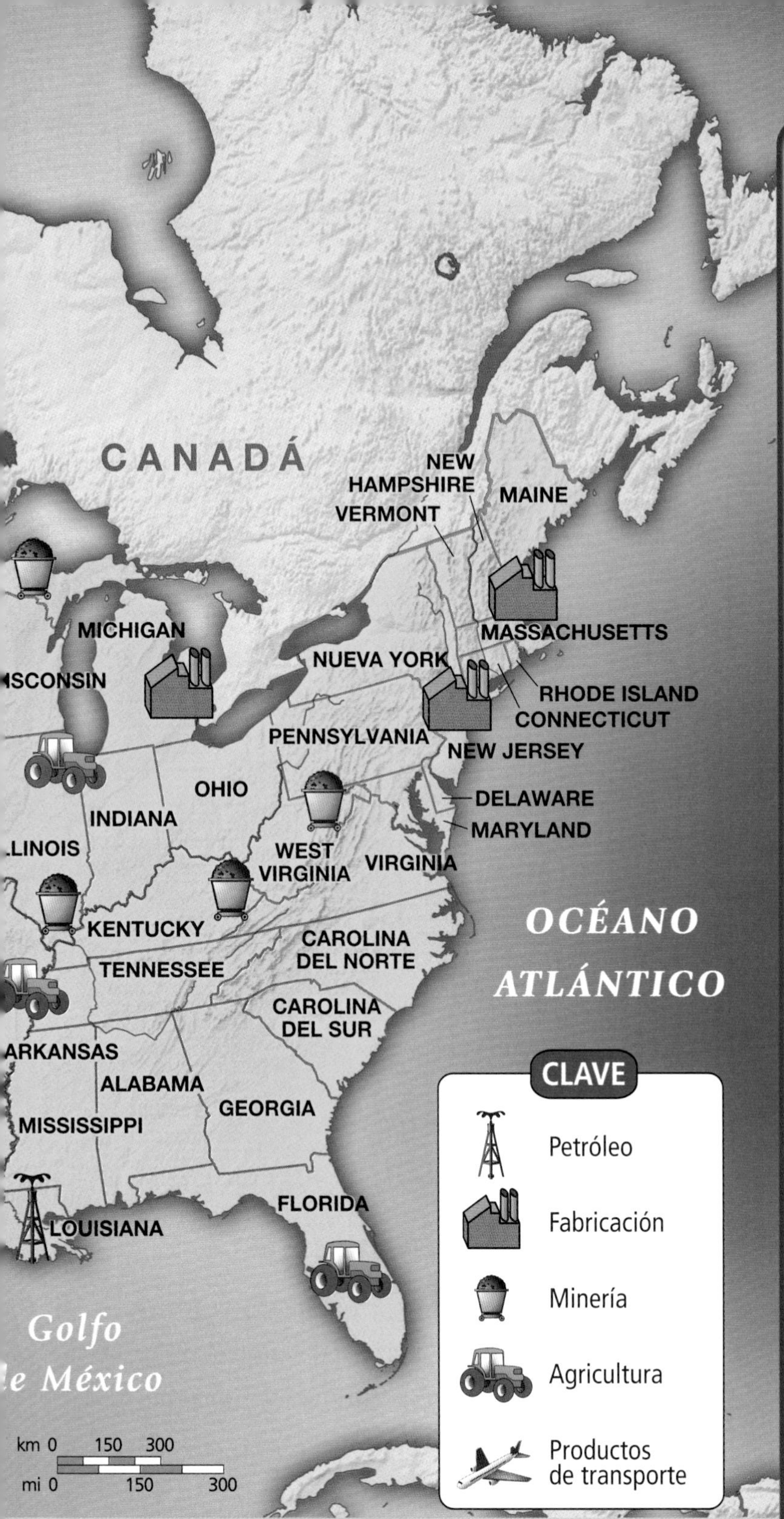

CANADÁ
NEW HAMPSHIRE
VERMONT
MAINE
MICHIGAN
MASSACHUSETTS
NUEVA YORK
ISCONSIN
RHODE ISLAND
CONNECTICUT
PENNSYLVANIA
NEW JERSEY
OHIO
DELAWARE
INDIANA
MARYLAND
LINOIS
WEST VIRGINIA
VIRGINIA
KENTUCKY
CAROLINA DEL NORTE
TENNESSEE
OCÉANO ATLÁNTICO
CAROLINA DEL SUR
ARKANSAS
ALABAMA
GEORGIA
MISSISSIPPI
LOUISIANA
FLORIDA
Golfo
e México
km 0 150 300
mi 0 150 300
CLAVE
Petróleo
Fabricación
Minería
Agricultura
Productos de transporte

Conectar con

la nación

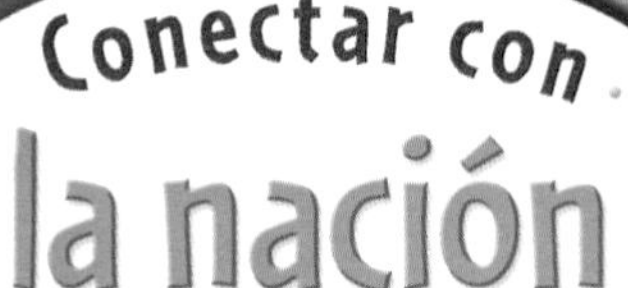

Aviones de las aerolíneas de EE.UU.

9,000
8,000
7,000
6,000
5,000
4,000
3,000
2,000
1,000
0
Cantidad de aviones
1940
1960
1980
2000
Año

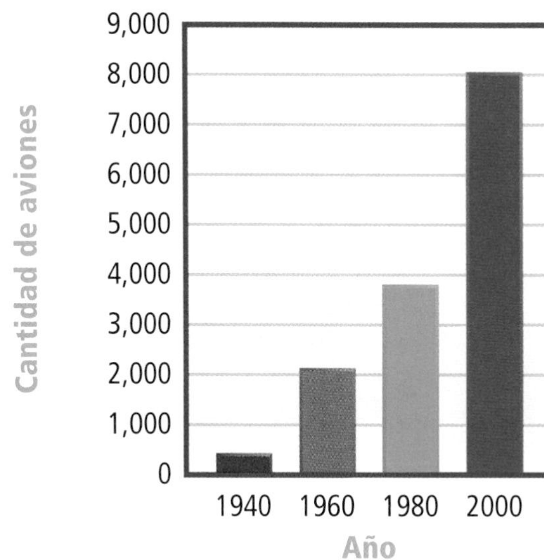

¿En qué año se usaba la mayor cantidad de aviones?

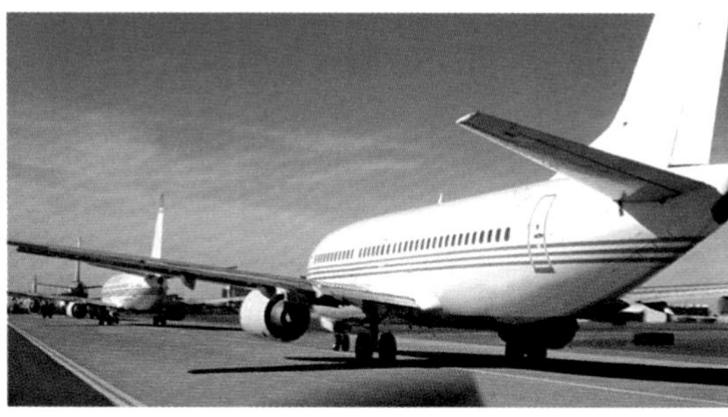

¿De qué forma crees que el aumento en la cantidad de aviones ha afectado la economía estadounidense?

WEEKLY READER

Sucesos actuales

¡Sucesos actuales en Internet!
Lee artículos de ciencias sociales en:
www.eduplace.com/kids/hmss/

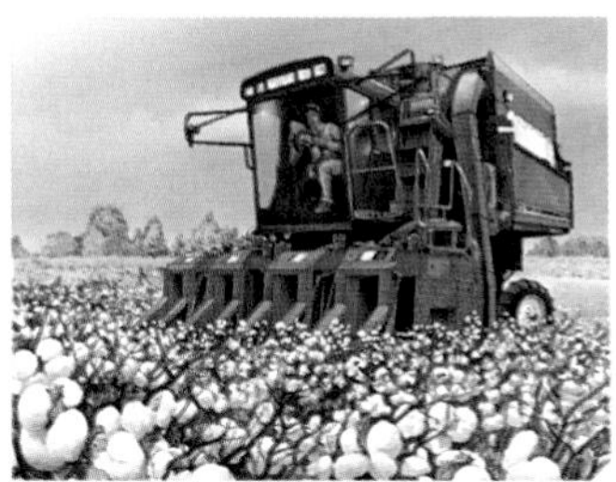

Recursos
Se necesitan tres tipos para hacer productos
Capítulo 10, página 292

Capítulo 9

La economía diaria

Tecnología

e • **glosario**
www.eduplace.com/kids/hmss/

Vistazo al vocabulario

ingreso

La gente que trabaja gana un **ingreso**. La cantidad de dinero que la gente gana depende del empleo que tiene.
página 268

presupuesto

La gente puede usar un **presupuesto** que la ayuda a gastar su dinero con sensatez. Este plan indica lo que puede gastarse o ahorrarse.
página 268

Estrategia de lectura

Preguntar Hazte preguntas a medida que lees las lecciones de este capítulo.

Hazte preguntas acerca de la información. ¿Necesitas volver a leer para saber las respuestas?

costo de oportunidad

A veces tienes que renunciar a una cosa para comprar otra. A lo que renuncias es el **costo de oportunidad**.
página 275

competencia

Es posible que una tienda tenga precios más bajos que otra tienda para los mismos artículos. Esta **competencia** puede atraer a los compradores.
página 275

Usar el dinero

VOCABULARIO

ingreso
presupuesto
interés

DESTREZA DE LECTURA

Comparar y contrastar A medida que lees, compara y contrasta el dinero y trocar.

Desarrolla lo que sabes ¿Qué harías si tuvieras cincuenta dólares? Pensar en tus opciones puede ayudarte a usar el dinero con inteligencia.

¿Qué es el dinero?

¿Qué tienen en común las conchas, las vacas y los dientes de ballena? Todos se han usado como dinero. El dinero puede ser cualquier cosa ampliamente aceptada a cambio de bienes y servicios. Permite que la gente sepa fácilmente cuánto valen las cosas. En Estados Unidos, la gente usa dólares y centavos como dinero. La gente que hace bienes y presta servicios acepta dólares estadounidenses como pago.

DESTREZA Leer tablas Compara el peso y el rand. ¿Qué diferencias ves?

Dinero de tres países

Japón	yen	
México	peso	
Sudáfrica	rand	

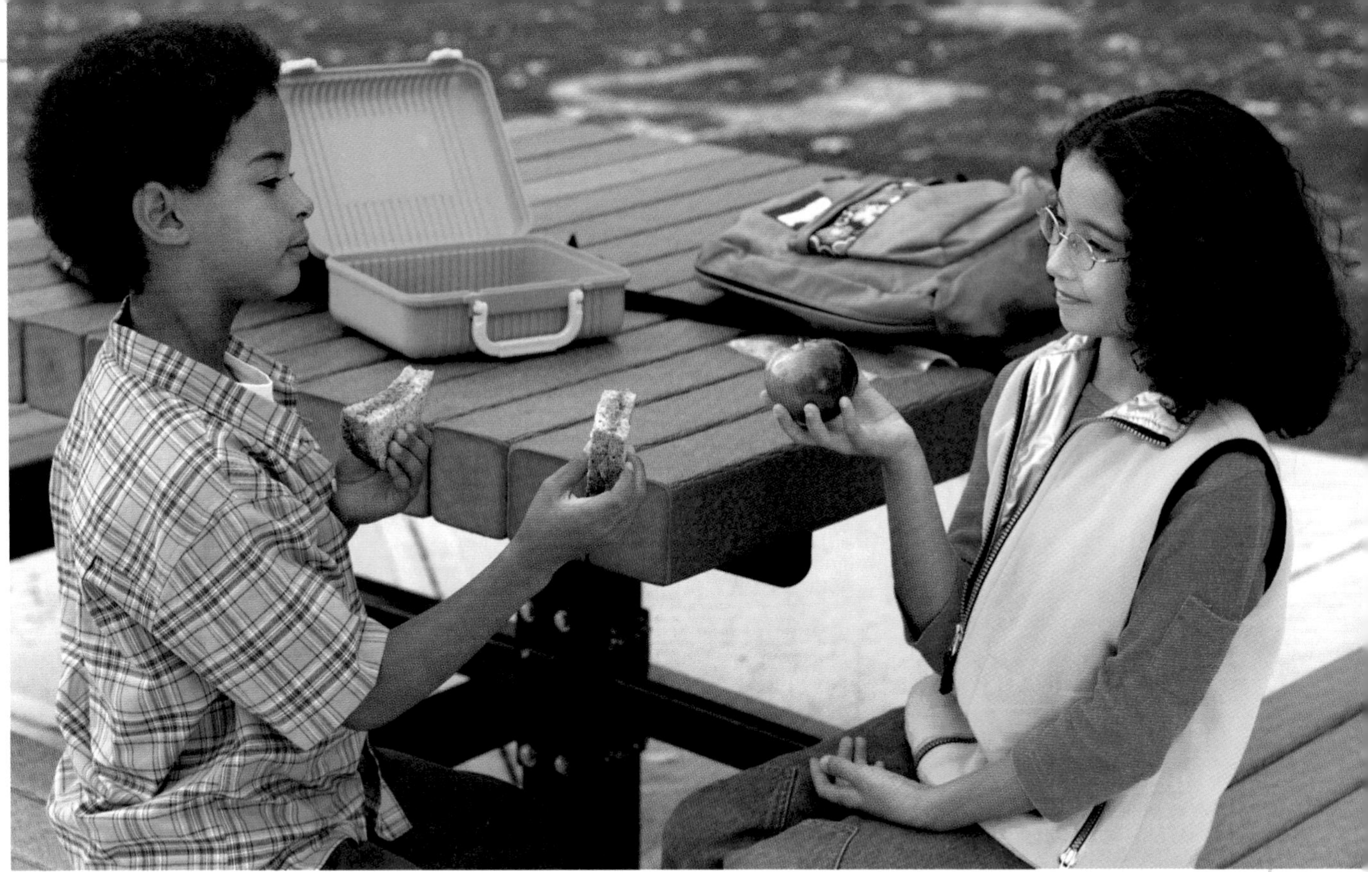

¿Qué hay de almuerzo? Estos estudiantes trocan, o intercambian, comida.

¿Dinero o trocar?

La mayoría de la gente del mundo usa dinero para pagar por bienes y servicios. Pero todavía hay gente que troca. Trocar es hacer el intercambio directo de bienes y servicios. Permite que la gente obtenga lo que quiere cuando no tiene dinero para gastar. Cuando intercambias trozos de zanahoria por galletas, haces un trueque.

idea principal

Usar dinero es más fácil que trocar. El dinero tiende a ser pequeño en tamaño. Es fácil de llevar. Las cosas usadas para trocar pueden ser de cualquier tamaño. La gente se pone de acuerdo sobre lo que vale el dinero. Al trocar, la gente debe decidir el valor de los bienes o servicios que se intercambian. El trueque funciona sólo cuando cada persona tiene algo que la otra quiere. El dinero puede usarse en cualquier momento que alguien está listo para comprar o vender.

Repaso ¿De qué manera es útil el dinero?

Ganar y gastar

Para ganar dinero, las personas trabajan. Reciben diferentes ingresos por diferentes trabajos. **Ingreso** es el dinero que la gente gana por trabajar. Los trabajadores con destrezas especiales usualmente tienen mayores ingresos que otros. Las personas que van a la universidad generalmente ganan más que las que no van. Ganar dinero es sólo una razón para ir a la universidad. Algunas personas van a la universidad para aprender a hacer trabajos que disfrutan.

Ser inteligente con el dinero

La gente usa el dinero que gana para pagar por bienes y servicios. Las familias gastan dinero en cosas que necesitan y quieren. Algunas familias hacen presupuestos. Un **presupuesto** es un plan para el uso del dinero. Muestra el ingreso de una persona o familia. También muestra cuánto de ese dinero puede gastarse o ahorrarse. La gente hace presupuestos para decidir la mejor forma de usar su dinero.

Planificación del dinero Un presupuesto puede ayudarte a ver cuánto dinero tienes para gastar. DESTREZA **Lectura de material visual** ¿Cuánto dinero ahorró este chico?

Mi presupuesto para esta semana

Lo que ganaré:	Mesada	$1.00
	Jardinería	$3.00
	Total:	$4.00
Lo que gastaré:	Botella de agua	$0.75
	Regalo para Sam	$3.00
	Total:	$3.75
Lo que ahorraré:		$0.25

Ahorrar dinero

Muchas personas ahorran el dinero que no gastan de inmediato. Tal vez ahorren para cosas como autos, casas y escuela. Quizá coleccionan monedas por diversión. Ahorrar dinero es una manera de prepararse para el futuro.

Para ahorrar dinero, la gente puede ponerlo en un banco. Los bancos nos ayudan a ahorrar o a pedir dinero prestado. Cuando ahorras dinero en un banco, tu dinero gana interés. **Interés** es el dinero que un banco le paga a la gente por guardar su dinero ahí. Mientras más tiempo ahorres el dinero en un banco, más interés ganará tu dinero.

Repaso ¿Por qué trabaja la gente?

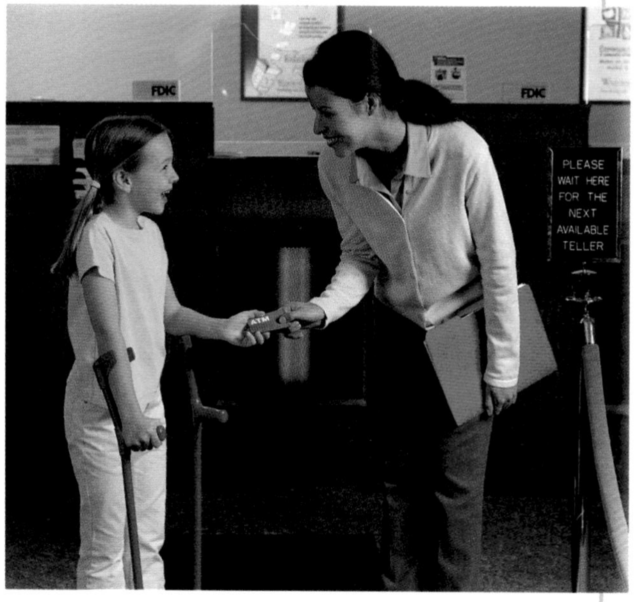

Bancos Los niños pueden poner dinero en un banco para ahorrar para la universidad (arriba). La Casa de la Moneda de Estados Unidos emite monedas especiales para coleccionar (abajo).

Repaso de la lección

1. **VOCABULARIO** Escribe una oración que explique **presupuesto** e **ingreso**.
2. **DESTREZA DE LECTURA** ¿En qué se **parecen** y en qué se **diferencian** trueque y el dinero?
3. **IDEA PRINCIPAL: Economía** ¿Por qué usa la gente más el dinero que el trocar?
4. **IDEA PRINCIPAL: Economía** Nombra dos maneras que tiene la gente de ganar dinero.
5. **RAZONAMIENTO CRÍTICO: Causa y efecto** Al trocar, ¿qué pasa si nadie quiere el artículo que tú quieres intercambiar?

MATEMÁTICAS Haz un modelo de presupuesto para una semana. Planea cómo usarías diez dólares. Incluye las cantidades que gastarías y ahorrarías.

Literatura

MAX MALONE gana un millón

por Charlotte Herman

Max Malone quiere ganar dinero. Él y su amigo Gordy lo intentan de varias maneras. La hermana de Max, Rosalie, se ríe de ellos. Nada parece hacer rico a Max. Para empeorar las cosas, el amigo de Max, Austin, encontró una forma genial de tener un buen **ingreso**.

—Puras ganancias —dijo Max—. Conseguimos las conchas que no nos cuestan nada y luego las vendemos.

Caminaban por la orilla empujando sus bicicletas. Iban descalzos. Unas olas suaves les llegaban a los pies y les hacían cosquillas en los dedos.

—Tan sólo quisiera encontrarlas de una vez —dijo Gordy—. Todo lo que vemos son piedrecillas.

—¡Ay! —dijo Max, frotándose el pie—. Y algunas están filosas también —Max había estado en la playa un montón de veces. Y ahora que lo pensaba, no recordaba haber visto conchas marinas. Tal vez era porque no las había buscado.

Caminaban por la playa, mientras los salpicaban los niños que saltaban hacia el agua. Pasaron al lado de niños pequeños que cavaban en la arena. Probablemente quieren llegar a China, pensó Max. Y todo el tiempo, Max y Gordy mantenían los ojos abiertos en busca de conchas marinas. Caracoles, como los que vendía Austin. De cualquier tipo.

Pero no había caracoles. Lo único que había era piedrecillas. Y pedacitos de conchas que parecían cáscaras de huevo. Mojados y cubiertos de arena, y con las bolsas de sus bicicletas vacías, Max y Gordy pedalearon de regreso a casa.

Rosalie estaba acostada sobre el césped frente a la casa. Estaba leyendo *Lo que el viento se llevó*. Max lo había comprado para ella en una de las ventas de garaje de la señora Filbert.

—Parecen pollos mojados —dijo ella cuando levantó la vista de su libro y vio a Max y a Gordy.

—Venimos de la playa —explicó Max—. Estábamos buscando conchas marinas como lo hizo Austin. Pero no encontramos nada.

Rosalie comenzó a revolcarse en el césped y a reír histéricamente.

—¿Estaban buscando conchas en el Lago Michigan? No puedo creerlo —se revolcó un poco más y después se sentó—. No pueden encontrar ese tipo de conchas en el lago. Tienen que ir al mar —comenzó a reírse otra vez.

Esa Rosalie. Siempre actuaba como una sabelotodo. Cuando él ganara su millón, compraría una casa para ella solita. Así no tendría que vivir con ella.

—Gracias por decírmelo —dijo Max—. Iré a ver si puedo encontrar un océano por aquí cerca.

Max y Gordy no fueron a buscar ningún mar. Gordy se fue a su casa. Luego Max se fue a buscar a Austin. No tuvo que buscarlo mucho. Estaba sentado en la acera frente a su casa, contando dinero. Dinero de verdad. No sólo monedas de cinco centavos, ni de diez ni cuartos de dólar. Contaba billetes de dólar.

—Oye, Austin —dijo Max—. ¿De dónde sacaste todo ese dinero?

—Del banco —dijo Austin—. Cambié todas mis monedas por billetes de un dólar. Las monedas estaban poniéndose muy pesadas.

—¿Tú solo te ganaste todo ese dinero?

—Claro. Parte con limonada. Y parte con las conchas marinas.

—La concha que le vendiste a mi mamá era muy bonita —dijo Max—. ¿La conseguiste en el mar?

—No —dijo Austin—. De la tienda de mascotas. Ésa fue mi fuente. Compré una cantidad grande. Así salen más baratas. Treinta conchas por paquete. Pagué dos dólares y vendí cada concha en 25 centavos.

Austin dividió su dinero en dos pilas.

—Voy a ahorrar un poco y gastar un poco —dijo y salió corriendo hacia su casa y volvió a salir—. Nos vemos luego, Max. Voy a la tienda de mascotas.

—¿A comprar más conchas? —preguntó Max.

—No —dijo Austin—. Ya no necesito más. Le vendí a casi toda la gente del vecindario. Y no puedo ir a vecindarios desconocidos. Ahora voy a comprar algo que siempre he querido. Un tritón de lunares rojos.

Max se quedó parado en la acera y vio a Austin alejarse calle abajo. No era justo. Primero Anthony Baker y ahora Austin Healy. Parecía que todos estaban ganando dinero. Todos menos Max Malone.

Actividades

1. **COMÉNTALO** ¿Cómo describirías a Austin?
2. **ESCRÍBELO** Piensa en otro trabajo que Max podría hacer para ganar dinero. Escribe una conversación corta entre Max y Gordy en la que ellos comentan si funcionaría.

Lección central 2

Tomar decisiones

VOCABULARIO

costo de oportunidad
competencia
escasez

DESTREZA DE LECTURA

Secuencia Anota el orden de los pasos que sigue Marisa para tomar decisiones.

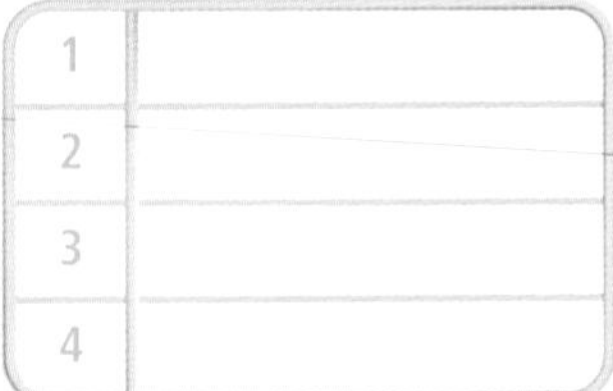

Desarrolla lo que sabes "¿Debería comprarme un yoyo ahora o ahorrar para una bicicleta?" Si alguna vez has tomado una decisión así, has tomado una decisión económica.

Marisa toma una decisión

Conoce a Marisa. Ella acaba de tomar una decisión sobre qué comprar. El grupo musical favorito de Marisa acababa de sacar un nuevo CD. El costo del CD es diez dólares. Marisa había ahorrado doce dólares. Así que podría comprar el CD. Entonces recordó que estaba ahorrando para comprar una chaqueta vinotinto.

Marisa pensó en los costos, o resultados negativos, y los beneficios, o resultados positivos de comprar el CD. Tomó una decisión. La gente toma decisiones cuando decide qué comprar.

DESTREZA **Leer diagramas** ¿Qué pasará si Marisa compra el CD?

Costo de oportunidad

Después de pensarlo, Marisa decidió seguir ahorrando para comprar la chaqueta vinotinto. Al escoger la chaqueta, renunció al CD. El CD era el costo de oportunidad de la chaqueta. **Costo de oportunidad** es a lo que la gente debe renunciar para hacer lo que más desea. La primera opción de Marisa era la chaqueta. El CD era la segunda opción.

Competencia entre vendedores

Cuando Marisa tuvo suficiente dinero, encontró dos tiendas que vendían chaquetas vinotinto. Las dos tiendas estaban en competencia entre sí. **Competencia** es el esfuerzo que hacen los vendedores para atraer compradores. Cuando las tiendas compiten, es posible que bajen sus precios para que así vaya más gente a comprar. Marisa escogió la tienda con precios más bajos.

Repaso ¿Cuál es el costo de oportunidad de la chaqueta que quiere Marisa?

La escasez limita las opciones

Marisa escogió ir a la tienda con precios más bajos, pero al llegar, vio solamente una chaqueta vinotinto. La vendedora le dijo que había escasez de chaquetas vinotinto. **Escasez** es la falta de bienes o servicios. La escasez ocurre cuando la gente que produce los bienes o servicios no puede ofrecer suficiente para todas las personas que los quieren.

La escasez hace que la gente tome decisiones difíciles. La gente debe escoger porque los recursos son limitados. No podemos tener todo lo que queremos. (idea principal)

Marisa esperaba que la chaqueta vinotinto le quedara bien. Cuando se la probó, era muy grande. Una chaqueta beige le quedaba perfecta. ¿Y ahora qué haría? Podía comprar la chaqueta vinotinto grande. Podía ir a la tienda con precios más altos para ver si tenían chaquetas vinotinto. O podía comprar la chaqueta beige que le quedaba bien.

Escasez Puesto que hay escasez de chaquetas vinotinto de su talla, Marisa piensa en otras opciones.

Marisa decide

Finalmente, Marisa tomó una decisión. Decidió comprar la chaqueta beige que le quedaba bien. Ésta era su mejor opción. No quería una chaqueta que fuera demasiado grande o que costara mucho. Después de todo, ¡ella quería comenzar a ahorrar para comprarse el CD de su grupo favorito!

Marisa pensó en las opciones que tenía antes de decidir qué bienes o servicios comprar. Al igual que muchas personas, pensó en el precio, el costo de oportunidad y la escasez antes de tomar una decisión.

Repaso ¿Qué opciones tenía Marisa?

Marisa decide comprar la chaqueta beige que le queda bien.

Repaso de la lección

1. **VOCABULARIO** Usa **costo de oportunidad** en una oración acerca de tomar decisiones.
2. **DESTREZA DE LECTURA** Completa tu tabla de **secuencia**. ¿Cuál fue la tercera decisión que tomó Marisa?
3. **IDEA PRINCIPAL: Economía** ¿Por qué podría una tienda rebajar sus precios?
4. **IDEA PRINCIPAL: Economía** ¿Por qué hace la escasez que algunos compradores tengan que tomar decisiones difíciles?
5. **RAZONAMIENTO CRÍTICO: Resumir** ¿Por qué compró Marisa una chaqueta beige en vez de una vinotinto?

ESCRITURA ¿Decidirías comprar un nuevo CD o ahorrar para algo más caro, como una bicicleta? Enumera las ventajas y desventajas de tu decisión.

Economía

Trucos del comercio

"¡Compra el nuevo Zipi Saltarín!", dice el locutor. "Todos lo tienen. ¿Por qué no tú? ¡No te quedes atrás!"

¿Has escuchado alguna vez anuncios como éste? Tal vez los veas en televisión o en revistas y periódicos.

Las compañías usan anuncios para persuadirnos de comprar bienes y servicios. Los anuncios pueden dar información útil a los compradores. Pero en ocasiones, usan trucos especiales para jugar con nuestros sentimientos. Éstos son algunos ejemplos.

Anuncios con superestrellas
Una estrella de cine o un deportista famoso dice que este jugo es maravilloso. ¿Serás como ellos si lo compras?

Anuncios con efecto de arrastre
Un anuncio con efecto de arrastre te dice que todos los demás tienen alguna cosa. ¡Compra la patineta o te sentirás excluido!

¡TE HACEN BIEN!

Anuncios con caras amigables
Mira esta cara simpática. ¿Será de confiar lo que él te dice acerca del cereal?

Anuncios de antes y después
Antes de comprar un collar antipulgas para tu perro, las cosas están mal. Después de comprarlo, ¡vaya! ¡Todo está muy bien!

Actividades

1. **COMÉNTALO** Escoge uno de los anuncios. ¿Qué hace que funcione?

2. **ESCRÍBELO** Reúne cuatro anuncios de periódicos o revistas. Explica cómo funciona cada anuncio.

Civismo Destrezas

Desarrollar destrezas

Tomar una decisión

VOCABULARIO

decisión
costo
beneficio

Una decisión es el acto de tomar una determinación acerca de qué hacer. La gente toma decisiones todos los días.

Lisa le quiere comprar un regalo de cumpleaños a su amigo Jan. Tiene cinco dólares para gastar. Halló guantes por cinco dólares pero no sabía cuál color le gustaría a Jan. Halló un album de fotos por cuatro dólares, lo que le dejaría un poco de dinero para un lindo papel de regalos.

Aprende la destreza

Paso 1: Identifica la decisión que debe tomarse. ¿Cuál es la meta?

Paso 2: Piensa en todas las opciones posibles y las diferentes acciones que se necesitarían para lograr la meta.

Paso 3: Reúne la información que te ayudará a tomar una buena decisión. Por ejemplo, habla con otras personas.

Paso 4: Usa la información para enumerar los costos (o malos resultados) y los beneficios (o buenos resultados) de cada decisión.

Paso 5: Revisa cada opción y luego toma una decisión acerca de la mejor opción.

Practica la destreza

Usa los pasos y lo que sabes acerca de la decisión de Lisa para responder a estas preguntas.

1. ¿Qué decisión tenía que tomar Lisa?
2. ¿Quién podría tener información para ayudar a Lisa a tomar su decisión?
3. ¿Qué debería tener en cuenta al tomar la decisión?
4. ¿Cuáles son los costos y beneficios de cada opción?

Aplica la destreza

Imagina que eres un funcionario municipal que necesita tomar una decisión para tu comunidad. Algunos jóvenes de la comunidad quieren un parque para usar patines en línea. ¿Debería usarse un área que actualmente se usa para pasear perros? Usa los pasos que has aprendido para pensar en tus opciones. Luego escribe un párrafo que explique tu decisión.

Repaso y Preparación para pruebas

Resumen visual

1–3. Escribe una descripción de cada elemento mencionado abajo.

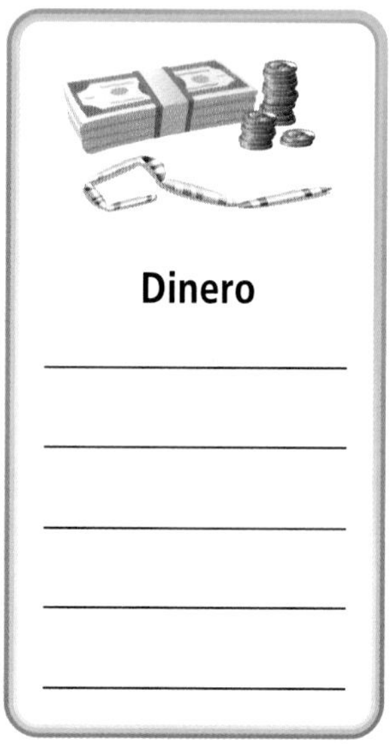

Dinero

Ganado
Gastado
Ahorrado

Presupuesto

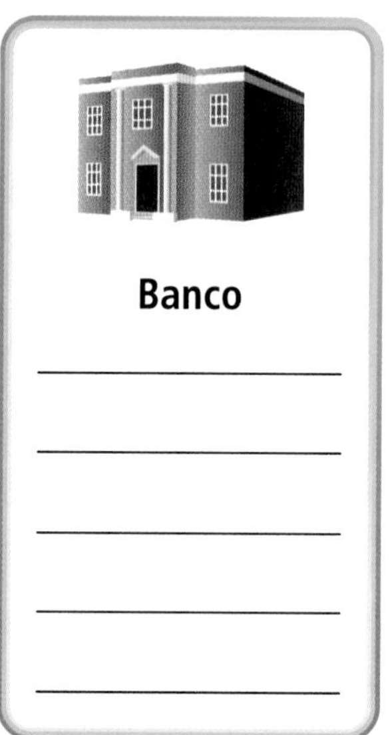

Banco

Hechos e ideas principales

Responde a cada pregunta.

4. **Economía** ¿Por qué podría alguien hacer trocar?
5. **Economía** ¿Cuál es una razón que tiene la gente para ganar dinero?
6. **Economía** ¿De qué manera podría la competencia afectar el precio de algo?
7. **Economía** ¿Por qué la gente tiene que tomar decisiones acerca de cosas que desea mucho?

Vocabulario

Elige la palabra correcta de la lista de abajo para completar cada oración.

presupuesto, pág. 268
costo de oportunidad, pág. 275
escasez, pág. 276

8. Si tienes que escoger entre comprar una tuba o una flauta, el _____ de la flauta es la tuba.
9. Un _____ puede ayudar a la gente a decidir cuánto dinero puede ahorrar.
10. Cuando hay _____ de ciruelas, los cultivadores no pueden proporcionar suficientes ciruelas para todas las personas que las quieren.

Aplicar destrezas

Tomar una decisión Usa el ejemplo de abajo y lo que has aprendido acerca de tomar decisiones para responder a cada a pregunta.

> Jon tiene que tomar una decisión. Su vecino ha ofrecido pagarle por pasear a sus perros después de la escuela. Sin embargo, la escuela de Jon tiene actividades deportivas tres días a la semana después de clases.

11. ¿Qué decisión debe tomar Jon?

A. pasear a los perros en la mañana o en la tarde
B. ir a la escuela o pasear a los perros
C. ganar dinero o ir a las actividades deportivas
D. ir a su casa o ir a la escuela

12. Para Jon, ¿cuál de las siguientes NO sería un beneficio de pasear a los perros?

A. Ayudaría a sus vecinos.
B. Ganaría dinero.
C. Podría jugar con los perros.
D. Podría ir a actividades deportivas después de la escuela.

Razonamiento crítico

Escribe un párrafo corto para responder a cada pregunta de abajo. Usa detalles para apoyar tu respuesta.

13. Sacar conclusiones ¿Por qué sería mejor guardar el dinero en un banco que en una cartera?

14. Causa y efecto ¿Qué podría pasar si la gente hace un presupuesto y no lo sigue?

15. Comparar y contrastar ¿En qué se parecen y en qué se diferencian las necesidades y los deseos? Da dos ejemplos de cada uno.

Actividades

Matemáticas Busca en un periódico o usa los recursos de Internet para investigar a cuántos pesos mexicanos equivale un dólar de Estados Unidos hoy en día.

Escritura Escribe un cuento corto acerca de dos niños que hacen un trueque para obtener lo que quiere cada uno.

Tecnología

Consejos para el proceso de escritura
Busca ayuda para tu cuento en **www.eduplace.com/kids/hmss/**

Capítulo 10 Las comunidades producen y comercian

Vistazo al vocabulario

productor

Algunas personas son **productores**. Hacen cosas o prestan servicios que otras personas compran o usan.
página 286

consumidor

Las personas que compran bienes y servicios se llaman **consumidores**. Las palabras "consumidor" y "comprador" tienen el mismo significado.
página 287

Estrategia de lectura

Predecir e inferir ¿De qué tratará la lección? Usa esta estrategia mientras lees.

Fíjate en las fotos y los títulos para hacer una predicción.

recursos humanos

Los conocimientos, destrezas y esfuerzo de la gente son **recursos humanos**.
página 293

industria

Cuando la gente y las compañías venden bienes o servicios similares, forman parte de la misma **industria**.
página 303

Lección central 1

¿Quiénes son los productores?

VOCABULARIO

productor
consumidor
oferta
demanda

DESTREZA DE LECTURA

Causa y efecto A medida que lees, anota los efectos que pueden tener los productores sobre los consumidores.

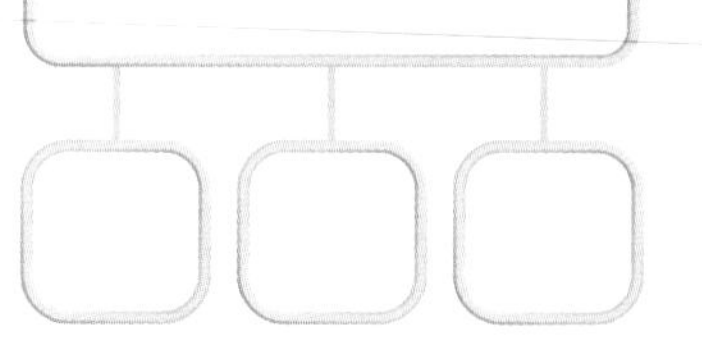

Desarrolla lo que sabes Piensa en una cosa que te gustaría comprar. ¿Sabes quién la hace? ¿Sabes el precio? Comprar, vender y decidir los precios son ideas importantes en la economía.

Los productores trabajan

Recuerda que los bienes son cosas que pueden comprarse. Un **productor** hace y vende bienes. Es posible que los productores trabajen juntos en grandes empresas para hacer automóviles o construir puentes. También puede ser que un productor haga juguetes solo. Un agricultor que cultiva también es un productor.

Los productores también ofrecen servicios. Un banquero y un bombero son productores. En vez de hacer cosas, estos productores prestan dinero o apagan incendios. Los productores trabajan para ofrecer bienes o servicios que otras personas compran o usan.

Hacer bienes Este productor fabrica ***snowboards.***

En este mercado al aire libre los productores venden sus bienes a los consumidores.

DESTREZA **Lectura de material visual** ¿Qué está haciendo el consumidor?

Los consumidores compran cosas

Los productores venden sus bienes y servicios a los consumidores. Un **consumidor** es alguien que compra bienes o servicios vendidos por un productor. Los consumidores pueden comprar los servicios de un barbero o los vegetales cultivados por un agricultor.

Los productores también actúan como consumidores. Los productores de juguetes pueden decidir comprar madera o plástico para hacer juguetes. Contratan a trabajadores para hacer los juguetes que venden.

Los productores se especializan

Muchos productores se especializan. Esto significa que hacen un tipo especial de trabajo. Los productores se especializan para satisfacer mejor los deseos de los consumidores. Por ejemplo, un médico de los ojos aprende destrezas especiales para ayudar a la gente a ver mejor. Algunos maestros también se especializan. Pueden estudiar para enseñar una materia especial, como ciencias sociales.

Repaso ¿Por qué se especializan los productores?

La libre empresa

En Estados Unidos, los productores hacen o fabrican casi todo lo que se les ocurre. Si la ley lo permite, los productores pueden tener la empresa que quieran. Igualmente, los consumidores pueden comprar lo que quieren y pueden pagar.

El derecho de tomar esas decisiones se llama libre empresa. Significa que las personas pueden poseer negocios propios si así lo quieren. Pueden crear nuevos bienes y servicios para ganar dinero.

¿Qué es la oferta?

Los productores tienen libertad para vender lo que quieran y los consumidores tienen libertad para comprar lo que quieran. ¿Qué desean los consumidores? ¿Cuánto pagarán? Los productores deben pensar en todas estas cosas. Entonces hacen una oferta. La **oferta** es la cantidad que los productores están dispuestos a hacer por un precio determinado. Cuando los precios están altos, los productores hacen más cosas. También es posible que ofrezcan más servicios. Cuando los precios están bajos, los productores hacen menos cosas.

idea principal

Libre empresa En Pasadena, California, los productores escogen vender muchos tipos de bienes y servicios a los consumidores.

¿Qué es la demanda?

Los consumidores crean demanda de los bienes y servicios que desean. La **demanda** es la cantidad que los consumidores están dispuestos a comprar por un precio determinado. Cuando los precios están altos, los consumidores compran menos. Cuando los precios están bajos, los consumidores compran más.

Repaso Con precios altos, ¿desearán los consumidores comprar más o menos de un bien o servicio?

Esta niña pensó en la demanda antes de decidir cuántas botellas de agua vender.

Repaso de la lección

1. **VOCABULARIO** Escoge la palabra correcta para completar la oración.
   oferta demanda
   La ______ de un producto es la cantidad que los consumidores están dispuestos a comprar.

2. **DESTREZA DE LECTURA** ¿Cuál es el **efecto** sobre los consumidores cuando sube el precio de un producto que ellos desean?

3. **IDEA PRINCIPAL: Economía** ¿Qué hacen los productores?

4. **IDEA PRINCIPAL: Economía** Cuando los precios están bajos, ¿los productores hacen más o menos cantidad de su producto? Explica tu respuesta.

5. **RAZONAMIENTO CRÍTICO: Analizar** Si fueras productor, ¿qué te haría decidirte a crear una mayor oferta de tu producto?

ESCRITURA Piensa en los productores sobre los que has leído. Escribe una canción acerca de uno de ellos en la que digas lo que hace esa persona.

Economía

El precio del jugo

A veces los precios suben. A veces bajan. ¿Por qué cambian los precios? Los precios cambian cuando los consumidores desean comprar más o menos cantidad de algo. Los precios también cambian cuando los productores deciden hacer más o menos cantidad de algo.

Oferta

Un día, Jay y Lia decidieron vender jugo. Jay escogió vender el suyo por un dólar. Lia escogió vender su jugo por diez centavos. Jay preparó mucho jugo. Lia no hizo tanta cantidad.

Demanda

Al precio de un dólar, pocos consumidores estaban dispuestos a comprar jugo. Muchos consumidores deseaban el jugo de diez centavos. Lia no tenía suficiente jugo para todos los que lo deseaban.

Jay no vendía jugo y no ganaba dinero. Lia vendió tanto jugo que se le acabó. Pero su precio era tan bajo que no ganó mucho dinero. Jay y Lia se preguntaron a sí mismos: ¿Cuánto jugo compraría la mayoría de los consumidores por el precio más alto?

¡Conclúyelo!

Para vender jugo a un mejor precio, Jay y Lia equilibraron la **oferta** y la **demanda**. Encontraron el precio más alto por el que la mayoría de los consumidores compraría jugo.

Actividades

1. **REPRESÉNTALO** Representa las tres escenas acerca de la oferta y la demanda.
2. **ESCRÍBELO** Escribe acerca de un producto que te gustaría vender. ¿A qué precio te gustaría venderlo? ¿Por qué?

Lección central 2

Hacer los bienes

▶ **VOCABULARIO**

recursos humanos
recursos capitales
fábrica
cadena de ensamblaje

DESTREZA DE LECTURA
Secuencia A medida que lees, anota en orden cada paso numerado que se necesita para fabricar un par de jeans.

1	
2	
3	
4	

Desarrolla lo que sabes ¿Tienes unos jeans azules? A millones de personas en todo el mundo les encanta usarlos. Pueden ser necesarios muchos productores, trabajando juntos, para fabricar jeans azules.

Usar los recursos

idea principal

Para hacer productos como los jeans, la gente usa tres tipos de recursos. El primero, los recursos naturales, se encuentran en la naturaleza. El suelo, el sol y el agua son recursos naturales. Los agricultores los usan para cultivar algodón, que se usa para hacer los jeans. El algodón se cultiva en el sur y el oeste de Estados Unidos y en otros países.

Otros recursos

El segundo tipo de recursos que usan los productores son los recursos humanos. Los **recursos humanos** son las destrezas, los conocimientos y el esfuerzo que la gente trae a su trabajo. La gente aumenta sus propios recursos humanos con una buena educación. El tercer recurso que la gente usa para hacer productos se llama recursos capitales. Los **recursos capitales** son cosas hechas por personas que ayudan a los trabajadores a hacer bienes o prestar servicios. Las máquinas y edificios son ejemplos de recursos capitales. La ilustración de abajo muestra cómo la gente usa los tres tipos de recursos para recolectar el algodón.

Repaso ¿Cuáles son los tres recursos que se necesitan para hacer los jeans?

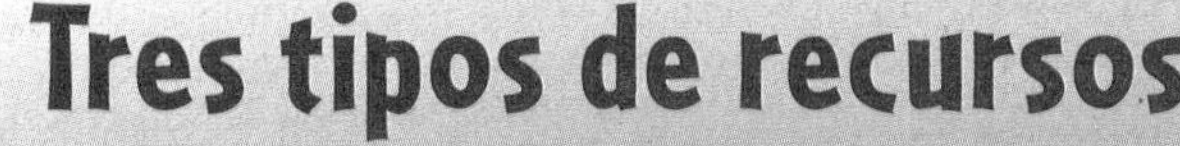

Recursos humanos
El trabajo y las destrezas de la gente, como este conductor, son recursos humanos.

Recursos naturales
El agua y el suelo usados para cultivar las plantas de algodón.

Recursos capitales
Una cosechadora de fibra es una máquina usada para recoger algodón.

Del algodón a los jeans

Después de que los trabajadores recogen el algodón, lo envían a una **fábrica**. Una fábrica es un edificio donde los trabajadores pueden fabricar bienes. Los trabajadores siguen pasos para fabricar productos como los jeans.

Paso 1 Limpieza e hilado

En la fábrica, los trabajadores usan máquinas para limpiar el algodón. Luego, otros trabajadores usan máquinas para convertir el algodón en hilo.

1

Paso 2 Teñido y tejido

Luego, los trabajadores tiñen el hilo de azul. Usan máquinas grandes llamadas telares para tejer el hilo hasta hacer una tela. Las empresas que hacen los jeans compran la tela teñida. Envían la tela a otra fábrica.

2

Paso 3 Corte y costura

Luego, las máquinas cortan la tela en piezas. Después, las personas en la cadena de ensamblaje cosen las piezas para unirlas. Una **cadena de ensamblaje** es un equipo de trabajadores especializados. Juntos, siguen pasos para hacer un producto. Una cadena de ensamblaje puede producir bienes rápidamente y a bajo costo. Cada trabajador realiza sólo un paso y después pasa el producto a la siguiente persona.

3

Paso
4 Pasos finales

Después de la cadena de ensamblaje, los trabajadores empacan los jeans y los cargan en un avión. El avión los lleva a ciudades de todo el mundo. Luego, se envían en camiones a las tiendas. Finalmente, los jeans están disponibles para que tú los compres.

Repaso ¿Por qué usan algunos productores cadenas de ensamblaje para hacer los bienes?

Repaso de la lección

1. **VOCABULARIO** Escribe una oración usando **fábrica** y **cadena de ensamblaje.** Explica dónde se hacen bienes como los jeans.

2. **DESTREZA DE LECTURA** Fíjate en tu lista. ¿Qué pasaría si trataras de hacer los pasos 3 y 4 sin seguir el orden?

3. **IDEA PRINCIPAL: Economía** Nombra dos ejemplos de un recurso capital.

4. **IDEA PRINCIPAL: Economía** ¿Por qué siguen pasos los trabajadores para hacer productos?

5. **RAZONAMIENTO CRÍTICO: Comparar y contrastar** Explica por qué los trabajadores de una cadena de ensamblaje pueden producir bienes más rápido que una persona que trabaja sola.

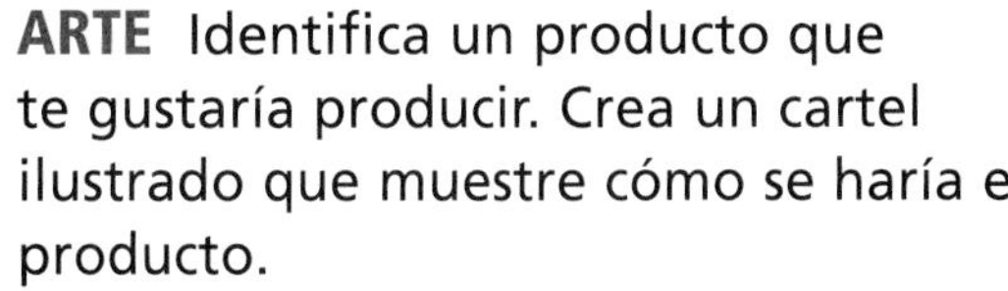

ARTE Identifica un producto que te gustaría producir. Crea un cartel ilustrado que muestre cómo se haría el producto.

¡Hacerlo bien!

¿Alguna vez has pensado en cómo hacer mejor un producto? Si es así, tienes algo en común con dos empresarios famosos. Tanto Henry Ford como la señora C.J. Walker empezaron con una idea. Terminaron con grandes negocios y montones de dinero.

Henry Ford

(1863–1947)

Cuando Henry Ford comenzó la Ford Motor Company, tenía una gran idea. En 1900, un automóvil costaba unos $1,550. A ese precio, pocas personas podían comprar autos. La idea de Ford era hacer automóviles que mucha más gente pudiera comprar.

Ford usó **cadenas de ensamblaje** para hacer autos más baratos. Sin las cadenas de ensamblaje, los trabajadores necesitaban doce horas y media para hacer un auto. Las líneas de montaje de Ford podían producir un auto en una hora y media.

Como los trabajadores armaban más automóviles cada día, el costo de hacerlos bajó. Ford bajó el precio de sus autos. Para 1927, Ford vendía su auto más popular, el modelo T, en $290.

La señora C.J. Walker

(1867–1919)

La señora C.J. Walker fue la primera mujer afroamericana de Estados Unidos en ganarse un millón de dólares. ¿Cómo lo logró?

Walker deseaba tener mejores productos para el cuidado del cabello. Pensó que otras mujeres afroamericanas también los deseaban. Por eso inventó nuevos productos, como la loción *Wonderful Hair Grower* y el champú *Vegetable*. Luego empezó su propio negocio para venderlos en todo el país. En 1908, estableció un centro de capacitación en Pittsburgh, Pennsylvania, para enseñar a la gente a vender sus productos. La compañía de Walker creció y su fama y fortuna también crecieron.

Actividades

1. **COMÉNTALO** ¿De qué manera demostraron Henry Ford y la señora C.J. Walker **valor** al empezar nuevos negocios?

2. **GRAFÍCALO** Haz una gráfica lineal que muestre el cambio en el costo de los automóviles desde 1900 hasta 1927.

Tecnología Para leer otras biografías, visita Education Place. www.eduplace.com/kids/hmss/

Gráficas y tablas
Destrezas

Desarrollar destrezas

Usar un diagrama de flujo

▶ VOCABULARIO
diagrama de flujo

En la Lección 2, aprendiste cómo se hacen los jeans. Podrías mostrar ese proceso en un diagrama de flujo. Un diagrama de flujo es un diagrama que muestra cómo se hace algo. Un diagrama de flujo usa palabras, dibujos y flechas para mostrar cada paso en el orden correcto.

Aprende la destreza

Paso 1: Lee el título del diagrama de flujo para investigar el asunto.

Paso 2: Busca números y flechas que indiquen el orden de los pasos.

Paso 3: Lee los rótulos y fíjate en los dibujos para entender cada paso.

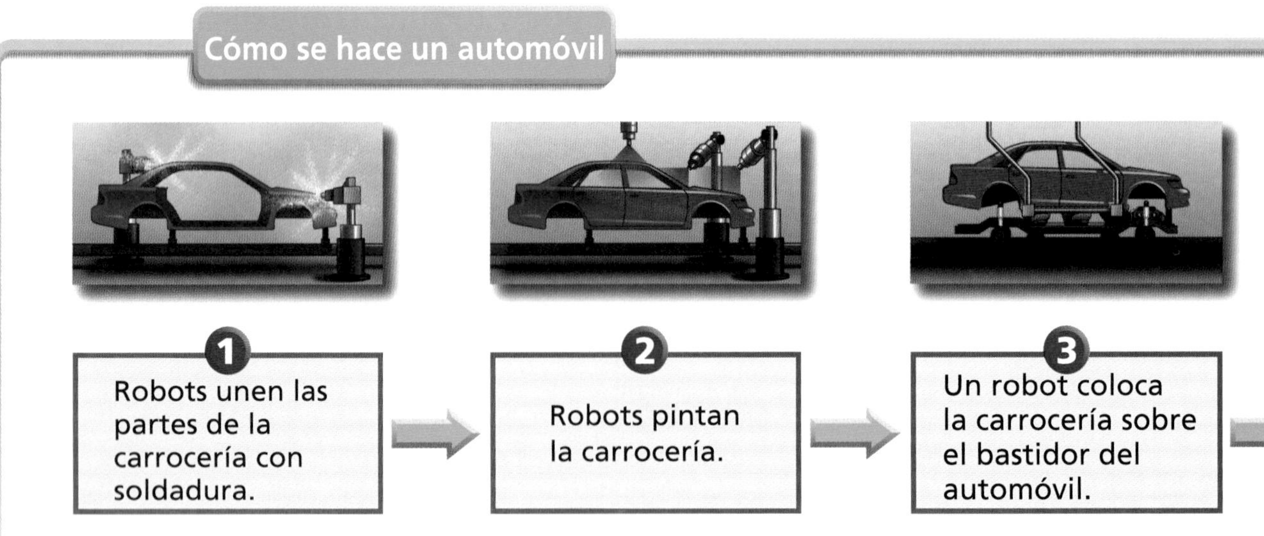

Practica la destreza

Usa el diagrama de flujo de abajo para responder a estas preguntas.

1. ¿Qué te dicen el título, rótulos y dibujos acerca del asunto del diagrama de flujo?
2. ¿Cuántos pasos se muestran en el diagrama de flujo?
3. ¿Qué paso viene después de pintar la carrocería del automóvil?
4. ¿Por qué es importante seguir los pasos en orden?

Aplica la destreza

Piensa en un juego, afición o tarea, como bañar a una mascota o preparar un bocadillo. Crea un diagrama de flujo sencillo para mostrar cómo se hace la actividad. Haz dibujos y ponle rótulos y un título. Numera los pasos y usa flechas.

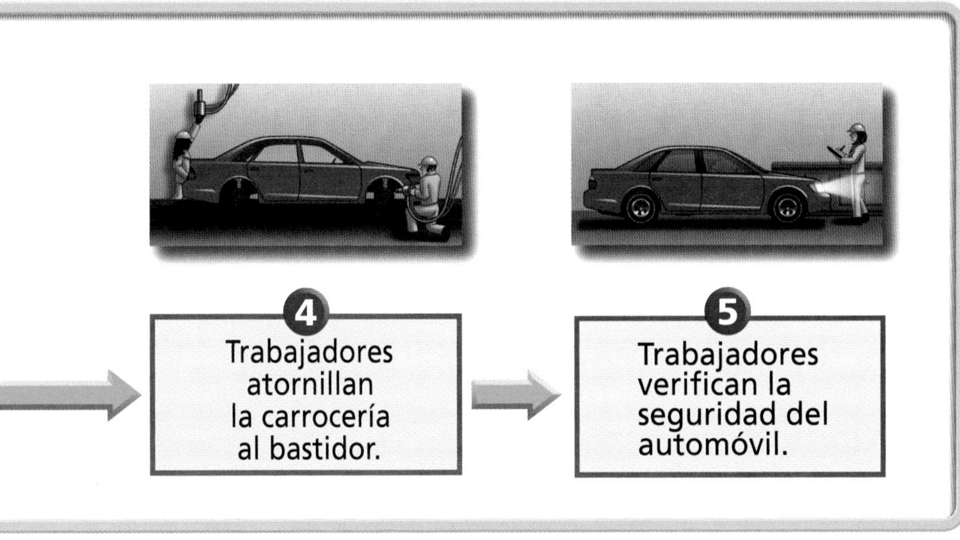

Lección central 3

CONEXIÓN CON EL MUNDO

El comercio en el mundo

VOCABULARIO

mercado
importar
exportar
industria

DESTREZA DE LECTURA
Problema y solución
A medida que lees, fíjate en cómo los países resuelven el problema de conseguir los bienes que ellos mismos no pueden producir.

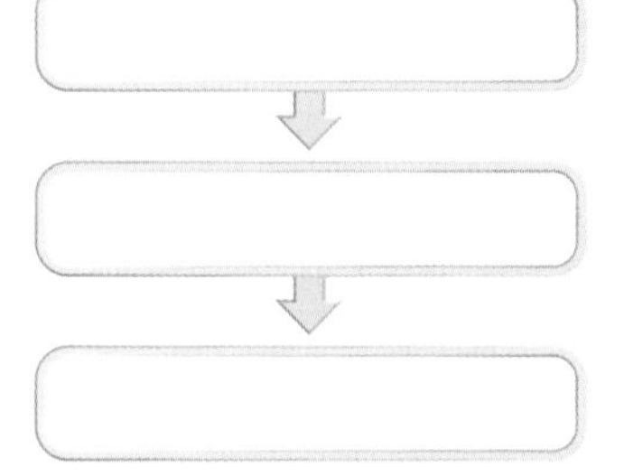

Desarrolla lo que sabes ¿Te gustan las bananas? Si es así, no eres el único. Las bananas son una fruta muy popular. ¿De dónde obtienen las tiendas en Estados Unidos la mayor parte de sus bananas? Las obtienen de otros países.

Comercio internacional

La gente de este país come millones de bananas cada año. Para cubrir esta demanda, algunas compañías estadounidenses comercian con productores de bananas en Ecuador. El comercio ayuda a ambos países. Las personas de países diferentes suelen comerciar entre ellas para comprar y vender bienes a un costo más bajo. Buscan un **mercado** que compre o venda lo que desean. Un mercado es un lugar donde la gente compra y vende bienes.

Los países comercian bienes que están en demanda, como las bananas.

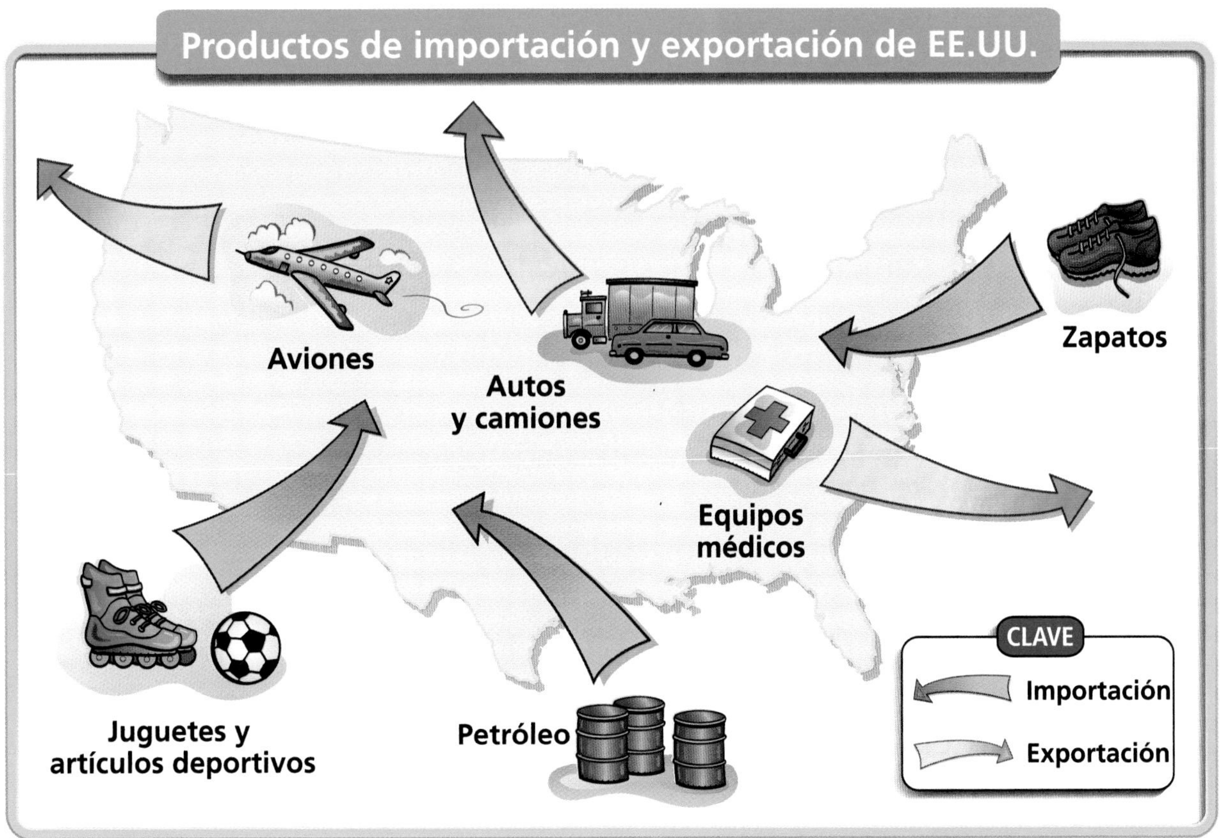

DESTREZA **Leer mapas** Nombra tres bienes que exporta Estados Unidos.

Importación de bienes

Además de bananas, Estados Unidos importa muchos otros tipos de bienes. **Importar** significa comprar bienes o servicios a vendedores en otros países. La importación da a los consumidores la oportunidad de comprar algunos bienes a menor costo. También les da más opciones de qué cosas comprar.

Exportación de bienes

Los países también exportan bienes y servicios. **Exportar** significa vender bienes o servicios a gente en otro país. La exportación ayuda a los productores a vender más bienes y servicios de los que podrían vender en su propio país solamente. Por ejemplo, Estados Unidos cultiva mucho trigo. Usa aproximadamente la mitad de lo que cultiva y exporta el resto.

Repaso ¿Por qué exportan bienes las compañías de EE.UU.?

Socios comerciales

Cuando dos o más países dependen entre sí para el comercio, se convierten en socios comerciales. Luego trabajan para aumentar el comercio entre ellos. Estados Unidos tiene muchos socios comerciales. Uno de nuestros socios comerciales más importantes es China.

idea principal

En China viven más de mil millones de personas. La gente de China y Estados Unidos importa y exporta bienes mutuamente. Barcos y aviones ayudan a trasladar estos bienes entre los dos países.

El comercio entre China y Estados Unidos ayuda a ambos países. Cuando las compañías estadounidenses y chinas exportan bienes y servicios, ganan más dinero del que podrían ganar en sus países solamente. Cuando estas compañías importan bienes y servicios, los consumidores de Estados Unidos y China se benefician porque tienen más opciones.

Comercio de bienes en China El puerto de Shanghai, China, recibe bienes de todas partes del mundo.

Productos chinos

China exporta productos provenientes de muchas industrias diferentes. Una **industria** es toda la gente y compañías que venden bienes o servicios similares. Por ejemplo, los fabricantes de juguetes son parte de la industria del juguete de China. Las compañías que se especializan en exportar juguetes también lo son. Algunas de las otras industrias de China son el hierro y acero, carbón, maquinaria, vestido, calzado, juguetes, automóviles y aparatos electrónicos.

Repaso ¿Por qué es China un socio comercial importante de Estados Unidos?

Trabajadores chinos cargan bienes.

Repaso de la lección

1. **VOCABULARIO** Escribe un párrafo corto para explicar por qué los países **importan** y **exportan**.
2. **DESTREZA DE LECTURA** ¿De qué manera es el comercio una **solución** para países que desean bienes de otros lugares?
3. **IDEA PRINCIPAL: Economía** ¿Por qué importan y exportan bienes los países?
4. **IDEA PRINCIPAL: Economía** ¿Qué son dos cosas que China y Estados Unidos hacen como socios comerciales?
5. **RAZONAMIENTO CRÍTICO: Predecir resultados** ¿Qué pasaría si se detuviera el comercio con otros países?

MAPA Revisa las etiquetas de tu ropa para ver dónde fue hecha. Haz una lista de los países. En un globo terráqueo, halla cada país de tu lista.

Economía

Una bicicleta de China

Mucha gente viaja en bicicleta, ¿pero sabías que las bicicletas también se van de viaje? Las bicicletas hechas en China viajan en barco miles de millas a través de océanos. Viajan en camiones hasta las tiendas de todo el país. Luego, cuando alguien la compra, la bicicleta puede viajar en automóvil hasta la casa.

Sigue el camino de una bicicleta desde Wuxi, China, hasta Boston, Massachusetts.

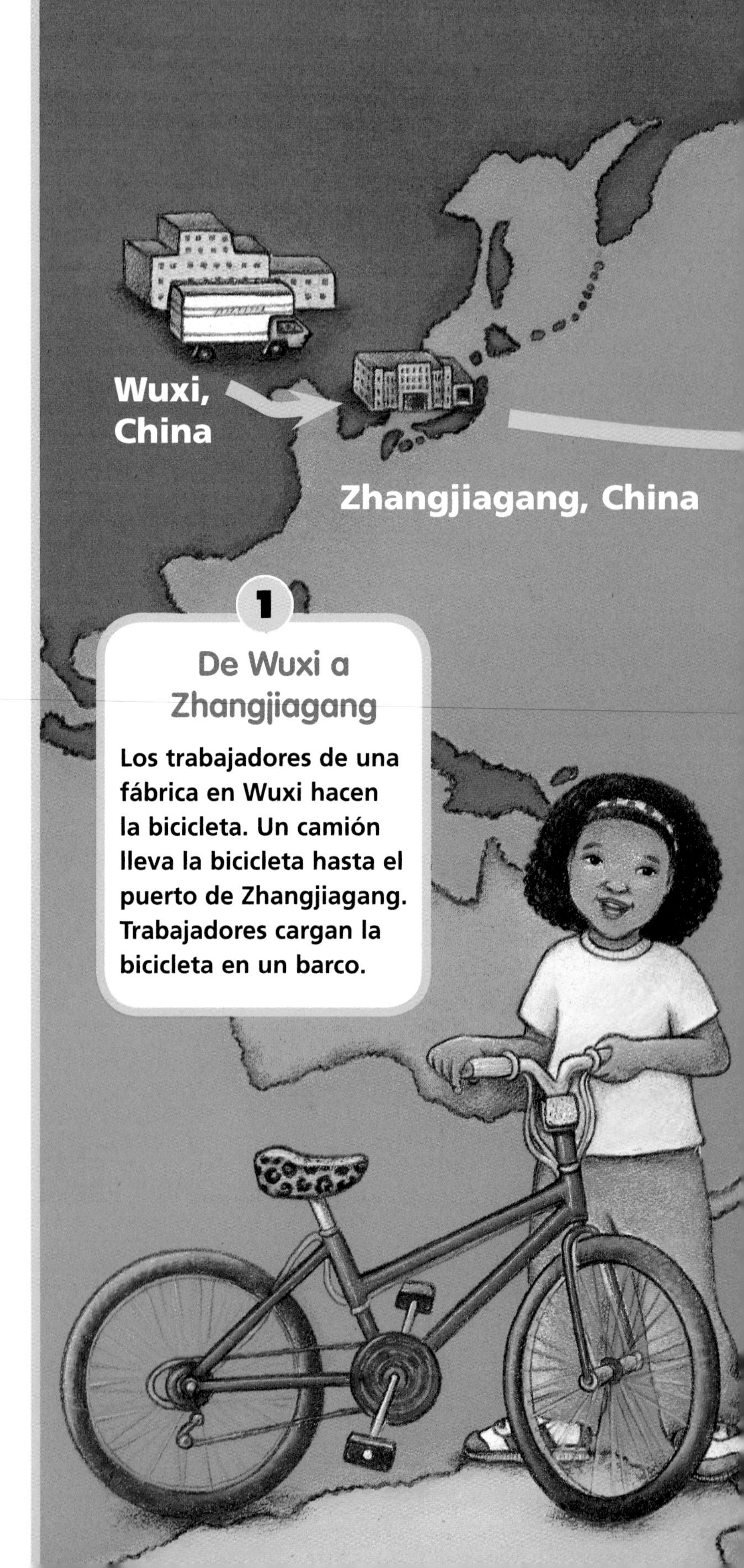

1

De Wuxi a Zhangjiagang

Los trabajadores de una fábrica en Wuxi hacen la bicicleta. Un camión lleva la bicicleta hasta el puerto de Zhangjiagang. Trabajadores cargan la bicicleta en un barco.

ECONOMÍA

2

A través del Pacífico hasta Seattle

El barco navega a través del océano Pacífico hasta el puerto de Seattle, Washington.

3

Llegada a Seattle

En Seattle, los trabajadores descargan la bicicleta del barco. Luego la cargan en un camión.

4

De Seattle a Boston

El camión transporta la bicicleta a una tienda en Boston, Massachusetts. Un consumidor compra la bicicleta en la tienda.

OCÉANO PACÍFICO

Actividades

1. **PIÉNSALO** Si alguien en Boston envía su bicicleta de regreso a la fábrica en Wuxi, ¿qué ruta podría seguir la bicicleta?

2. **HAZ UNA TABLA** Haz una tabla que muestre tres productos diferentes y el país en el que se hace cada uno. Lee la etiqueta del producto para saber de dónde viene.

Capítulo 10 Repaso y Preparación para pruebas

Resumen visual

1–3. Escribe una descripción de cada elemento mencionado abajo.

Bienes y servicios

Productor

____

____

Cadena de ensamblaje

____

____

Socios comerciales

____

____

Hechos e ideas principales

Responde a cada pregunta.

4. **Economía** ¿Por qué dependen entre sí los productores y los consumidores?
5. **Economía** ¿Qué es la libre empresa?
6. **Economía** Nombra tres tipos de recursos que usan los productores.
7. **Geografía** ¿Cuál es la diferencia entre un producto de importación y uno exportación?

Vocabulario

Elige la palabra correcta de la lista de abajo para completar cada oración.

oferta, pág. 288
demanda, pág. 289
industria, pág. 303

8. Tanto los agricultores como los cocineros trabajan en la ______ de los alimentos.
9. Si el precio de un bien está muy alto, la ______ puede ser baja.
10. Un productor aumenta la ______ de bienes si los precios son altos.

Aplicar destrezas

Usar un diagrama de flujo Usa el diagrama de flujo de abajo y lo que has aprendido acerca de los diagramas de flujo para responder a cada pregunta.

Cómo recubrir pastelitos horneados

1. Pon los pastelitos en un plato.
2. Busca un cuchillo para mantequilla.
3. Abre una lata de cobertura dulce.
4. Con el cuchillo, extiende la cobertura sobre el pastelito.

11. ¿Qué paso viene después de poner los pastelitos en un plato?

12. ¿Qué pasaría si saltas el paso 4?

A. No podrías abrir la lata de cobertura dulce.
B. No podrías recubrir los pastelitos.
C. No podrías encontrar el cuchillo para mantequilla.
D. No podrías poner los pastelitos en un plato.

Razonamiento crítico

Escribe un párrafo corto para responder a cada pregunta de abajo. Usa detalles para apoyar tu respuesta.

13. Causa y efecto ¿Qué puede pasar cuando un productor le pone a su producto un precio muy alto o muy bajo?

14. Resumir ¿De qué manera se benefician los países al comerciar con otros países?

15. Analizar ¿De qué manera puede ayudarte tu trabajo en la escuela a ser un trabajador especializado en el futuro?

Actividades

Arte Haz un diagrama de flujo que muestre cómo se usa un recurso natural para hacer un producto. Termínalo con un consumidor que usa el producto.

Escritura Escribe una serie corta de instrucciones numeradas para indicar a alguien cómo preparar un tazón de palomitas de maíz.

Tecnología

Consejos para el proceso de escritura
Busca ayuda para tus instrucciones en:
www.eduplace.com/kids/hmss/

Cuaderno comunitario
LA ECONOMÍA

La economía del lugar donde vives

¿Qué trabajos hace la gente en tu comunidad? ¿Qué bienes y servicios venden los productores? ¿Qué recursos naturales, capitales y humanos usan? Las respuestas a estas preguntas hablan acerca de la economía del lugar donde vives.

¡Descúbrelo!

Los bancos en las comunidades locales son parte de la economía.

Explora tu economía local.

- **Empieza por lo que tú mismo puedes ver.**
  Haz una lista de los trabajos y negocios que ves o de los que sabes.

- **Pregunta en la Cámara de Comercio.**
  ¿Cuáles son las industrias más grandes en tu comunidad?

- **Entrevista a un trabajador.**
  Hazle preguntas a un adulto para investigar sobre su trabajo. ¿Ha cambiado con el tiempo?

- **Entrevista a una persona de un banco local.**
  Descubre cómo se abre una cuenta de ahorros.

Usa tu cuaderno comunitario para organizar la información que encuentras.

UNIDAD 5

Repaso y Preparación para pruebas

Vocabulario e ideas principales

Escribe una oración para responder a cada pregunta.

1. ¿Para qué podría una persona tener un **presupuesto**?
2. ¿Cuál es el **costo de oportunidad** cuando una persona escoge comprar un libro en vez de un CD?
3. ¿Cuáles son algunos de los **recursos capitales** que se necesitan para hacer bienes?
4. ¿Por qué desearían los consumidores que su país **importe** más bienes?

Razonamiento crítico

Escribe una respuesta corta para cada pregunta. Usa detalles para apoyar tu respuesta.

5. Tomar decisiones ¿Por qué podría alguien decidir comprar un bien en vez de otro?
6. Resumir ¿Qué pasos se necesitan para hacer los jeans?

Aplicar destrezas

Usa el diagrama de flujo de abajo para responder a cada pregunta.

Cómo llega la leche a la tienda

1. El granjero ordeña la leche.
2. La leche va en camión a la fábrica.
3. La leche es procesada y empacada en envases de cartón y jarras.
4. La leche va en camión a la tienda.

7. ¿Qué paso viene después de que la leche va en camión a la fábrica?
8. ¿Cómo llega la leche desde la fábrica hasta la tienda?

   A. por avión
   B. por barco
   C. por camión
   D. por automóvil

Actividad de la unidad

Crea un collage de "necesidades y deseos"

- Trae ejemplares de periódicos o revistas.
- Recorta fotografías y anuncios de cosas que la gente necesita y cosas que la gente desea.
- Pega los recortes con cinta adhesiva o pegamento en dos hojas de papel, uno para cada categoría.

En la biblioteca

Busca este libro en la biblioteca pública o en la de tu escuela.

A Basket of Bangles
por Ginger Howard

Sufiya y sus cuatro amigas cambian sus vidas al empezar sus propios negocios en Bangladesh.

WEEKLY READER

Sucesos actuales

Conectar con la economía

Haz un diagrama de flujo que muestre los pasos para hacer un producto.

- Halla artículos que expliquen cómo se hacen productos.
- Escoge un producto y menciona los principales pasos que se necesitan para hacerlo.
- Crea un diagrama de flujo que muestre los pasos. Ilústralo y ponle rótulos.

Tecnología
Busca en Weekly Reader artículos de ciencias sociales. Visita:
www.eduplace.com/kids/hmss/

Léelo

Busca estos libros para lectura independiente de ciencias sociales en tu salón de clases.

UNIDAD 6

Celebrar a la gente y las culturas

La gran idea

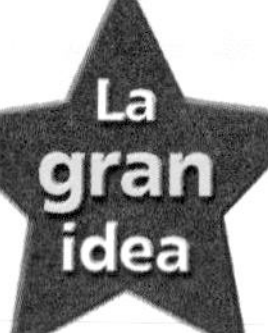

¿De qué maneras son todas las personas iguales?

"Todos vivimos con el objetivo de ser felices; nuestras vidas son todas diferentes y al mismo tiempo iguales".

del Diario de Anne Frank, por Anne Frank

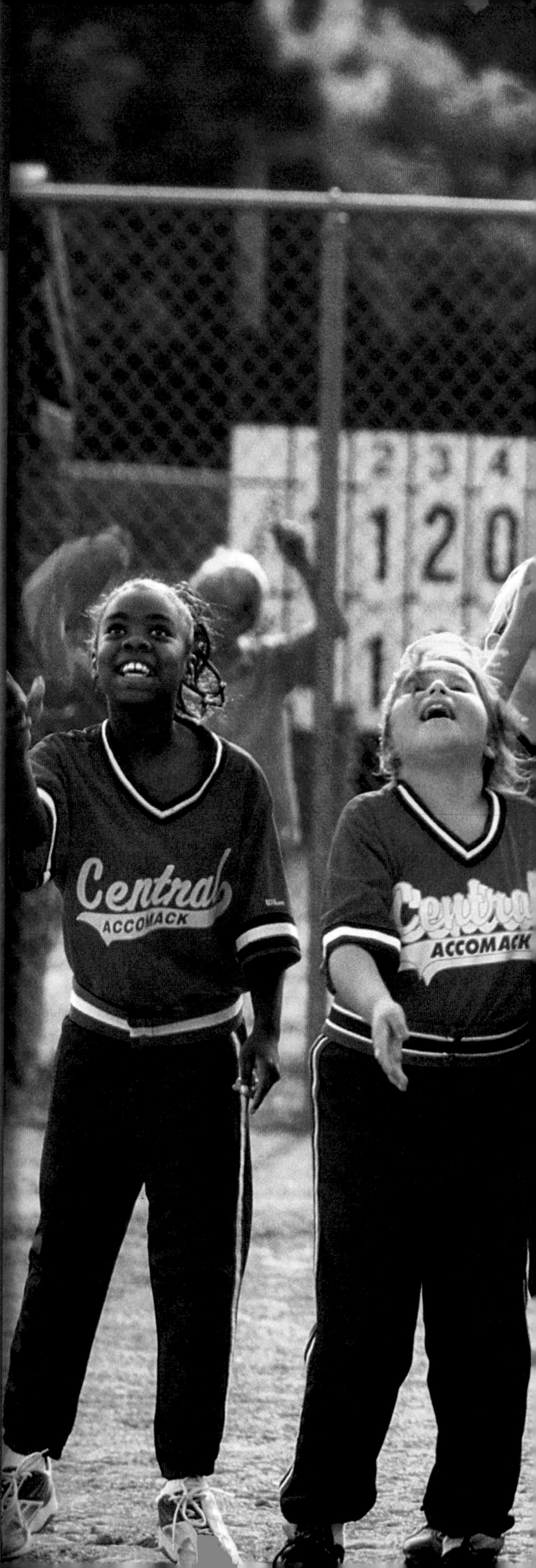

Central
Accomack

UNIDAD 6

Almanaque

Monumentos nacionales

OCÉANO ÁRTICO

km 0 300
mi 0 300

Monumento Nacional de Aniakchak

OCÉANO PACÍFICO

Río Columbia

Monumento Nacional Hanford Reach

Río Missouri

Monumento Nacional Grand Portage

Cráteres de la Luna

Effigy Mounds

Muir Woods

OCÉANO PACÍFICO

Río Colorado

Río Arkansas

Cañones de los Antiguos

Monumento Nacional Navajo

Monumento Nacional George Washington Carver

Monumento Nacional Cabrillo

km 0 50 100
mi 0 50 100

OCÉANO PACÍFICO

N NE E SE S SO O NO

Río Grande

MÉXICO

Vistazo a la unidad

Leyendas
Johnny Appleseed
Capítulo 11, página 319

La escuela en Rusia
Costumbres que tienen los estudiantes
Capítulo 11, página 328

Constumbres de días festivos
El Año Nuevo chino
Capítulo 12, página 339

CANADÁ
L. Superior
L. Michigan
L. Hurón
L. Ontario
L. Erie
Estatua de la Libertad
Monumento Nacional President Lincoln and Soldier's Home
Río Ohio
Monumento Nacional Booker T. Washington
Río Mississippi
OCÉANO ATLÁNTICO
Fuerte Pulaski
Poverty Point
Castillo de San Marcos
Golfo de México
km 0 150 300
mi 0 150 300

Héroes de la historia
Harriet Tubman
Capítulo 12, página 352

Conectar con

la nación

Idiomas en EE.UU., 2000

Más de 231 millones de personas en Estados Unidos hablaban inglés como su primer idioma.

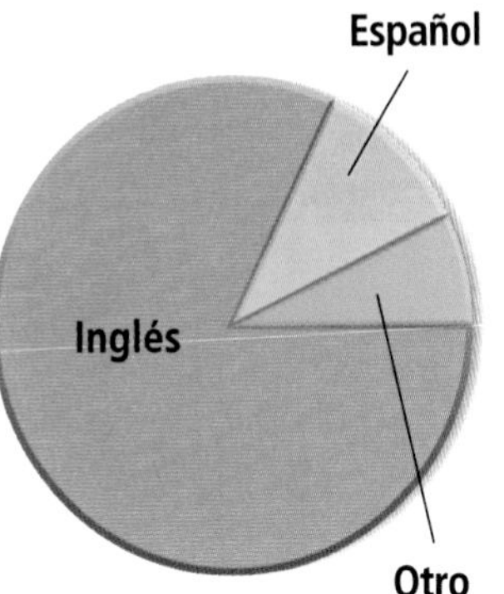

¿Cuál es el segundo idioma más hablado comúnmente en Estados Unidos?

Préstamo de palabras

Español	Árabe	Francés
patio	admiral	blonde
mosquito	safari	souvenir

El inglés estadounidense ha tomado muchas palabras de otros idiomas.

WEEKLY READER
Sucesos actuales

¡Sucesos actuales en Internet!
Lee artículos de ciencias sociales en:
www.eduplace.com/kids/hmss/

Capítulo 11 Vistazo a la cultura

Vistazo al vocabulario

leyenda

La gente de cada lugar tiene sus propias **leyendas**, o historias que han sido contadas desde hace mucho tiempo.
página 319

grupo étnico

En Estados Unidos, la gente viene de muchas culturas y **grupos étnicos** diferentes.
página 321

Estrategia de lectura

Revisar y aclarar Usa esta estrategia para comprobar tu comprensión.

Haz una pausa y vuelve a leer si es necesario.

modales

Saludar a otras personas cortésmente es señal de buenos **modales** en la mayoría de las culturas.
página 328

participar

Al **participar**, o formar parte de una actividad comunitaria, los niños muestran su virtud ciudadana.
página 329

Lección central 1

La cultura en una comunidad

▶ VOCABULARIO

leyenda

grupo étnico

DESTREZA DE LECTURA

Idea principal y detalles

A medida que lees, anota los detalles que indiquen cómo la gente aprende sobre su cultura.

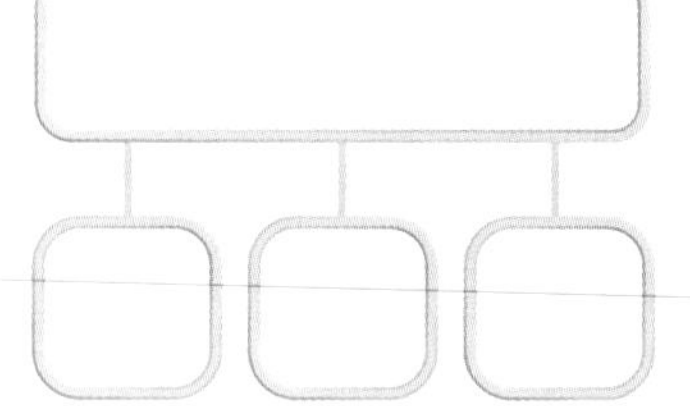

Desarrolla lo que sabes ¿Qué hace la gente de tu comunidad para divertirse? Las cosas que la gente disfruta son parte de su cultura.

Vistazo a la cultura

La cultura es la forma de vivir de la gente en una comunidad. Incluye las ideas, tradiciones e idiomas, religión, gobierno y herencia. La ropa que viste la gente y lo que se aprende en la escuela son parte de la cultura. También lo son el trabajo y las herramientas que se usan. Cada comunidad del mundo tiene una cultura.

Las personas no conocen las formas de su cultura cuando nacen. Las aprenden a medida que crecen. Los niños aprenden su cultura a través de sus familias y su comunidad.

La música que la gente toca o escucha es parte de su cultura.

Cómo saludamos

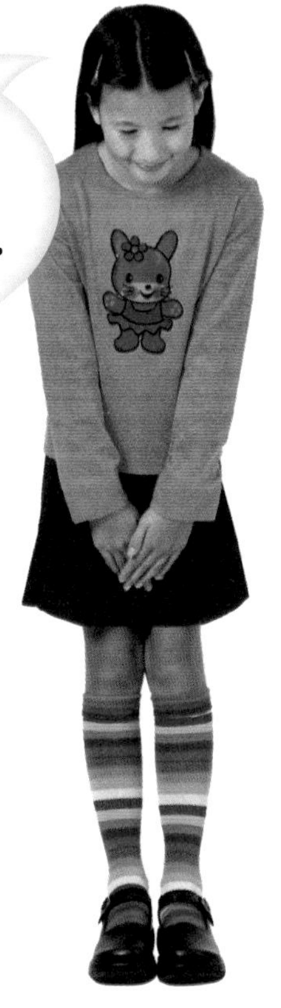

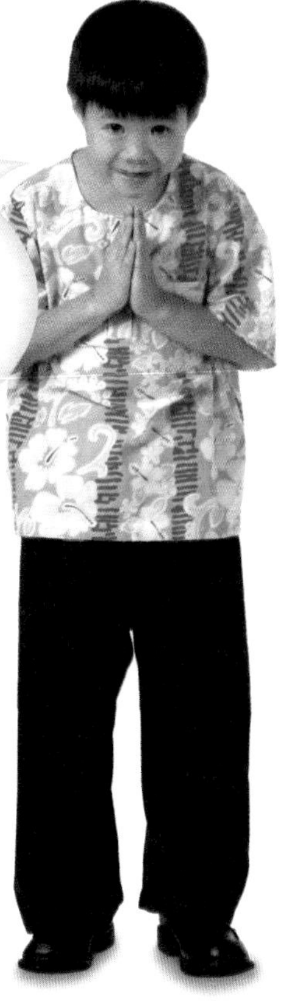

Lecciones de cultura

Las culturas tienen reglas acerca de cómo comportarse. Las reglas en tu cultura pueden ser diferentes de las reglas en otra cultura. Los niños aprenden las reglas de su cultura de otros niños y de los adultos que los rodean.

Otra manera en que los niños y adultos aprenden sobre su cultura es a través de historias llamadas leyendas. Una **leyenda** es una historia que se transmitió de una época anterior. Las leyendas cuentan sobre ideas importantes de un grupo. También cuentan sobre personas del pasado, aunque las historias no siempre son verdaderas.

La leyenda de **Johnny Appleseed** es parte de la herencia estadounidense. Él viajó por todo el país y plantó semillas de manzana. La importancia de ser generoso es uno de los mensajes en la leyenda de Johnny Appleseed.

Repaso ¿De qué manera aprende la gente su cultura?

Diferentes formas de vivir

En todas las culturas la gente tiene las mismas necesidades básicas. La forma en que la gente satisface esas necesidades depende de lo que aprende de su cultura. Por ejemplo, la gente necesita comunicarse. Hay muchas culturas donde la gente usa idiomas diferentes. En Haití, la gente habla francés o criollo haitiano. En Egipto, mucha gente habla árabe.

idea principal

Las personas en todo el mundo también necesitan vivienda. Como los medios ambiente en que viven son diferentes, sus casas o viviendas también son diferentes. En algunas partes de Camboya, la gente construye sus casas sobre pilotes. Eso las mantiene fuera del agua durante la temporada lluviosa. En los lugares secos de Sudán, algunas personas hacen sus casas con ladrillos de lodo secados al sol.

Casas La cultura y la geografía afectan los tipos de casas que construye la gente.

Mezcla de culturas

Estados Unidos es una mezcla de gente de muchas culturas del mundo. Muchas de estas personas continúan siguiendo algunas de las tradiciones de sus grupos étnicos. Un **grupo étnico** es un grupo de gente que tiene su propio idioma y cultura. Muchas culturas étnicas ahora forman parte de nuestra cultura estadounidense. En todo el país, los estadounidenses cenan pizza de Italia. Juegan juegos electrónicos de Japón. Escuchan música de Brasil.

Repaso ¿En qué se parecen las culturas?

Niños de muchas culturas forman parte de nuestra cultura estadounidense.

Repaso de la lección

1. **VOCABULARIO** Usa **leyenda** en una oración acerca de una cultura.
2. **DESTREZA DE LECTURA** Usa los **detalles** que anotaste para escribir una oración en la que digas cómo aprendiste acerca de la cultura estadounidense.
3. **IDEA PRINCIPAL: Cultura** ¿Cuáles son algunas maneras de aprender acerca de las ideas que son importantes en la cultura de Estados Unidos?
4. **IDEA PRINCIPAL: Cultura** ¿Qué necesidades básicas tiene la gente de todas las culturas?
5. **RAZONAMIENTO CRÍTICO: Sintetizar** Describe dos o tres características de la cultura estadounidense.

ESCRITURA Haz una lista de preguntas que podrías hacerle a alguien de un país diferente acerca de su cultura.

¡Johnny Appleseed! ¡Johnny Appleseed!

narrado por Marion Vallat Emrich y George Korson

Las **leyendas** y cuentos populares revelan lo que es importante para una comunidad. En Estados Unidos, una leyenda popular muy conocida cuenta la historia de un hombre llamado Johnny Appleseed. La historia nos enseña sobre la generosidad y la bondad.

De todos los relatos que cuenta la gente de Pennsylvania, tal vez el que gusta más sea la historia de un forastero que llegó a Pittsburgh en el costado de una carreta Conestoga en 1794. Dijo que su nombre era Jonathan Chapman y se construyó una cabaña de troncos en Grant's Hill.

Hay personas que dicen que él contaba en Pittsburgh que había nacido en Boston en el año de la Batalla de Bunker Hill, y que lo primero que habían visto sus ojos de bebé fue una rama de manzano floreada a través de la ventana de su hogar. Si fuera cierto, esa vista debe haber influenciado el resto de su vida porque tan pronto construyó su casa en Pittsburgh plantó un gran manzanar. Allí, en la colina que ahora se conoce como Pittsburgh's Hump, las abejas de las colmenas de Jonathan Chapman hacían miel con las flores de manzano y Jonathan la regalaba a sus vecinos porque, él mismo decía, las abejas no le cobraban nada a él por la miel.

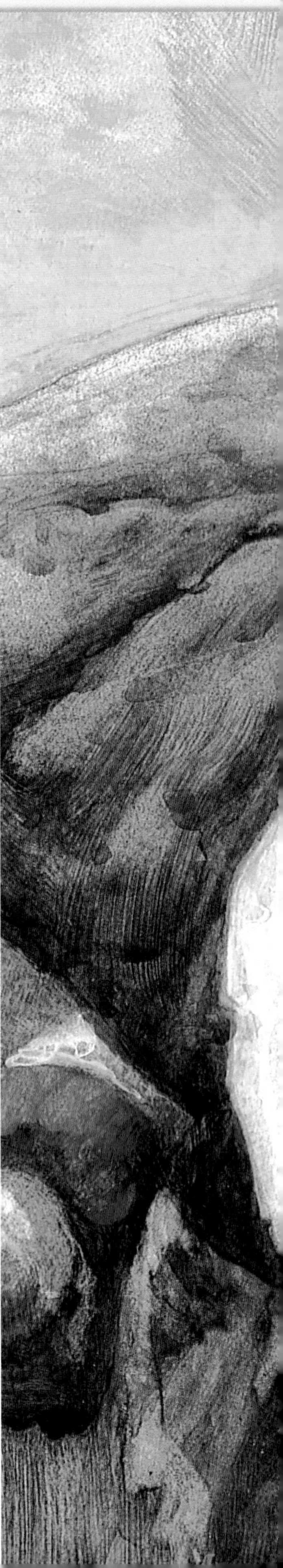

LITERATURA

En los doce años que vivió en Pittsburgh, una idea estuvo dándole vueltas en la cabeza a Jonathan Chapman hasta que se apoderó de él. Llevaría un lote de semillas de manzana a los pioneros que se encontraban en la frontera del Oeste, para que pudieran tener manzanares floridos y llenos de fruta, como el suyo.

Así que en 1806, Jonathan cargó dos canoas con semillas de manzana y se fue por el río Ohio. Cuando llegó a la corriente Muskingum, siguió hasta llegar a White Woman Creek y finalmente terminó en Licking Creek donde su carga de semillas se agotó. Tras él quedaban los agricultores alegres con las semillas—que pronto serían ondulantes manzanares—y hablaban del hombre que las había traído. Lo llamaron Johnny Appleseed.

Johnny regresó a los trapiches de sidra de Pennsylvania a buscar más semillas. Seguían hablando de él en Shadeland y Blooming Valley y Cool Spring: el forastero de ojos azules, con cabello largo hasta los hombros, descalzo y en ropa harapienta. Cuando se le terminó una segunda carga y regresó a Pennsylvania por más semillas, su apariencia había cambiado todavía más. En la cabeza, como sombrero, llevaba una tetera de hojalata, en la cual cocinaba su comida cuando era necesario. Su única vestimenta ahora, tanto en invierno como en verano, era un saco de café al que le había hecho aberturas para los brazos y las piernas.

De la frontera del Oeste llegaban historias extrañas.

Un trampero había visto a Johnny Appleseed jugando con tres cachorros de oso mientras la mamá oso los miraba tranquila.

Johnny Appleseed se orientaba por instinto y nunca llevaba una brújula en los bosques sin caminos.

No sentía frío y podía caminar descalzo con temperaturas por debajo de cero sin congelarse los dedos.

Por dondequiera que andaba Descalzo Johnny, llevaba semillas de manzana.

Pronto, miles de acres de Ohio estaban cubiertos de flores rosadas y las semillas de Pennsylvania habían llegado a las riberas del Wabash. En todas partes Johnny Appleseed era bienvenido por los agricultores agradecidos. Cuando se sentaba a la mesa con ellos, no comía hasta estar seguro de que había suficiente comida para los niños. Su voz, decía un ama de casa, era "fuerte como el rugido del viento y las olas, luego suave y calmante como los aires sedosos que estremecían las hojas de campanilla alrededor de su barba gris".

Los agricultores que tienen manzanares en el sendero marcado por Johnny Appleseed, que abarcó un territorio de cien mil millas cuadradas, lo han bendecido desde entonces. Y también toda la gente de la parte occidental de Pennsylvania, ya que saben que cuando llega la primavera a la tierra conocida como la Región Central, cientos de miles de acres en Ohio e Indiana se teñirán de rosa y blanco con flores de manzano de Pennsylvania.

Actividades

1. **UBÍCALO** ¿Adónde fue Johnny Appleseed? Usa un mapa para ubicar por lo menos tres lugares a los que viajó.
2. **ESCRÍBELO** Escribe una canción acerca de los viajes de Johnny Appleseed. Incluye detalles de la historia.

Lección central 2

▶ **VOCABULARIO**

modales

participar

DESTREZA DE LECTURA

Comparar y contrastar
Haz una lista de las cosas en que se parecen y se diferencian las escuelas de Moscú y las escuelas de aquí.

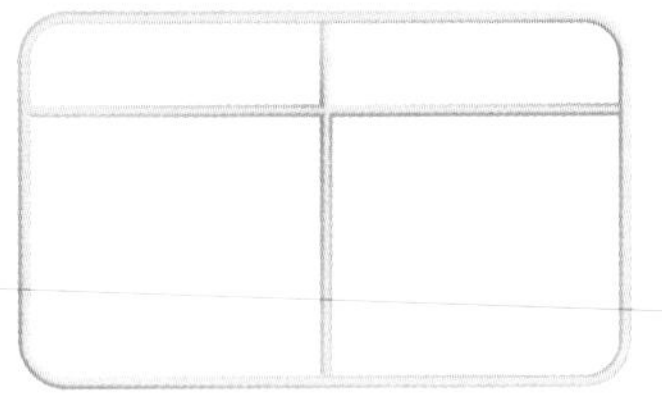

CONEXIÓN CON EL MUNDO

Rusia

Desarrolla lo que sabes ¿Cómo es tu día de escuela? Lees y aprendes sobre ciencias sociales. Almuerzas con tus amigos. Tal vez practicas algún deporte. ¿Cómo sería un día de escuela en un país diferente?

Las escuelas en Moscú

En todo el mundo, la gente va a la escuela. En esta lección, aprenderás lo que significa ser estudiante en Moscú, Rusia. Busca Moscú en el mapa de la siguiente página.

Moscú es la capital de Rusia. Es un centro para las artes, las empresas y el gobierno. La ciudad tiene unas 1,600 escuelas. Las escuelas en Moscú se parecen a la tuya de cierta manera.

Moscú tiene una mezcla de edificios antiguos y nuevos.

DESTREZA Lectura de material visual ¿En qué se parecen y en qué se diferencian este salón de clases y tu salón?

El día de escuela

idea principal

La escuela es tan importante para los rusos como lo es para los estadounidenses. La escuela da a la gente las destrezas para ser buenos ciudadanos y conseguir buenos trabajos. Con capacitación, los estudiantes pueden convertirse en científicos. Pueden convertirse en escritores o ser empresarios.

En Moscú, la mayoría de los niños entre 6 y 17 años de edad va a la escuela. Los estudiantes de los primeros grados terminan las clases a las 12 ó 12:30 p.m. Los estudiantes mayores tienen clases hasta las 3:00 p.m.

Muchos estudiantes rusos estudian mucho matemáticas y ciencias. Los estudiantes más jóvenes aprenden sobre el idioma ruso y estudian cuentos y poemas. También reciben clases de historia y geografía. Los estudiantes interesados en ciertas materias pueden asistir a escuelas especiales. Por ejemplo, los estudiantes de tercer grado que quieren aprender francés o inglés pueden ir a escuelas que ofrecen esas materias.

Repaso ¿Por qué es importante la escuela para la gente en Rusia y Estados Unidos?

Costumbres de la escuela Estos niños rusos juegan durante el receso. Algunos usan libros de texto (derecha) para estudiar escritura.

Costumbres rusas

Algunas costumbres en las escuelas rusas se diferencian de las costumbres en nuestro país. En Moscú, los estudiantes de los primeros grados a menudo comparten los mismos edificios escolares con estudiantes de secundaria. En Estados Unidos, los estudiantes más jóvenes suelen tener sus propias escuelas.

Los inviernos en Moscú son fríos, así que durante el invierno algunos estudiantes no tienen receso en el exterior como hacen muchos estudiantes de aquí. En lugar de eso, los niños en Moscú juegan en grandes patios dentro de sus escuelas.

Algunas costumbres escolares de Rusia tienen que ver con los modales. Tener **modales** significa tratar a otras personas cortésmente. En muchos salones de clases rusos, los estudiantes se ponen de pie cuando un maestro entra al salón. Algunos estudiantes levantan la mano de una manera especial. Dejan el codo sobre el escritorio y levantan solamente la parte de adelante del brazo.

Proyectos de civismo

Los estudiantes en Moscú pueden participar en proyectos especiales. **Participar** significa tomar parte en una cosa. Los proyectos mejoran sus comunidades y sus escuelas. Por ejemplo, los estudiantes podrían plantar árboles y un jardín en su escuela. Cuidar sus escuelas los enseña a ser buenos ciudadanos.

Repaso ¿Cuáles son algunas costumbres de las escuelas rusas?

Plaza Roja, Moscú
Estos estudiantes realizan un viaje para aprender más acerca de la cultura rusa.

Repaso de la lección

1. **VOCABULARIO** Usa **participar** en una oración acerca de tu escuela.
2. **DESTREZA DE LECTURA** ¿De qué manera **contrasta**, o es diferente, tu día de escuela a un día de escuela en Moscú?
3. **IDEA PRINCIPAL: Cultura** Nombra dos costumbres que sean iguales en las escuelas rusas y en tu escuela.
4. **IDEA PRINCIPAL: Cultura** ¿De qué manera participan los estudiantes rusos en proyectos especiales?
5. **RAZONAMIENTO CRÍTICO: Analizar** ¿Cómo ayuda en la escuela que los estudiantes tengan buenos modales en el salón de clases?

DRAMA Prepara una conversación corta entre tú y un estudiante ruso que está de visita en tu salón de clases. Recuerda incluir información acerca de la cultura y costumbres de cada uno.

Lección 2

Geografía

Días largos,   noches cortas

Imagina que juegas corre que te pillo hasta las 9:00 p.m. cuando todavía hay luz afuera. En Moscú puedes hacerlo. Ahí, por más de un mes durante el verano, el sol ilumina el cielo hasta pasadas las nueve de la noche.

¿Qué causa esto? En el espacio, la Tierra está inclinada. Durante el verano, la parte norte del planeta se inclina hacia el Sol. Esto significa que el Sol brilla en el norte durante más horas. Moscú no es el único lugar del norte que tiene largas horas de luz solar en verano. Hay partes de Alaska que están tan al norte que el sol nunca se oculta en el verano.

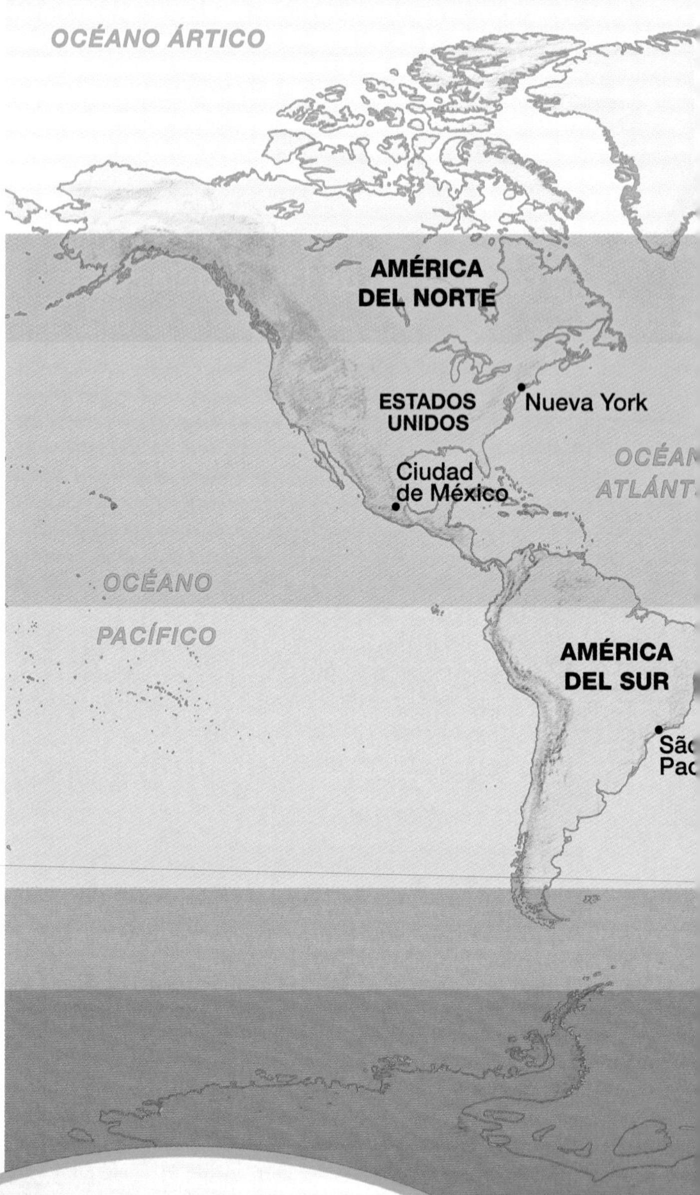

OCÉANO ÁRTICO
AMÉRICA DEL NORTE
ESTADOS UNIDOS
Nueva York
Ciudad de México
OCÉANO PACÍFICO
AMÉRICA DEL SUR

En verano en Moscú, todavía hay luz unas horas después de la puesta del sol.

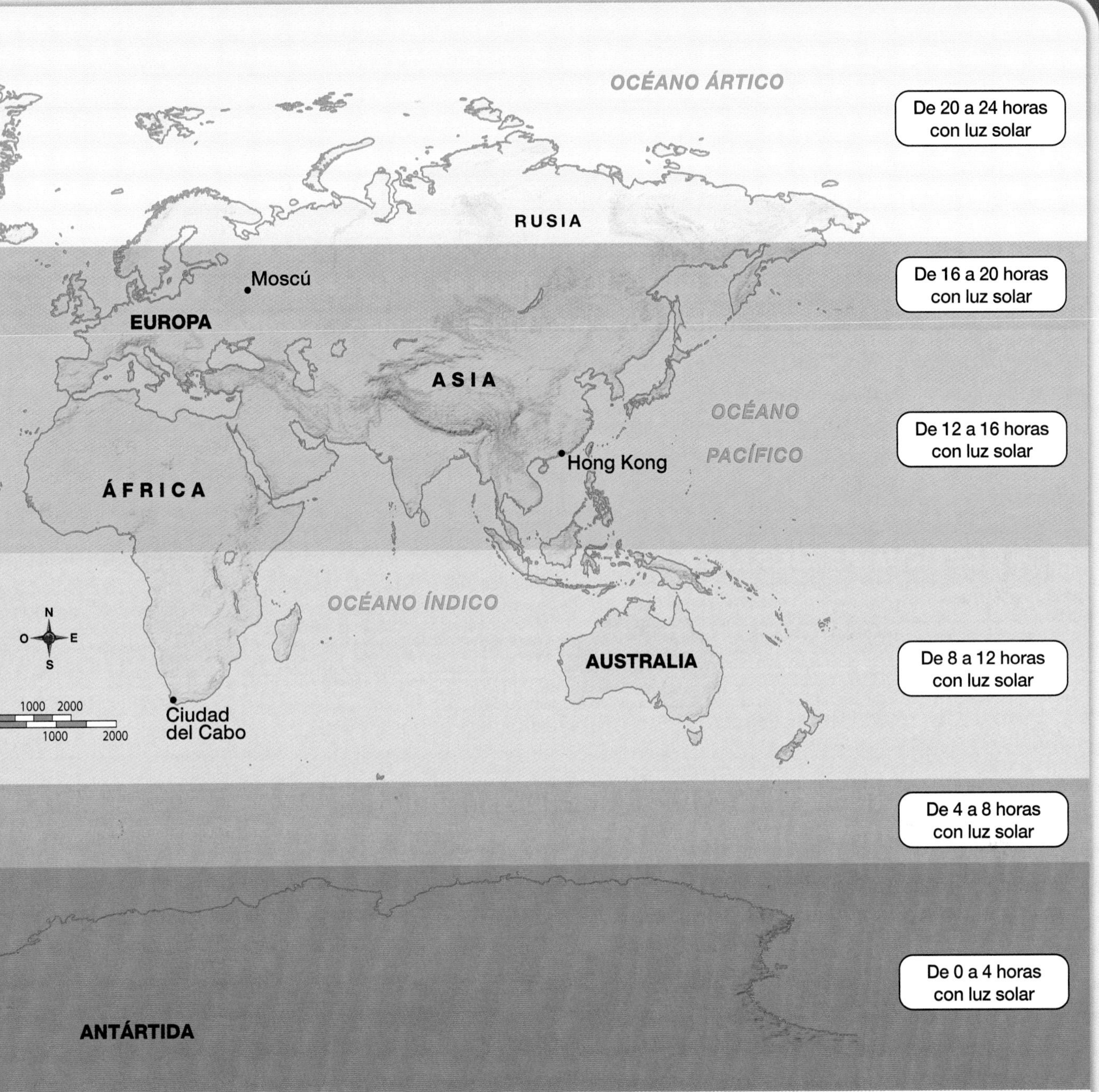

GEOGRAFÍA

Diversión en verano

Este mapa muestra las horas de luz solar en diferentes lugares del mundo el 21 de junio.

Actividades

1. **BÚSCALO** Busca Moscú y otras tres ciudades en el mapa. ¿Cuántas horas de luz solar tienen en comparación con Moscú?

2. **DESCRÍBELO** ¿En qué sería diferente tu vida si vivieras en un lugar donde el Sol nunca se oculta en verano? Describe los pasos que darías para dormirte cuando todavía brilla el sol a la hora de acostarse.

Desarrollar destrezas

Usar la latitud y la longitud

VOCABULARIO

latitud
ecuador
longitud
primer meridiano

¿Cómo puedes explicar a otras personas la ubicación exacta de diferentes lugares de la Tierra? Puedes usar las líneas de latitud y longitud en un mapa o globo terráqueo. Son líneas especiales que forman una cuadrícula en los mapas y globos terráqueos.

Aprende la destreza

Paso 1: Observa el globo terráqueo. Las líneas que cruzan el globo de este a oeste son las líneas de **latitud**. Busca el ecuador. El **ecuador** es una línea de latitud que rodea el globo terráqueo exactamente a la mitad entre los polos norte y sur. Las líneas que quedan al norte del ecuador llevan la letra N. Las líneas que quedan al sur llevan la letra S.

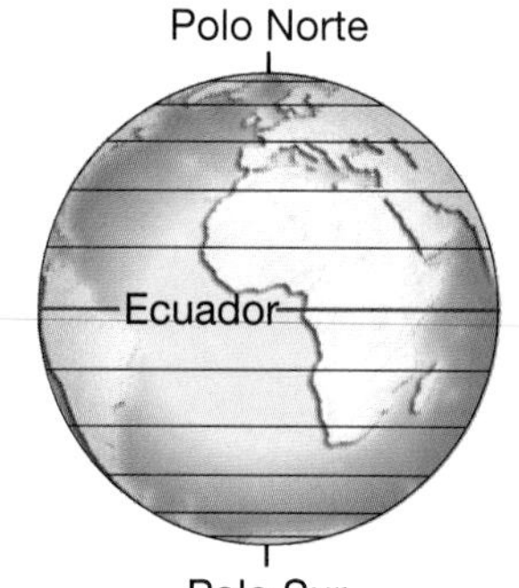

Paso 2: Las líneas que cruzan el globo terráqueo de norte a sur son líneas de **longitud**. Busca el primer meridiano. El **primer meridiano** es una línea de longitud que pasa por Greenwich, Inglaterra. Las líneas de longitud que quedan al este del primer meridiano llevan la letra E. Las que quedan al oeste llevan la letra O.

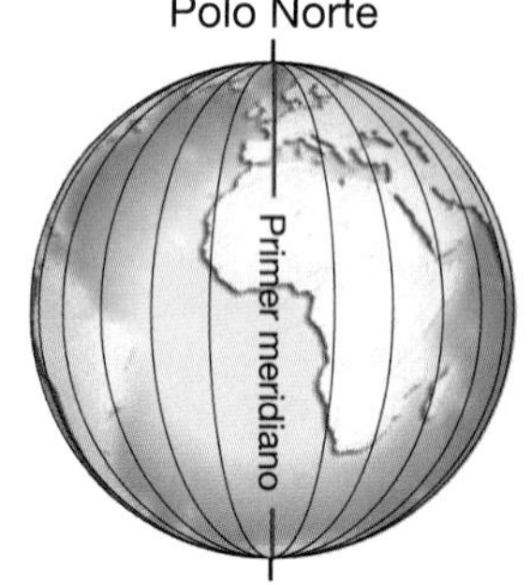

Paso 3: Busca Nueva Orleans, Louisiana, en el mapa. Luego busca las líneas de latitud y longitud más cercanas. La ubicación de Nueva Orleans es 30°N, 90°O. El símbolo ° significa grados.

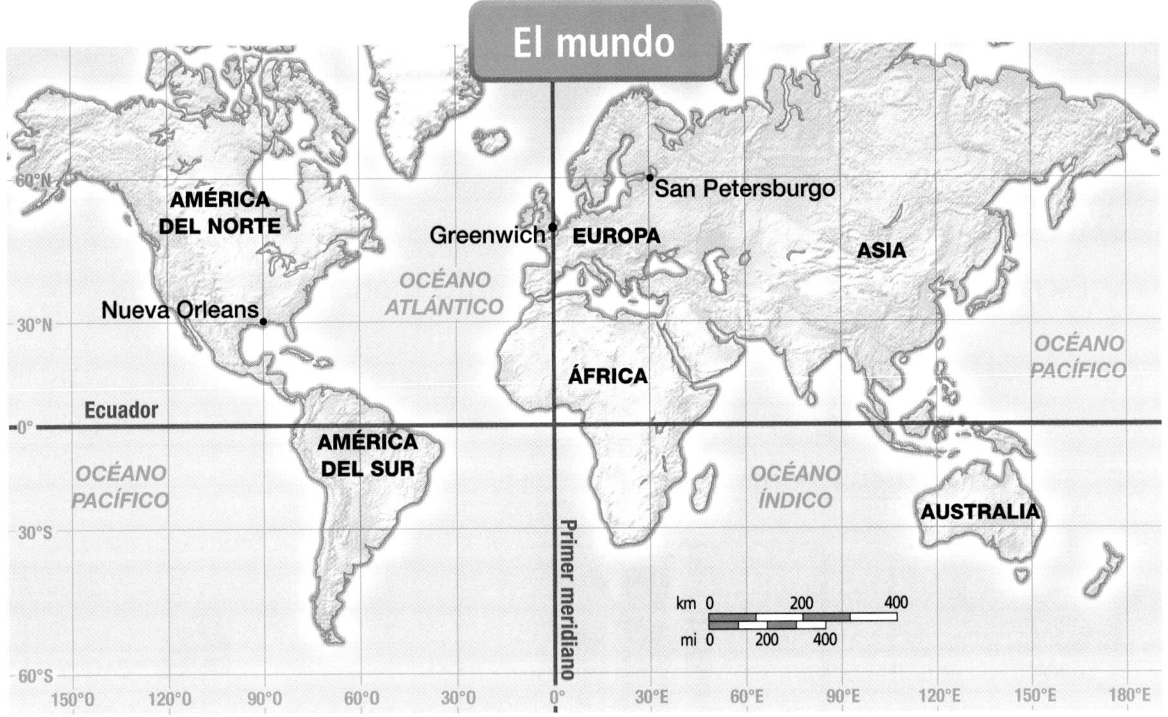

Practica la destreza

Estudia el mapamundi de arriba. Usa la latitud y la longitud para responder a las preguntas de abajo.

1. ¿Qué ciudad está ubicada en el primer meridiano?
2. ¿Cuál es la latitud y la longitud de San Petersburgo, Rusia?
3. ¿Por cuáles tres continentes pasa la latitud 30°S?

Aplica la destreza

Escoge tres lugares en un mapa o globo terráqueo del salón de clase. Anota los números de la latitud y la longitud. Luego pide a un compañero que use la latitud y la longitud para encontrar cada lugar.

Capítulo 11 Repaso y Preparación para pruebas

Resumen visual

1–3. Escribe una descripción de cada elemento mencionado abajo.

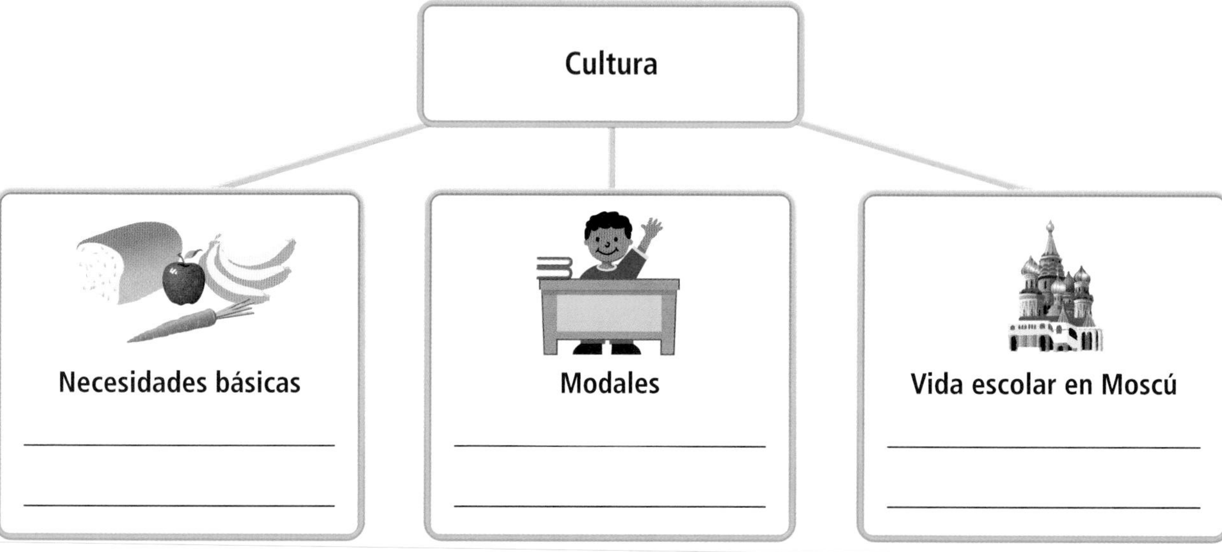

Hechos e ideas principales

Responde a cada pregunta.

4. **Cultura** ¿Qué cosas forman parte de la cultura de una persona?
5. **Cultura** ¿Cómo aprende la gente acerca de su propia cultura?
6. **Cultura** ¿Por qué es importante la escuela aquí y en Moscú?
7. **Cultura** Nombra tres materias que estudian los estudiantes rusos.

Vocabulario

Elige la palabra correcta de la lista de abajo para completar cada oración.

leyenda, pág. 319
grupo étnico, pág. 321
participar, pág. 329

8. Cada ______ tiene su propia cultura.
9. Una ______ es un tipo de historia que habla sobre ideas importantes.
10. Los estudiantes rusos pueden ______ en proyectos escolares.

Aplica las destrezas

Usar la latitud y la longitud Usa el mapa de abajo y lo que has aprendido acerca de la latitud y la longitud para responder a cada pregunta.

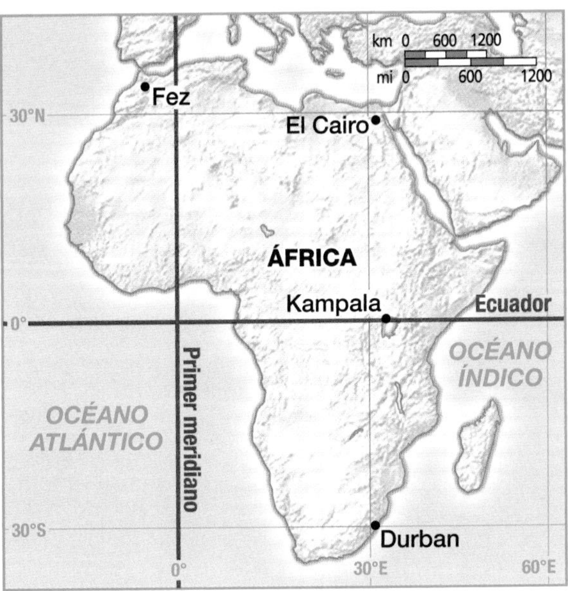

11. ¿Qué ciudad está en el ecuador?

A. El Cairo
B. Durban
C. Fez
D. Kampala

12. ¿Cuál es la latitud y longitud de El Cairo?

A. aproximadamente 30°N, 30°E
B. aproximadamente 30°N, 60°E
C. aproximadamente 30°S, 30°O
D. aproximadamente 60°S, 30°O

Razonamiento crítico

Escribe un párrafo corto para responder a cada pregunta. Usa detalles para apoyar tu respuesta.

13. Analizar ¿Cómo ayudan las leyendas a que los niños aprendan más acerca de su cultura?

14. Causa y efecto ¿Cómo afectaría vivir en un clima seco y cálido la cultura de la gente del lugar?

15. Sacar conclusiones ¿Por qué son diferentes las escuelas de Rusia a las escuelas en Estados Unidos?

Actividades

Investigación Usa los recursos de la biblioteca o de Internet para investigar la ropa que usa la gente que vive en una cultura y clima diferente al tuyo.

Escritura Escribe un ensayo persuasivo en el que expliques por qué tu escuela o comunidad debería realizar una feria cultural. Da razones para tu punto de vista.

Tecnología

Consejos para el proceso de escritura
Busca ayuda para tu ensayo en **www.eduplace.com/kids/hmss/**

Capítulo 12

Días feriados y héroes

Tecnología

e • **glosario**
www.eduplace.com/kids/hmss/

Vistazo al vocabulario

día feriado

Un **día feriado** es una ocasión para celebrar. Estos días especiales pueden ser fechas patrióticas, religiosas o culturales.
página 338

libertad

El Día de la Independencia, los estadounidenses celebran el principio de **libertad**.
página 346

Estrategia de lectura

Resumir Usa esta estrategia para concentrarte en las ideas importantes.

Repasa las ideas principales. Busca los detalles que las apoyan.

patriotismo

Ondear la bandera estadounidense es una forma de mostrar amor por tu país. La bandera es un símbolo de **patriotismo**.

página 346

legado

Los héroes han dejado un **legado** de libertad en nuestro país.

página 352

Lección central 1

Días feriados culturales

VOCABULARIO

día feriado

principio

DESTREZA DE LECTURA

Comparar y contrastar

Anota en qué se parecen y en qué se diferencian los días feriados culturales.

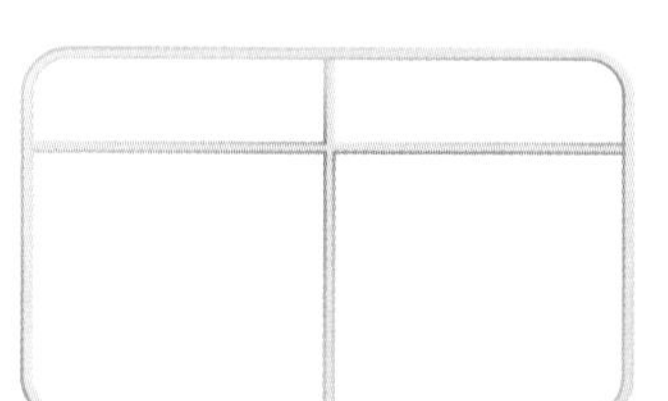

Desarrolla lo que sabes Muchas culturas tienen días especiales. La gente los celebra de distintas maneras. ¿En qué días especiales participas tú?

Días feriados culturales

Los días feriados son una manera que tiene la gente de compartir su cultura. Un **día feriado** es una ocasión para celebrar un evento o a una persona especial. Durante los días feriados, las personas piensan en ideas que son importantes para ellas. Un tipo de día feriado es un día feriado cultural. Los días feriados culturales ayudan a la gente a celebrar su historia o forma de vida. Kwanzaa es un ejemplo de un día feriado cultural.

idea principal

Kwanzaa El maíz, las frutas, los regalos y las velas son algunos símbolos de este día feriado.

Kwanzaa

Muchos afroamericanos participan del Kwanzaa para celebrar la herencia africana. La época festiva comienza el 26 de diciembre y dura siete días. El Kwanzaa se basa en antiguas celebraciones africanas.

Cada día de Kwanzaa representa un principio. Un **principio** es una verdad fundamental. La unidad y la fe son dos verdades del Kwanzaa. La gente enciende velas por cada uno de los siete principios. La noche antes de que termine el Kwanzaa, familiares y amigos se reúnen para un banquete.

Año Nuevo chino

Los chinos en todo el mundo celebran el Año Nuevo chino. El día feriado comienza en enero o febrero, dependiendo del año.

El rojo es un color importante durante este día feriado. Se supone que trae buena suerte. Los adultos les dan dinero a los niños en sobres rojos. La gente enciende velas rojas. Los fuegos artificiales, las visitas a amigos y un gran banquete son parte de la diversión.

Repaso ¿Qué puede aprender la gente al celebrar los días feriados culturales?

Año Nuevo chino Con un disfraz de dragón, los niños celebran en un desfile festivo en Los Ángeles.

Días feriados religiosos

Algunos días feriados culturales son religiosos. Un día feriado religioso es una ocasión para que la gente piense en sus creencias y las practique. La gente asiste a servicios especiales en sus sitios de adoración religiosa.

Rosh Hashanah

Rosh Hashanah es un día feriado importante para los judíos. Marca el inicio del Año Nuevo judío y ocurre en otoño. Durante Rosh Hashanah, los judíos reflexionan sobre el año anterior. Miran con esperanza hacia el nuevo año.

En los hogares judíos, familiares y amigos comparten una comida especial. Pueden comer cosas como manzanas remojadas en miel. Esta tradición expresa su esperanza de un año nuevo dulce.

Rosh Hashanah Los niños judíos comen manzanas remojadas en miel.

Navidad

La Navidad es un día feriado religioso para los cristianos. Se celebra el 25 de diciembre. La Navidad marca el nacimiento de **Jesús**, que vivió hace unos 2,000 años. Los cristianos siguen las enseñanzas de Jesús.

Los cristianos tienen muchas tradiciones navideñas en diferentes partes del mundo. Algunas personas dan regalos. Otras repican campanas de iglesia la noche anterior. La gente también puede decorar árboles de Navidad.

Navidad Los niños cristianos decoran un árbol de Navidad.

Ramadán

Ramadán es un día festivo religioso para los musulmanes. Los musulmanes siguen una religión llamada islam. Mahoma fue el fundador del islam. Vivió hace unos 1,400 años. El Ramadán dura un mes. Durante este día festivo, los musulmanes reflexionan sobre su fe. Desde el amanecer hasta el atardecer hacen ayuno, es decir, no comen. Al anochecer de cada día, se reúnen para rezar y compartir comida. Un gran banquete marca el final del Ramadán.

Ramadán En las noches, familias y amigos comparten comidas especiales.

Repaso ¿De qué maneras celebra la gente los días feriados religiosos?

Repaso de la lección

1. **VOCABULARIO** Escoge la palabra correcta para completar la oración.

   principio **día feriado**

   Siempre hacemos un banquete en mi __________ favorito.

2. **DESTREZA DE LECTURA** ¿Cuál es una diferencia entre Kwanzaa y el Año Nuevo chino?

3. **IDEA PRINCIPAL: Cultura** ¿De qué manera ayudan los días festivos a la gente a celebrar su cultura?

4. **IDEA PRINCIPAL: Cultura** ¿Cuáles son algunas tradiciones que la gente practica durante los días feriados religiosos?

5. **RAZONAMIENTO CRÍTICO: Analizar** ¿Por qué crees que los días feriados culturales son importantes para la gente?

ESCRITURA Inventa una nueva tradición para un día feriado cultural. Escribe una entrada de enciclopedia que lo describa. Revisa tu entrada.

Civismo

Lo que compartimos

A veces una carrera es más que una ocasión para divertirse. Puede servir para recaudar dinero para programas de la comunidad.

Una carrera es sólo una manera que tienen los estadounidenses de unirse. Tal vez celebren **días feriados** diferentes o crean en cosas diferentes, pero todo es parte de la cultura estadounidense. En las escuelas y oficinas, o calles y centros gubernamentales, la gente encuentra formas de divertirse y trabajar juntos.

Correr para ayudar
Muchos miles de personas corren, trotan o caminan en la carrera *Bay to Breakers*, en San Francisco, California. Aquí vemos correr a un padre y su hijo para recaudar dinero para la comunidad.

Compañeros de almuerzo Compartir la comida y pasar tiempo con amigos pueden hacer que el almuerzo sea una parte divertida del día de escuela.

Trato hecho Líderes municipales y estatales en Nueva York trabajan juntos para ayudar a las escuelas.

Actividades

1. **DIBÚJALO** Haz un dibujo que muestre un evento en tu comunidad.
2. **PLANÉALO** ¿Qué programa comunitario te gustaría apoyar? Escribe un plan para un evento en el que la gente se uniría para ayudar a apoyar ese programa.

Lección central 2

Días feriados nacionales

▶ **VOCABULARIO**

honrar

libertad

patriotismo

DESTREZA DE LECTURA

Causa y efecto
A medida que lees, anota las razones por las que se creó cada día feriado nacional.

Causa	Efecto

Desarrolla lo que sabes ¡Silbido! ¡Trueno! ¡Estallido! Cuando explotan los fuegos artificiales, ¿te tapas las orejas por el ruido o te da risa? En todo Estados Unidos, las comunidades usan fuegos artificiales para celebrar la historia.

Días feriados en la historia

Los días feriados nacionales son una forma que tenemos de recordar nuestra historia. Esos días honran a personas y sucesos importantes en Estados Unidos. **Honrar** significa demostrar mucho respeto.

Durante los días feriados nacionales, pensamos en los derechos y libertades que tienen los estadounidenses. Los días feriados nos ayudan a recordar cómo logramos esos derechos.

Con una salutación el Día de los Veteranos, estos veteranos honran a quienes sirvieron a nuestro país en la guerra.

Día de los Caídos y Día de los Veteranos

Celebramos el Día de los Caídos (*Memorial Day*) el último lunes de mayo. Es un día para honrar a los hombres y mujeres que perdieron la vida en la guerra. El Día de los Caídos, algunas personas asisten a servicios religiosos. Otros marchan en desfiles. Muchas banderas se izan a media asta hasta el mediodía para mostrar respeto por aquellos que murieron por nuestro país.

El 11 de noviembre, celebramos el Día de los Veteranos (*Veterans Day*). El 11 de noviembre fue el día que terminó la Primera Guerra Mundial en 1918. Hoy en día, los estadounidenses marcan ese suceso recordando a todos los veteranos. Un veterano es una persona que ha servido en las fuerzas militares. El Día de los Veteranos, la gente puede reunirse en los monumentos de guerra de sus pueblos para escuchar discursos. En muchas comunidades, ese día se realizan desfiles que honran a los soldados.

Repaso ¿Por qué es importante celebrar los días feriados nacionales?

Día de los Caídos Este desfile festivo se realizó hace más de 80 años.
DESTREZA **Fuente primaria** ¿En qué se parece esta foto a la de la página 344?

Día de la Independencia La gente celebra el nacimiento de nuestra nación con desfiles, comidas al aire libre y fuegos artificiales.

Día de la Independencia

El Día de la Independencia celebramos la libertad y la Declaración de Independencia. Los líderes estadounidenses firmaron la Declaración en el verano de 1776. Actualmente celebramos el Día de la Independencia, o Cuatro de Julio, como la fecha de nacimiento de nuestro país.

idea principal

Los estadounidenses todavía creen en los principios que los motivaron a buscar la independencia. La **libertad** es uno de los principios más importantes. El Día de la Independencia se honra la libertad que los estadounidenses han disfrutado por más de 200 años.

En todo el país, la gente celebra el Día de la Independencia de muchas maneras. Es una ocasión para que los estadounidenses demuestren su patriotismo. **Patriotismo** es amor a tu país.

Celebrar juntos

Muchas personas izan banderas estadounidenses en edificios y astas. La bandera, con sus colores rojo, blanco y azul, es un símbolo de patriotismo. En algunas comunidades, la gente demuestra su patriotismo leyendo la Declaración de Independencia en voz alta.

El Cuatro de Julio también es una ocasión para que las familias se reúnan y se diviertan. En Washington D.C., la gente marcha por la ciudad en un gran desfile. Los fuegos artificiales iluminan el cielo de San Francisco, en California, y de cientos de otras ciudades y pueblos. En Chicago se celebra el día con conciertos.

Repaso ¿Qué idea importante celebramos el Día de la Independencia?

Honrar a personas

Algunos días feriados estadounidenses honran a la gente que luchó por la justicia o la libertad. Martin Luther King Jr., pasó la mayor parte de su vida luchando por la igualdad de derechos. Él creía que todas las personas debían ser tratadas con respeto.

idea principal

El Dr. King vivió en una época en que a los afroamericanos se les negaban sus derechos. Luchó para cambiar las cosas de forma pacífica. En un discurso, el Dr. King dijo:

> **"Sueño que un día esta nación se levantará y vivirá el verdadero significado de su credo: 'Afirmamos que estas verdades son evidentes: que todos los hombres son creados iguales'".**

Conmemoramos el natalicio del Dr. King el tercer lunes de enero. La gente lo honra de maneras diferentes. Algunas personas participan en marchas. Otras ayudan a enseñar a los niños a leer.

Martin Luther King Jr. En 1963, el Dr. King habló ante una gran multitud. Hoy en día, la gente lo honra con desfiles y otros eventos.

Día de los Presidentes

El Día de los Presidentes se honra el natalicio de **George Washington** y **Abraham Lincoln**. Washington nació en 1732. Dirigió al país en su lucha por liberarse de Gran Bretaña. Lincoln nació en 1809. Luchó por acabar con la esclavitud y mantener el país unido. Celebramos el Día de los Presidentes el tercer lunes de febrero.

Repaso ¿De qué maneras han luchado algunos de nuestros líderes por la justicia?

Monte Rushmore Los rostros de cuatro presidentes de EE.UU. están esculpidos en piedra: George Washington, Thomas Jefferson, Theodore Roosevelt y Abraham Lincoln.

Repaso de la lección

1. **VOCABULARIO** Usa **patriotismo** y **libertad** en un párrafo corto acerca de la celebración del Día de la Independencia.
2. **DESTREZA DE LECTURA** Contrasta las razones por las que la gente celebra el Día de los Veteranos y el Cuatro de Julio.
3. **IDEA PRINCIPAL: Historia** Nombra dos sucesos importantes que nos ayudan a recordar los días feriados nacionales.
4. **IDEA PRINCIPAL: Historia** ¿Qué tienen en común George Washington, Abraham Lincoln y Martin Luther King Jr.?
5. **RAZONAMIENTO CRÍTICO: Analizar** ¿Por qué crees que los estadounidenses honran el natalicio de Martin Luther King Jr.?

APLÍCALO

MÚSICA Escoge una canción patriótica que conozcas y explica con tus propias palabras lo que significa.

Civismo

UN DÍA PARA LÍDERES

Uno dio su vida por la libertad. El otro luchó por los derechos de los trabajadores agrícolas. Ambos tenían valentía. Son el Conde Casimir Pulaski y César Chávez. Hoy en día, hay días feriados estatales para **honrar** a estos líderes.

Pulaski luchó por la libertad en Polonia. En 1777, llegó a Estados Unidos para ayudar en la guerra contra los británicos.

Chávez creció recogiendo cosechas con su familia. El pago era poco y el trabajo era duro. De joven, decidió defender los derechos de los trabajadores agrícolas. Le tomó muchos años, pero los líderes de California reaccionaron. Aprobaron leyes para ayudar a los trabajadores.

Conde Casimir Pulaski

En Estados Unidos, Pulaski dirigió y entrenó a soldados de Estados Unidos. Actualmente, Illinois honra a Pulaski con un día feriado. Se celebra su natalicio el primer lunes de marzo.

Día de César Chávez

California declaró un día festivo para César Chávez en el año 2000. Otros estados también lo honran con un día feriado cada año. La foto de arriba muestra gente que va en un desfile para rendir tributo a Chávez. En la pancarta que llevan, las palabras que están entre comillas indican que es una marcha por la justicia.

Actividades

1. **PIÉNSALO** ¿Por qué se necesitaba **valor** para actuar como lo hicieron Pulaski y Chávez?
2. **PRESÉNTALO** Investiga y presenta un informe sobre un líder que haya sido importante en tu estado.

Lección central 3

Nuestros héroes

Desarrolla lo que sabes Algunos libros de cuentos hablan de personas fuertes que hacen cosas atrevidas. La vida de la gente real puede ser tan asombrosa como los cuentos.

VOCABULARIO

legado

justicia

DESTREZA DE LECTURA

Sacar conclusiones

Saca una conclusión acerca de lo que hacen los héroes. Incluye detalles acerca de las características de los héroes.

Héroes valientes

idea principal

Hay gente con valor que ha hecho cosas importantes por nuestro país. Son héroes estadounidenses. Algunos héroes nos dejaron un legado de libertad. Un **legado** es algo que queda del pasado.

Harriet Tubman

Harriet Tubman fue una heroína audaz. Tubman nació en la esclavitud en el Sur, pero se escapó. Luego trabajó y reunió dinero para ayudar a otros a huir de la esclavitud. Guiaba a los esclavos por rutas secretas llamadas el Underground Railroad (ferrocarril subterráneo). Con el tiempo, Harriet Tubman ayudó a escapar a unas 300 personas.

Harriet Tubman Ella arriesgó su propia libertad muchas veces para ayudar a otras personas.

Abraham Lincoln

Abraham Lincoln creía en la justicia. **Justicia** significa igualdad. Cuando Lincoln se convirtió en presidente de Estados Unidos, las partes del norte y del sur del país no lograban ponerse de acuerdo sobre la esclavitud. El Sur quería separarse de la nación y continuar con la esclavitud. Lincoln y el Norte querían que el país siguiera unido.

El Norte y el Sur fueron a la guerra. Como presidente, Lincoln guió al país a través de una época terrible. Durante la guerra, Lincoln anunció que los esclavos en el Sur serían libres. Su valentía ayudó a mantener unida la nación y a poner fin a la esclavitud.

Repaso ¿De qué manera lucharon Tubman y Lincoln por la libertad?

Abraham Lincoln En 1863, emitió la Proclama de Emancipación que se muestra abajo. Este documento ayudó a acabar con la esclavitud.

By the President of the United States of America:

A Proclamation.

Whereas, on the twenty-second day of September, in the year of our Lord one thousand eight hundred and sixty-two, a proclamation was issued by the President of the United States, containing, among other things, the following, to wit:

"That on the first day of January, in the year of our Lord one thousand eight hundred "and sixty-three, all persons held as slaves within "any State or designated part of a State, the people "whereof shall then be in rebellion against the "United States, shall be then, thenceforward, and "forever free; and the Executive Government of the "United States, including the military and naval "authority thereof, will recognize and maintain "the freedom of such persons, and will do no act "or acts to repress such persons, or any of them, "in any efforts they may make for their actual "freedom.

"That the Executive will, on the first

Estadounidenses con nuevas ideas

Otro héroe estadounidense es **Thomas Edison**. Fue un inventor que transformó ideas en productos. Muchos estadounidenses, como Edison, han usado sus ideas para ayudar al país.

idea principal

A Edison se le ocurrió una manera de hacer que las bombillas eléctricas iluminaran durante horas. Edison también trabajó para crear formas de llevar la electricidad a los hogares. Antes de eso, la gente tenía que usar lámparas de gas o velas para tener luz.

Thomas Edison Inventó más de 1,000 productos.

Helen Keller

Helen Keller era ciega y sorda. No podía ver las palabras escritas en una página, ni podía escucharlas si alguien se las leía. Entonces Keller hizo algo asombroso. Aprendió a leer y escribir. Keller tenía mucha determinación. También tuvo una maestra excelente, **Anne Sullivan**.

Keller creía en la educación para los sordos y los ciegos. Viajó por todo el país para promover esta idea y compartir sus experiencias.

Helen Keller En esta foto, Anne Sullivan lee para Helen Keller usando el tacto.

Maya Lin

Algunos estadounidenses comparten sus ideas a través del arte. Maya Lin hace esculturas. El Monumento a los Veteranos de Vietnam ubicado en Washington D.C. es una de las obras más famosas de Lin. La pared de piedra negra pulida honra a los estadounidenses que murieron en la Guerra de Vietnam o que siguen desaparecidos.

Repaso ¿Cómo ayudaron las ideas de Edison a la gente?

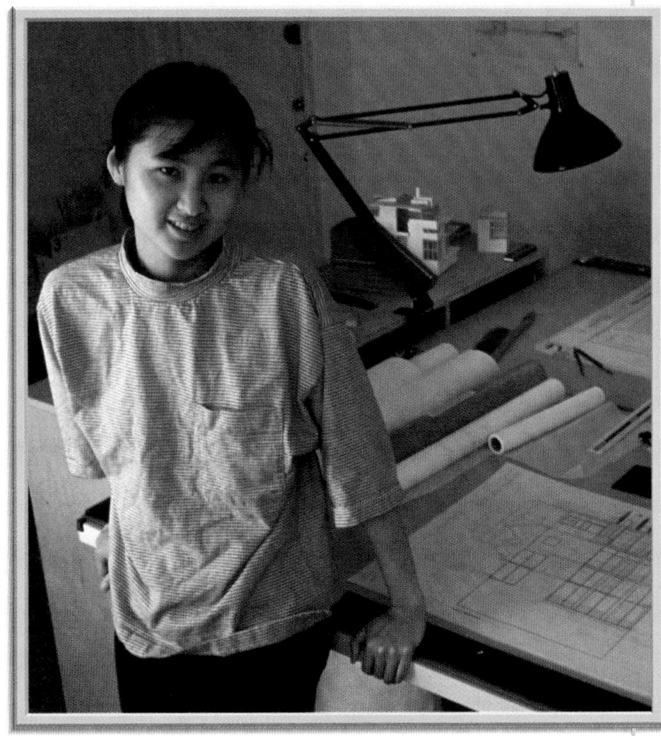

Maya Lin Diseñó el Monumento a los Veteranos de Vietnam cuando estaba en la universidad.

Repaso de la lección

1. **VOCABULARIO** Escribe un párrafo que explique las maneras en que los héroes pueden dejar un **legado**.
2. **DESTREZA DE LECTURA** Saca una **conclusión** acerca de las características que comparten los héroes.
3. **IDEA PRINCIPAL: Historia** ¿Por qué Abraham Lincoln fue un héroe?
4. **IDEA PRINCIPAL: Cultura** ¿Cuáles son algunas ideas nuevas que han cambiado la vida de la gente?
5. **GENTE POR CONOCER** ¿Quién era **Helen Keller** y qué hizo?
6. **RAZONAMIENTO CRÍTICO: Analizar** ¿Cuál es la definición de héroe? Explica tu respuesta.

ESCRITURA Prepara una entrevista con una persona a quien consideres un héroe. Escribe cuatro preguntas que le harías.

Héroes locales y globales

Los superhéroes bajan en picada, salvan el mundo y desaparecen. Por lo menos, así es como pasa en las películas. En la vida real, los héroes ayudan a la gente en el mundo y en sus propias comunidades a diario.

Roberta Guaspari

Cuando amas algo intensamente, vale la pena luchar por eso. Aún más cuando es de ayuda a la comunidad. Roberta Guaspari ama la música. Enseña a los niños a tocar violín en escuelas de Nueva York.

Cuando su distrito escolar redujo el dinero para las lecciones de violín, Guaspari decidió actuar para salvarlas. Pidió ayuda a padres y músicos famosos. Con todos unidos, la comunidad salvó el programa.

Su amor por la música y por sus estudiantes ha servido de inspiración para dos películas sobre ella.

Jimmy Carter

Jimmy Carter (arriba, a la izquierda) fue nuestro 39º presidente. Cuando terminó su mandato, hizo lo que pocos presidentes han hecho. Viajó por el mundo ayudando a mejorar la vida de la gente.

En Nigeria, Carter trabajó para ayudar a la gente a escoger a sus líderes de forma justa. Se reunió con el general Abdulsalami Abubkar (arriba, a la derecha). En 2002, Carter ganó el Premio Nobel de la Paz. Las personas que reciben este honor han hecho obras importantes por la paz mundial.

Premio Nobel de la Paz

Actividades

1. **COMÉNTALO** ¿Cómo demuestran Guaspari y Carter **civismo**?

2. **ESCRÍBELO** Escribe una carta al director acerca de alguien de tu escuela a quien tú consideres un héroe.

Tecnología Lee más biografías en Education Place. www.eduplace.com/kids/hmss/

Desarrollar destrezas

Diferenciar entre hecho y opinión

VOCABULARIO

hecho

opinión

Abraham Lincoln fue el decimosexto presidente de Estados Unidos. Eso es un hecho. Un hecho puede comprobarse. Algunas personas creen que Lincoln fue el mejor presidente. Esa creencia es una opinión. Una opinión dice lo que una persona piensa o cree.

Aprende la destreza

Paso 1: Escucha o busca fechas, números y sucesos. Éstos suelen ser hechos. Pueden comprobarse en fuentes como enciclopedias y diccionarios.

Paso 2: Escucha o busca palabras que muestren opiniones. Las oraciones que empiezan con las palabras *Pienso* o *Creo* suelen ser opiniones. Otras palabras clave que muestran opiniones son *perfecto, mejor, peor, siempre* y *desde mi punto de vista.*

Paso 3: Piensa cómo una opinión sobre una persona o suceso puede afectar la forma en que se usan los hechos.

Practica la destreza

Lee estas dos oraciones. Luego responde a las preguntas sobre hecho y opinión.

> Creo que lo mejor que hizo Lincoln fue liberar a los esclavos.
>
> Lincoln fue soldado, legislador y abogado antes de ser presidente.

1. ¿Qué afirmación es un hecho?
2. ¿Qué afirmación es una opinión?
3. ¿Qué palabras clave se usan en la opinión?

Aplica la destreza

Lee este párrafo sobre Abraham Lincoln. Haz una tabla de dos columnas. Escribe los hechos en la primera columna y las opiniones en la segunda columna.

> Abraham Lincoln fue presidente desde 1861 hasta 1865. Dar discursos era uno de los mayores talentos de Lincoln. Era perfecto para explicar las cosas claramente. En 1863, Lincoln dio un discurso llamado el Discurso de Gettysburg. En su discurso, dijo a los ciudadanos que "el gobierno del pueblo, por el pueblo y para el pueblo jamás desaparecerá de la Tierra".

Repaso y Preparación para pruebas

Resumen visual

1–4. Escribe una descripción de cada elemento mencionado abajo.

Días feriados culturales

____

____

____

____

____

Días feriados religiosos

____

____

____

____

____

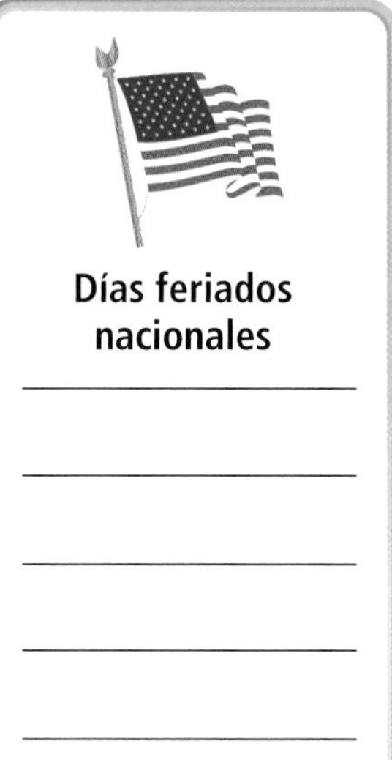

Días feriados nacionales

____

____

____

____

____

Héroes nacionales

____

____

____

____

____

Hechos e ideas principales

Responde a cada pregunta.

5. **Cultura** ¿Por qué la gente celebra días feriados?
6. **Historia** ¿Cuáles son dos días feriados nacionales, y qué se celebra cada uno de esos días?
7. **Historia** Nombra dos personas a quienes honramos con días feriados.
8. **Cultura** ¿Cuáles son algunas de las características que los estadounidenses admiran en los héroes?

Vocabulario

Escoge la palabra correcta de la lista de abajo para completar cada oración.

principio, pág. 339
libertad, pág. 346
legado, pág. 352

9. Abraham Lincoln dejó un ______ de libertad.
10. Cada día de Kwanzaa representa un ______.
11. El Día de la Independencia es un día feriado que celebra la ______ de nuestro país.

Aplicar destrezas

Diferenciar entre hecho y opinión Usa el texto de abajo y lo que has aprendido acerca de diferenciar entre hecho y opinión para responder a cada pregunta.

- Sandra Day O'Connor fue la primera mujer en la Corte Suprema de Justicia de Estados Unidos.
- Cuando era joven, ella leía muchos libros.
- O'Connor es la mejor jueza en la Corte Suprema de Justicia.

12. ¿Qué oración es un HECHO?
    A. O'Connor es la mejor jueza en la Corte Suprema de Justicia.
    B. O'Connor fue la primera mujer en la Corte Suprema de Justicia de Estados Unidos.
    C. todas las anteriores.
    D. ninguna de las anteriores.

13. ¿Qué frase es una pista de que la oración es una OPINIÓN?
    A. leía muchos libros
    B. era jueza
    C. la mejor jueza
    D. en la Corte Suprema de Justicia

Razonamiento crítico

Escribe un párrafo corto para responder a cada pregunta de abajo. Usa detalles para apoyar tu respuesta.

14. **Sacar conclusiones** ¿Qué puedes aprender acerca de un país y su gente a partir de sus días feriados y sus héroes?
15. **Resumir** ¿Cuáles son algunas de las cosas que a la gente le gusta hacer en los días feriados?
16. **Concluir** ¿Por qué a menudo la gente siente patriotismo hacia el país en el que vive?

Actividades

Arte Escoge un día festivo que te guste. Diseña una pancarta que puedes colgar en honor a ese día.

Escritura Escribe una descripción de un héroe estadounidense que admires. Explica las características heroicas que esa persona tuvo o tiene.

Tecnología

Consejos para el proceso de escritura
Busca ayuda para tu descripción en **www.eduplace.com/kids/hmss/**

Cuaderno comunitario
CULTURA

La cultura del lugar donde vives

Las costumbres, las ideas y los héroes son parte de la cultura. También lo son las tradiciones culturales y religiosas. ¿Cuáles son algunas de las tradiciones de tu comunidad? ¿Quiénes son algunos de tus héroes locales? La cultura de tu comunidad afecta tu vida todos los días.

La cultura de mi comunidad

- **Costumbres y tradiciones**
- **Idiomas y religiones**
- **Héroes y días feriados**

¡Descúbrelo!

La misión de Carmel muestra la influencia de las culturas española e indígena norteamericana.

Explora tu cultura local.

- **Habla con adultos que conozcas.** ¿Qué idiomas hablan? ¿Cuáles son algunas de las costumbres y tradiciones que siguen?
- **Lee el periódico local.** Mira en el calendario que muestra las actividades de la comunidad.
- **Usa el directorio telefónico.** Busca restaurantes para descubrir los tipos de comida que disfruta la gente.
- **Investiga a los héroes.** Aprende más sobre un héroe de tu comunidad.

Usa tu cuaderno comunitario para organizar la información que encuentras.

UNIDAD 6

Repaso y Preparación para pruebas

Vocabulario e ideas principales

Escribe una oración para responder a cada pregunta.

1. ¿Qué puede enseñar una **leyenda** sobre la cultura?
2. ¿En qué se diferencian los **modales** en las escuelas rusas de los modales en las escuelas estadounidenses?
3. ¿Cuáles son algunos **días feriados** religiosos que la gente celebra en Estados Unidos?
4. ¿Cómo demuestran los ciudadanos estadounidenses su **patriotismo** en un día feriado nacional?

Razonamiento crítico

Escribe una respuesta corta para cada pregunta. Usa detalles para apoyar tu respuesta.

5. **Sacar conclusiones** ¿Qué puedes aprender acerca de una cultura cuando estudias sus costumbres?
6. **Comparar y contrastar** Compara y contrasta dos héroes nacionales.

Aplicar destrezas

Usa la lista de abajo y lo que has aprendido sobre hechos y opiniones para responder a cada pregunta.

1. Thomas Edison (1847–1931) fue el inventor más importante de la historia estadounidense.
2. Edison logró adelantos en muchos campos, entre ellos la iluminación eléctrica y el cine.
3. Creo que el mayor logro de Edison fue la invención de la primera bombilla eléctrica que realmente funcionaba.

7. ¿Qué afirmación es un hecho?
8. ¿Qué palabras clave se usan en las opiniones?

   A. más importante
   B. creo
   C. mayor
   D. todas las anteriores

Actividad de la unidad

Crea un calendario cultural

- Investiga días feriados celebrados por culturas de todo el mundo.
- Agrega la información que encuentres a un calendario.
- Rotula la fecha de los días feriados.
- Pega una hoja de papel en blanco sobre la fotografía del calendario y anota uno o más hechos ilustrados.

En la biblioteca

Busca este libro en la biblioteca pública o en la de tu escuela.

Cosechando esperanza: La historia de César Chávez

por Kathleen Krull

César Chávez pasa de ser un chico tranquilo a ser un defensor de los derechos civiles.

WEEKLY READER

Sucesos actuales

Conectar con nuestra nación

Diseña un cartel que honre a un héroe nacional.

- Lee un artículo sobre un héroe.
- Haz una lista de los logros de esa persona y haz o busca dibujos del héroe que escogiste.
- Incluye logros y dibujos en tu cartel.

Tecnología
Busca en Weekly Reader artículos de ciencias sociales. Visita:
www.eduplace.com/kids/hmss/

Léelo

Busca estos libros para lectura independiente de ciencias sociales en tu salón de clases.

Referencias

Cuaderno de civismo

Recursos

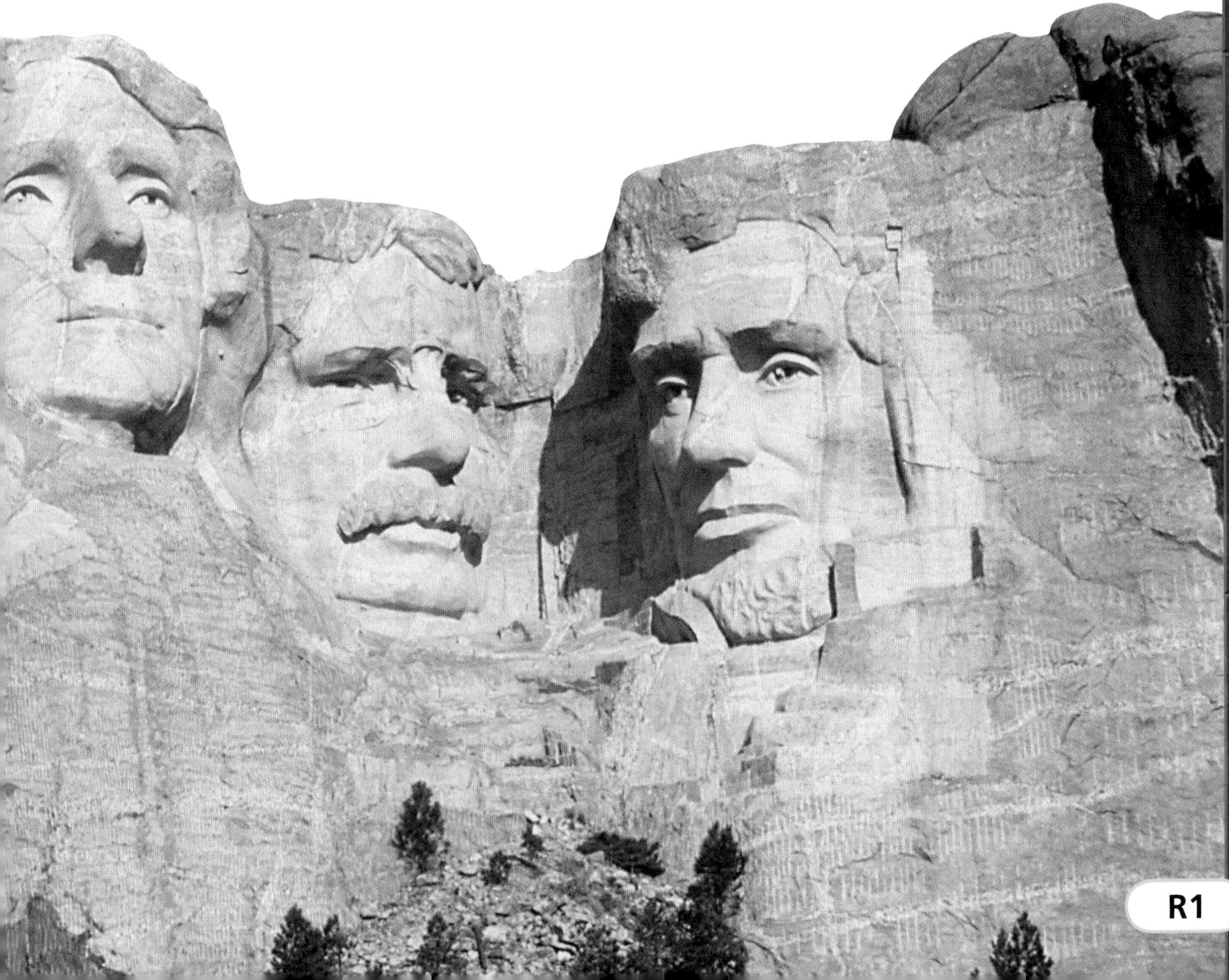

Juramento a la Bandera

Un juramento es un tipo de promesa. Demostrar lealtad significa ser fiel o leal a un lugar o una cosa. Cuando juramos lealtad a la bandera de Estados Unidos, prometemos ser ciudadanos leales de este país.

El Juramento a la Bandera apareció por primera vez en una revista infantil en 1892. Lo escribió Francis Bellamy. Ese mismo año, los niños recitaron el Juramento por primera vez. Hoy en día tú continúas esa tradición.

I pledge allegiance to the flag of the United States of America, and to the Republic for which it stands, one Nation under God, indivisible, with liberty and justice for all.

Prometo lealtad a la bandera
de Estados Unidos de América,
y a la república que representa, una
nación bajo Dios, indivisible, con
libertad y justicia para todos.

Canciones de nuestra nación

¿Quiénes escribieron las canciones patrióticas que cantamos y por qué lo hicieron? Las razones son tan numerosas como las canciones.

Nuestro himno nacional, "The Star-Spangled Banner", fue escrito por Francis Scott Key. En 1814, este abogado estadounidense observó desde un barco cómo los británicos atacaban el Fuerte McHenry, cerca de Baltimore, Maryland. La batalla duró toda la noche. Cuando amanecía, Key vio que la bandera estadounidense seguía ondeando con orgullo sobre el fuerte. Esa visión lo inspiró a escribir estos versos.

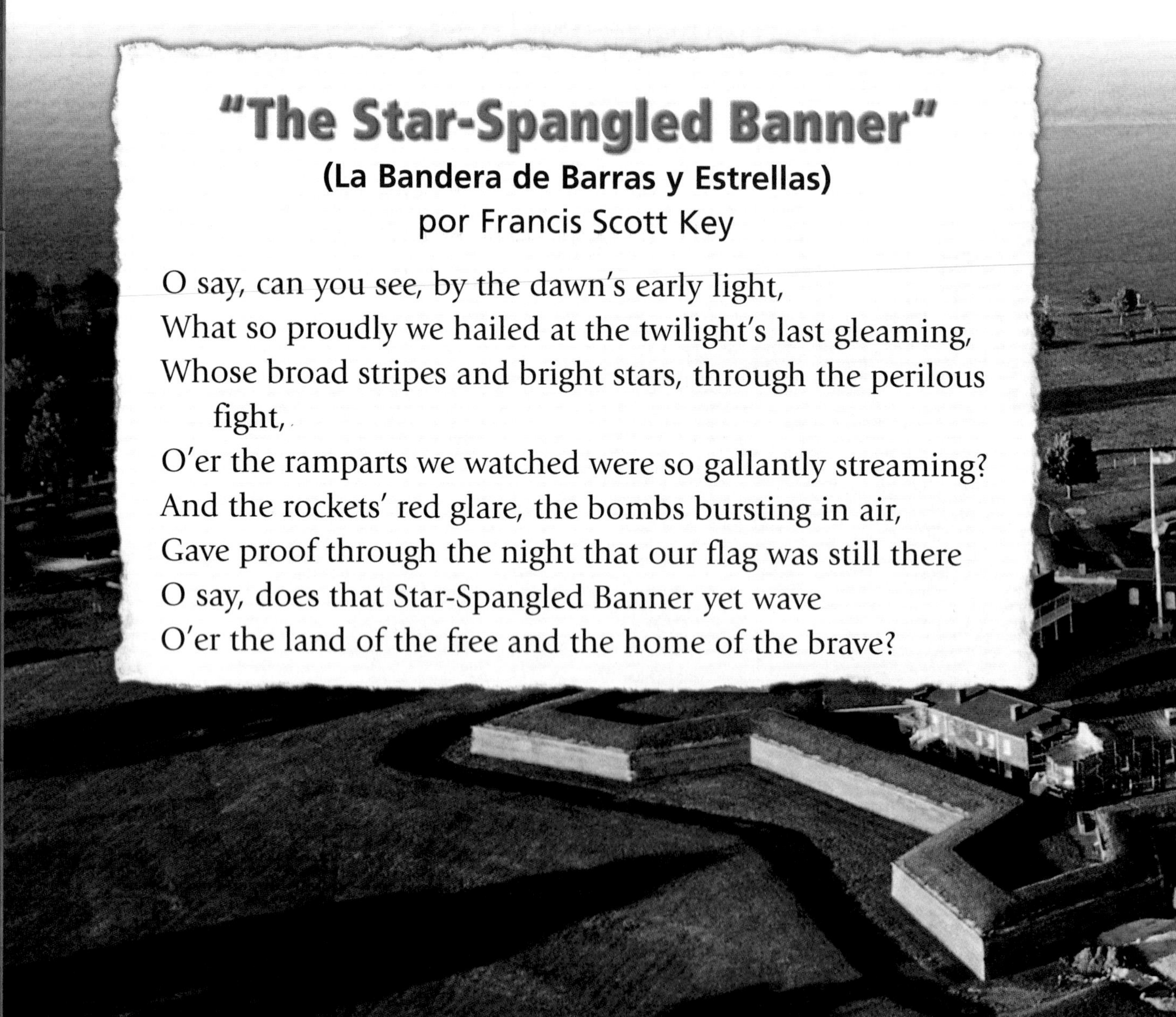

"The Star-Spangled Banner"

(La Bandera de Barras y Estrellas)

por Francis Scott Key

O say, can you see, by the dawn's early light,
What so proudly we hailed at the twilight's last gleaming,
Whose broad stripes and bright stars, through the perilous
fight,
O'er the ramparts we watched were so gallantly streaming?
And the rockets' red glare, the bombs bursting in air,
Gave proof through the night that our flag was still there
O say, does that Star-Spangled Banner yet wave
O'er the land of the free and the home of the brave?

On the shore, dimly seen through the mists of the deep.
Where the foe's haughty host in dread silence reposes,
What is that which the breeze, o'er the towering steep,
As it fitfully blows, half conceals, half discloses?
Now it catches the gleam of the morning's first beam,
In full glory reflected now shines on the stream;
'Tis the Star-Spangled Banner, O long may it wave
O'er the land of the free and the home of the brave!

O thus be it ever when free man shall stand
Between their loved homes and the war's desolation!
Blest with victory and peace, may the heaven-rescued land
Praise the Power that hath made and preserved us as a
nation.
Then conquer we must, for our cause it is just,
And this be our motto: 'In God is our trust.'
And the Star-Spangled Banner in triumph shall wave
O'er the land of the free and the home of the brave.

Fuerte McHenry

¿Has oído alguna vez la melodía del himno nacional de Gran Bretaña? Cuando Samuel F. Smith la oyó en 1832, le escribió una letra para que los estadounidenses pudieran cantarla. *"America"* o *"My Country, 'Tis of Thee"*, se convirtió rápidamente en la canción favorita de mucha gente en Estados Unidos. Todavía es la favorita de muchos.

"America" ("My Country, 'Tis of Thee")

por Samuel F. Smith

My country, 'tis of thee,
Sweet land of liberty,
Of thee I sing;
Land where my fathers died,
Land of the Pilgrims' pride,
From every mountain-side
Let freedom ring.

My native country, thee,
Land of the noble free,
Thy name I love;
I love thy rocks and rills,
Thy woods and templed hills;
My heart with rapture thrills
Like that above.

En 1893, una profesora del Este llamada Katharine Lee Bates hizo un viaje hacia el Oeste. Le encantó la belleza de Estados Unidos, sus montañas, llanuras y cielos abiertos. El poema de Bates se convirtió en la letra de la canción "America the Beautiful".

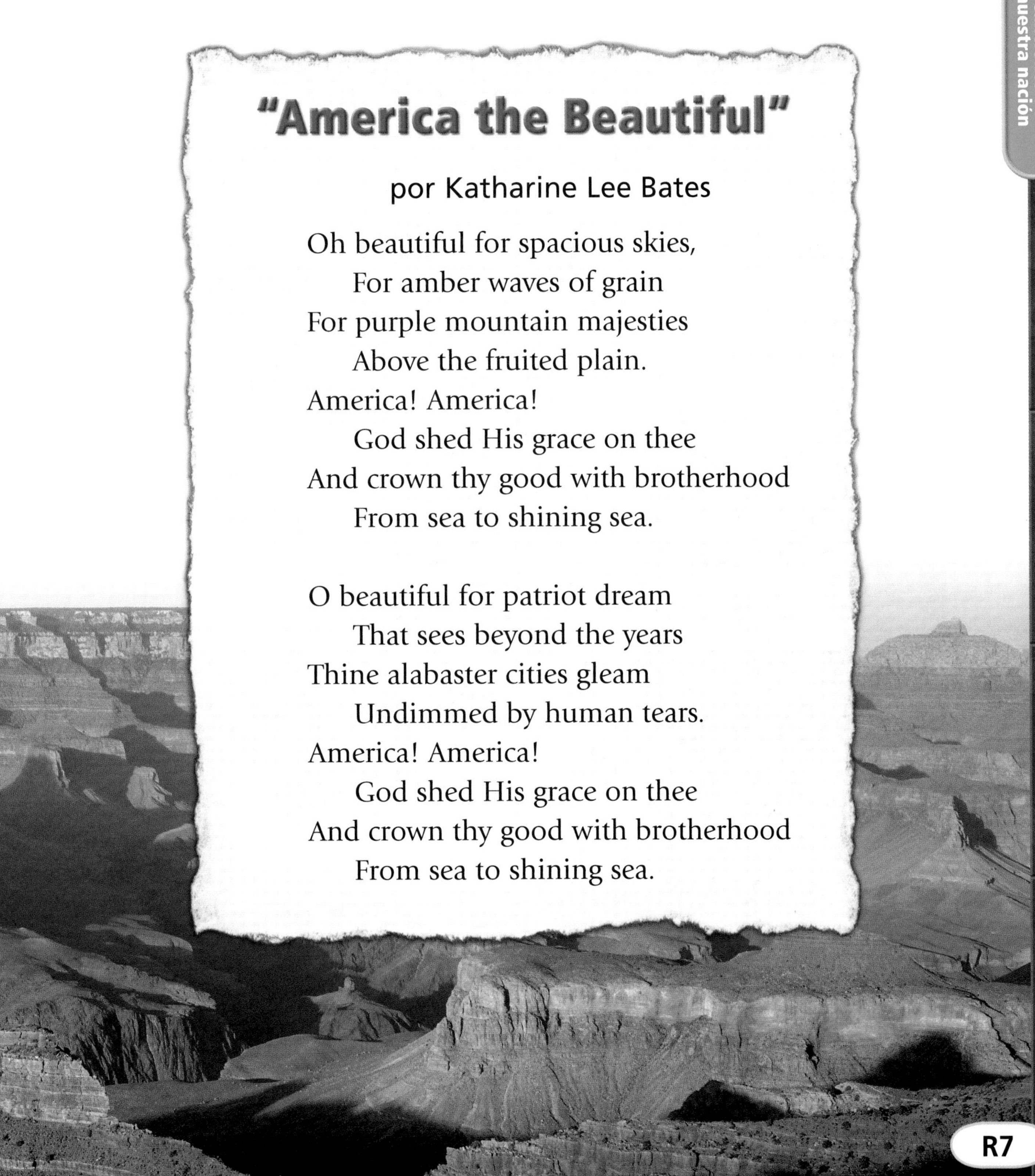

"America the Beautiful"

por Katharine Lee Bates

Oh beautiful for spacious skies,
For amber waves of grain
For purple mountain majesties
Above the fruited plain.
America! America!
God shed His grace on thee
And crown thy good with brotherhood
From sea to shining sea.

O beautiful for patriot dream
That sees beyond the years
Thine alabaster cities gleam
Undimmed by human tears.
America! America!
God shed His grace on thee
And crown thy good with brotherhood
From sea to shining sea.

Rasgos personales

Un rasgo personal es algo que las personas muestran en su forma de actuar. Una persona que actúa con valentía demuestra valor y el valor es un rasgo personal. Los rasgos personales también se llaman "destrezas para la vida". Las destrezas para la vida pueden ayudarte a hacer tu máximo esfuerzo, y al hacer tu máximo esfuerzo puedes alcanzar tus metas.

Frederick Douglass

Equidad Douglass creía en la justicia para todas las personas. Después de escapar de la esclavitud, pasó el resto de su vida expresándose en contra de ella.

Sally Ride

Responsabilidad Ride es astronauta. Gracias a su gran trabajo, se convirtió en la primera mujer estadounidense que viajó al espacio.

Valor significa actuar con valentía. Se necesita valor para ser honesto y decir la verdad.

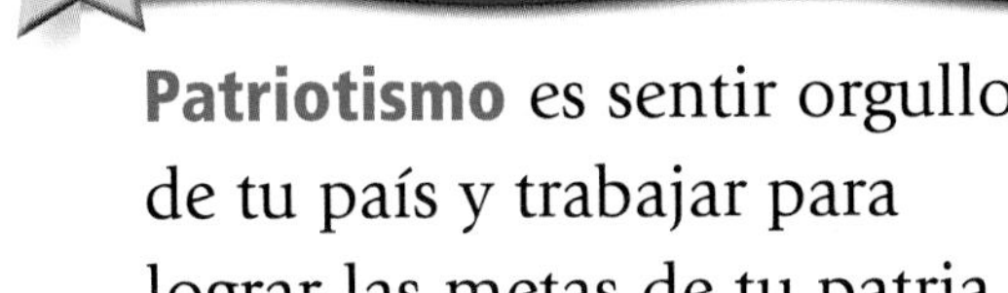

Patriotismo es sentir orgullo de tu país y trabajar para lograr las metas de tu patria.

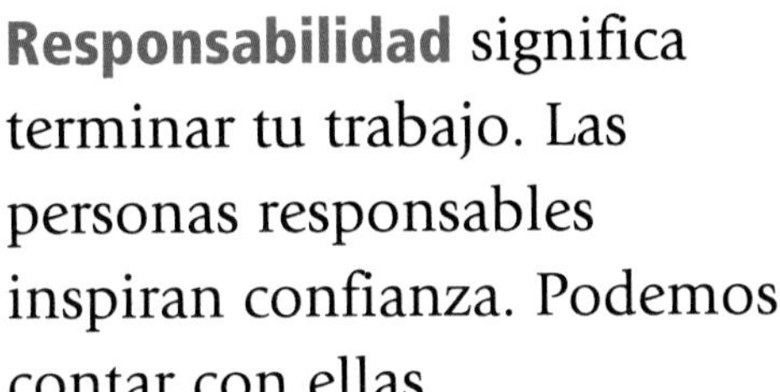

Responsabilidad significa terminar tu trabajo. Las personas responsables inspiran confianza. Podemos contar con ellas.

Respeto significa prestar atención a lo que otras personas desean y creen. Tratar a los demás con respeto permite que todos se lleven bien.

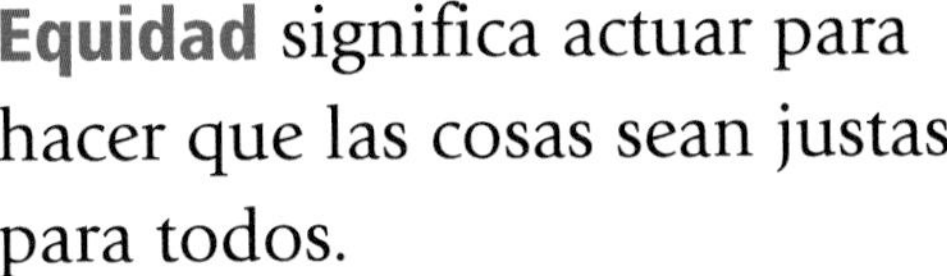

Equidad significa actuar para hacer que las cosas sean justas para todos.

Civismo significa hacer cosas para ayudar a que las comunidades trabajen bien juntas.

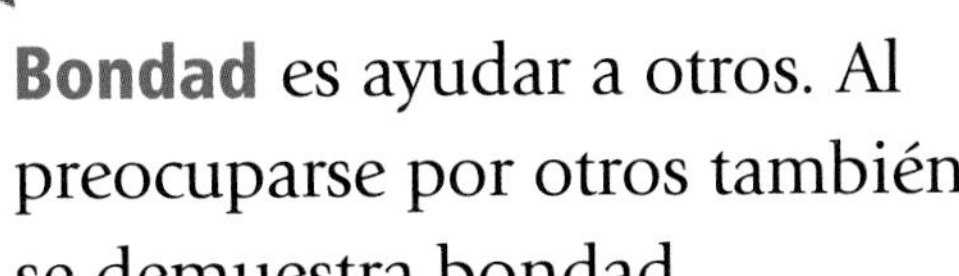

Bondad es ayudar a otros. Al preocuparse por otros también se demuestra bondad.

Diccionario biográfico

El número de página que aparece después de cada entrada se refiere al lugar donde se menciona la persona por primera vez. Para ver referencias más completas de las personas, consulta el índice.

Abubakar, Abdulsalami antiguo líder de Nigeria (p. 37).

Adams, Abigail (1744–1818) esposa de John Adams, segundo presidente de Estados Unidos; renombrada escritora de cartas (p. 125).

Adams, John (1735–1826) primer vicepresidente de Estados Unidos (1789–1797); segundo presidente de Estados Unidos (1797–1801) (p. 125).

Adams, John Quincy (1767–1848) hijo de Abigail y John Adams; sexto presidente de Estados Unidos (1825–1829) (p. 129).

Addams, Jane (1860–1935) trabajó con los pobres de Chicago; ganó un premio Nobel en 1931.

Appleseed, Johnny (¿1775?–1845) personaje estadounidense conocido en leyendas por haber plantado semillas de manzanas durante sus viajes; su nombre verdadero era John Chapman (p. 319).

Banneker, Benjamin (1731–1806) científico estadounidense; ayudó a hacer el mapa topográfico de Washington, D.C.

Barton, Clara (1821–1912) estadounidense que ayudó a soldados heridos durante la Guerra Civil; fundó la Cruz Roja estadounidense en 1881.

Bates, Katharine Lee (1859–1929) escritora, autora de "America the Beautiful" (p. 37).

Bethune Mary McLeod (1875–1955) estadounidense que luchó por mejorar la educación de los afroamericanos.

Bloomberg, Michael (1942–) 108° alcalde de la Ciudad de Nueva York; asumió el cargo en 2002 (p. 343).

Brownscombe, Jennie Augusta (1850–1936) pintora e ilustradora estadounidense (p. 123).

Bush, George W. (1946–) 43° presidente de Estados Unidos (2001–) (p. 248).

Cabrillo, Juan Rodríguez murió en 1543; exploró la costa de California en nombre de España (p. 112).

Carter, Jimmy (1924–) 39° presidente de Estados Unidos; ganó el premio Nobel de la Paz en 2002 (p. 357).

Champlain, Samuel de (¿1567?–1635) explorador francés que navegó a Canadá en 1608 (p. 113).

Chávez, César (1927–1993) líder mexicoamericano que fundó la Unión de Trabajadores Agrícolas (p. 350).

Colón, Cristóbal (1451–1506) explorador que navegó a América del Norte en 1495 (p. 110).

Douglas, Marjory Stoneman (1890–1998) periodista de Florida; escribió sobre los pantanos de los Everglades (p. 43).

Douglass, Frederick (1817–1895) estadounidense que escapó de la esclavitud y luchó por eliminarla (p. 173).

Edison, Thomas A. (1847–1931) inventor de la bombilla eléctrica y la cámara cinematográfica (p. 354).

Escalante, Jaime (1930–) maestro de matemáticas que trabajaba con estudiantes en el este de Los Ángeles; personaje en que se inspiró la película *Con ganas de triunfar (Stand and Deliver)* de 1988.

Flores, arzobispo Patrick (1929–) líder de la arquidiócesis de San Antonio, encabeza el mayor grupo de diócesis católicas en Estados Unidos.

Ford, Henry (1863–1947) empresario que desarrolló el automóvil impulsado por gasolina (p. 296).

Franklin, Benjamín (1706–1790) escritor, cientifico e impresor que ayudó a escribir la Constitución (p. 126).

Fulton, Robert (1765–1815) inventor que construyó el primer barco de vapor de utilidad en 1807 (p. 161).

Graham, Katharine (1927–2001) editora del periódico The Washington Post (p. 260).

Guasperi, Roberta profesora de música, comenzó el programa de enseñanza de violín en East Harlem en Nueva York (p. 356).

Hiawatha líder de los haudenosaunee que ayudó a unir cinco naciones haudenosaunee (p. 98).

Holmes, Oliver Wendell, Jr. (1841–1935) juez asociado de la Corte Suprema de EE.UU. entre 1902 y 1932 (p. 312).

Hutchinson, Anne (1591–1643) colonizadora estadounidense, expulsada de la colonia de Massachusetts Bay debido a sus creencias religiosas (p. 119).

Isabel II (1926–) reina de Gran Bretaña y Canadá (p. 134).

Jefferson, Thomas (1743–1826) tercer presidente de Estados Unidos; escribió la Declaración de Independencia (p. 125).

Jesús: la fundación del cristianismo se basó en sus enseñanzas (p. 340).

Keller, Helen (1880–1968) oradora y escritora que era sorda y ciega; trabajó para ayudar a la gente con discapacidades (p. 354).

Key, Francis Scott (1779–1843) escritor del himno nacional *The Star-Spangled Banner* (La Bandera de Barras y Estrellas) (p. R4).

King, Martin Luther, Jr. (1929–1968) líder estadounidense que luchó por los derechos civiles (p. 348).

Lin, Maya (1959–) escultora y arquitecta; diseñó el Monumento a los Veteranos de Vietnam situado en Washington D.C. (p. 355).

Lincoln, Abraham (1809–1865) 16° presidente de Estados Unidos (p. 242).

Mandela, Nelson (1918–) líder sudafricano (p. 250).

Mankiller, Wilma (1945–) primera jefa de la nación cherokee (p. 91).

Massasoit (¿1580?–1661) líder de los wampanoag que ayudó a los colonizadores en Plymouth (p. 122).

Mahoma fundador de la religión islámica (p. 341).

Morse, Samuel (1791–1872) inventor que construyó la primera línea de telégrafo en 1844 (p. 162).

Muir, John (1838–1914) estudió y escribió acerca de la tierra en todo Estados Unidos, incluido el valle de Yosemite en California (p. 42).

O'Connor, Sandra Day (1930–) primera jueza de la Corte Suprema (p. 361).

Parks, Rosa (1913–) líder estadounidense de los derechos civiles.

Pataki, George (1945–) 53° gobernador de Nueva York; asumió el cargo en 1994 (p. 343).

Peacemaker hombre sagrado de los haudenosaunee que transmitió un mensaje de paz a las naciones haudenosaunee (p. 98).

Pulaski, Casimir (1747–1779) general polaco que luchó por las colonias en la guerra contra Gran Bretaña (p. 350).

Ride, Sally (1951–) primera mujer estadounidense en el espacio (p. R9).

Ripken, Calvin Edward, Jr. (1960–) jugador estadounidense de béisbol conocido como "Cal" que en 1995 rompió la marca de juegos consecutivos jugados.

Robinson, Jack Roosevelt (1919–1972) jugador de béisbol conocido como "Jackie" que fue el primer jugador afroamericano en llegar a las grandes ligas.

Roosevelt, Theodore (1858–1919) 26° presidente de Estados Unidos; ganó el premio Nobel de la Paz en 1906 (p. 349).

Sacajawea (¿1787?–1812) guía e intérprete de los shoshone que acompañó la Expedición de Lewis y Clark entre 1805 y 1806.

Sequoyah (¿1770?–1843) líder de los cherokee que inventó un sistema para escribir su idioma (p. 92).

Sosa, Samuel (1968–) jugador de béisbol nacido en República Dominicana conocido como "Sammy"; rompió la marca de jonrones en una sola temporada en 1998.

Sullivan, Anne (1866–1936) maestra de Helen Keller (p. 354).

Tubman, Harriet (¿1820?–1913) ayudó a muchos esclavos a escapar y lograr la libertad en la organización clandestina llamada Underground Railroad (p. 352).

Walker, Señora C.J. (1876–1919) empresaria estadounidense; se convirtió en la primera mujer millonaria independiente de EE.UU. (p. 297).

Washington, George (1732–1799) primer presidente de Estados Unidos (p. 124).

Williams, Roger (¿1603?–1683) líder religioso, se le pidió irse de Massachusetts debido a sus creencias; luego fundó Providence, Rhode Island (p. 119).

Woods, Eldrick (1975–) golfista conocido como "Tiger"; se convirtió en el jugador más joven en ganar el título Masters en 1997.

Zworykin, Vladimir (1889–1982) inmigrante ruso que ayudó a inventar la televisión (p. 177).

Términos geográficos

bahía
área de un lago u océano parcialmente rodeada de tierra

colina
masa elevada de tierra, más pequeña que una montaña

cordillera montañosa
cadena de montañas

costa
tierra al lado del mar

delta
área triangular de terreno formada por depósitos de tierra fina en la desembocadura de un río

▲ **desierto**
área seca donde crecen pocas plantas

golfo
área grande de océano parcialmente rodeada de tierra

▲ **isla**
masa de tierra rodeada por completo de agua

lago
cuerpo de agua rodeado por completo de tierra

llanura
gran área de terreno plano

llanura costera
área de tierras bajas al lado del mar

meseta
formación terrestre o accidente geográfico que se eleva por encima del terreno cercano y que puede ser plana u ondulada

montaña
masa elevada de tierra muy empinada, mucho más alta que el terreno de los alrededores

nivel del mar
nivel de la superficie del océano

océano o mar
cuerpo de agua salada que cubre un área extensa de la Tierra

pantano
área muy húmeda de tierras bajas

península
porción de tierra rodeada casi por completo de agua

río
corriente grande de agua que fluye hacia un lago, océano u otro río

tierras altas
tierra que es más alta que la mayoría del terreno de los alrededores

tierras bajas
tierra que es más baja que la mayoría del terreno de los alrededores

valle
tierra baja entre colinas o montañas

Atlas

El mundo: Político

ALB. —Albania
AZER. —Azerbaijan (Azerbaiyán)
BOS. & HERZ. —Bosnia & Herzegovina (Bosnia y Herzegovina)
CEN. AFR. REP. —Central African Republic (República Centroafricana)
DEM. REP. OF CONGO —Democratic Republic of Congo (República Democrática del Congo)
FR. —France (Francia)
IT. —Italy (Italia)
LIECH. —Liechtenstein
LUX. —Luxemburg (Luxemburgo)
NETH. —Netherlands (Países Bajos)
N.Z. —New Zealand (Nueva Zelanda)
REP. OF CONGO —Republic of Congo (República del Congo)
SERB. & MONT. —Serbia & Montenegro (Serbia y Montenegro)
SLOV. —Slovenia (Eslovenia)
SWITZ. —Switzerland (Suiza)
U.A.E. —United Arab Emirates (Emiratos Árabes Unidos)
U.K. —United Kingdom (Reino Unido)
U.S. —United States (Estados Unidos de América)

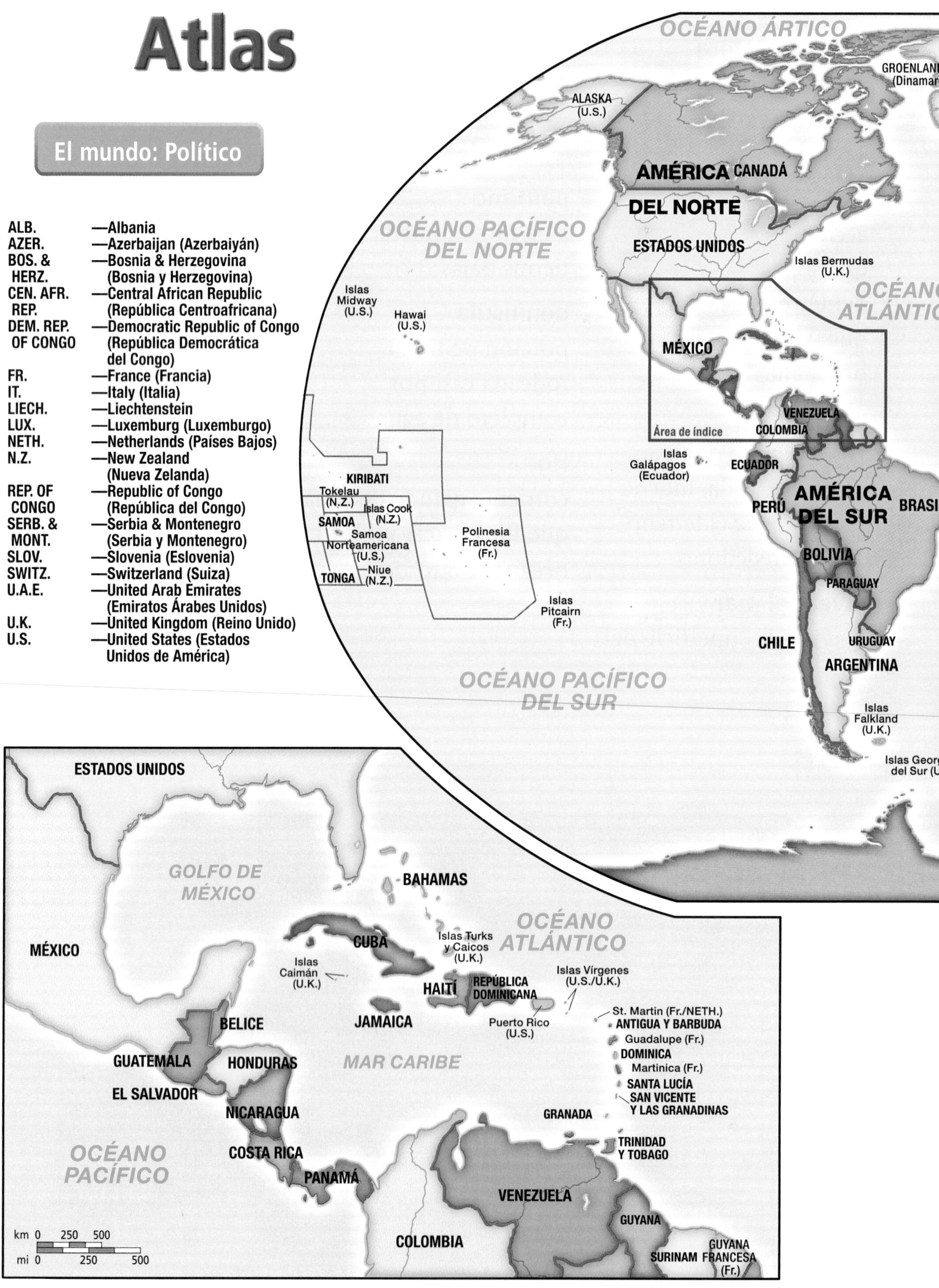

OCÉANO ÁRTICO
ISLANDIA (Noruega)
Área de índice
RUSIA
ASIA
EUROPA
KAZAJSTÁN
MONGOLIA
GEORGIA
ARMENIA
TURQUÍA
AZER.
UZBEKISTÁN
KIRGUISTÁN
TURKMENISTÁN
TAYIKISTÁN
CHINA
COREA DEL NORTE
COREA DEL SUR
JAPÓN
OCÉANO PACÍFICO
TÚNEZ
CHIPRE
LÍBANO
SIRIA
IRAK
ISRAEL
JORDANIA
IRÁN
AFGANISTÁN
KUWAIT
PAKISTÁN
NEPAL
BUTÁN
MARRUECOS
ARGELIA
LIBIA
EGIPTO
QATAR
U.A.E.
BANGLADESH
TAIWÁN
SAHARA OCCIDENTAL (Marruecos)
ÁFRICA
ARABIA SAUDITA
OMÁN
INDIA
MYANMAR
LAOS
MAURITANIA
MALI
NIGER
CHAD
ERITREA
YEMEN
TAILANDIA
VIETNAM
CAMBOYA
FILIPINAS
Islas Marianas del Norte (U.S.)
Guam (U.S.)
ISLAS MARSHALL
SENEGAL
GAMBIA
GUINEA-BISSAU
GUINEA
SIERRA LEONA
LIBERIA
BURKINA FASO
GHANA
COSTA DE MARFIL
TOGO
BENÍN
NIGERIA
SUDÁN
DJIBOUTI
ETIOPÍA
SOMALIA
SRI LANKA
BRUNEI
ESTADOS FEDERADOS DE MICRONESIA
PALAU
KIRIBATI
REP. CEN.
CAMERÚN
GUINEA ECUATORIAL
SANTO TOMÉ Y PRÍNCIPE
GABÓN
REP. DEL CONGO
DEM. REP. OF CONGO
UGANDA
KENIA
RUANDA
BURUNDÍ
TANZANIA
MALDIVAS
MALASIA
SINGAPUR
INDONESIA
PAPÚA NUEVA GUINEA
NAURU
ISLAS SALOMÓN
TUVALU
TIMOR ORIENTAL
ANGOLA
ZAMBIA
MALAWI
COMOROS
MOZAMBIQUE
ZIMBABWE
OCÉANO ÍNDICO
VANUATU
FIJI
Nueva Caledonia (Fr.)
NAMIBIA
BOTSWANA
MADAGASCAR
MAURICIO
Reunión (Fr.)
AUSTRALIA
SWAZILANDIA
LESOTHO
SUDÁFRICA
km 0 1000 2000
mi 0 1000 2000
NUEVA ZELANDA
OCÉANO ATLÁNTICO
ANTÁRTIDA
FINLANDIA
SUECIA
NORUEGA
RUSIA
ESTONIA
km 0 150 300
mi 0 150 300
MAR DEL NORTE
LETONIA
DINAMARCA
LITUANIA
REINO UNIDO
RUSIA
IRLANDA
BIELORRUSIA
NETH.
ALEMANIA
POLONIA
BÉLGICA
LUX.
REPÚBLICA CHECA
UCRANIA
LIECH.
AUSTRIA
ESLOVAQUIA
FRANCIA
SWITZ.
HUNGRÍA
MOLDAVIA
OCÉANO ATLÁNTICO
SLOV.
CROACIA
SAN MARINO
RUMANIA
BOS. & HERZ.
SERB. & MONT.
MÓNACO
BULGARIA
Córcega (Fr.)
ANDORRA
ITALIA
MACEDONIA
ALB.
PORTUGAL
Cerdeña (It.)
GRECIA
Islas Baleares (Fr.)
ESPAÑA
TURQUÍA
Sicilia (Italia)
GIBRALTAR (U.K.)
MAR MEDITERRÁNEO
MARRUECOS
ARGELIA
TÚNEZ

Atlas

El mundo: Topográfico

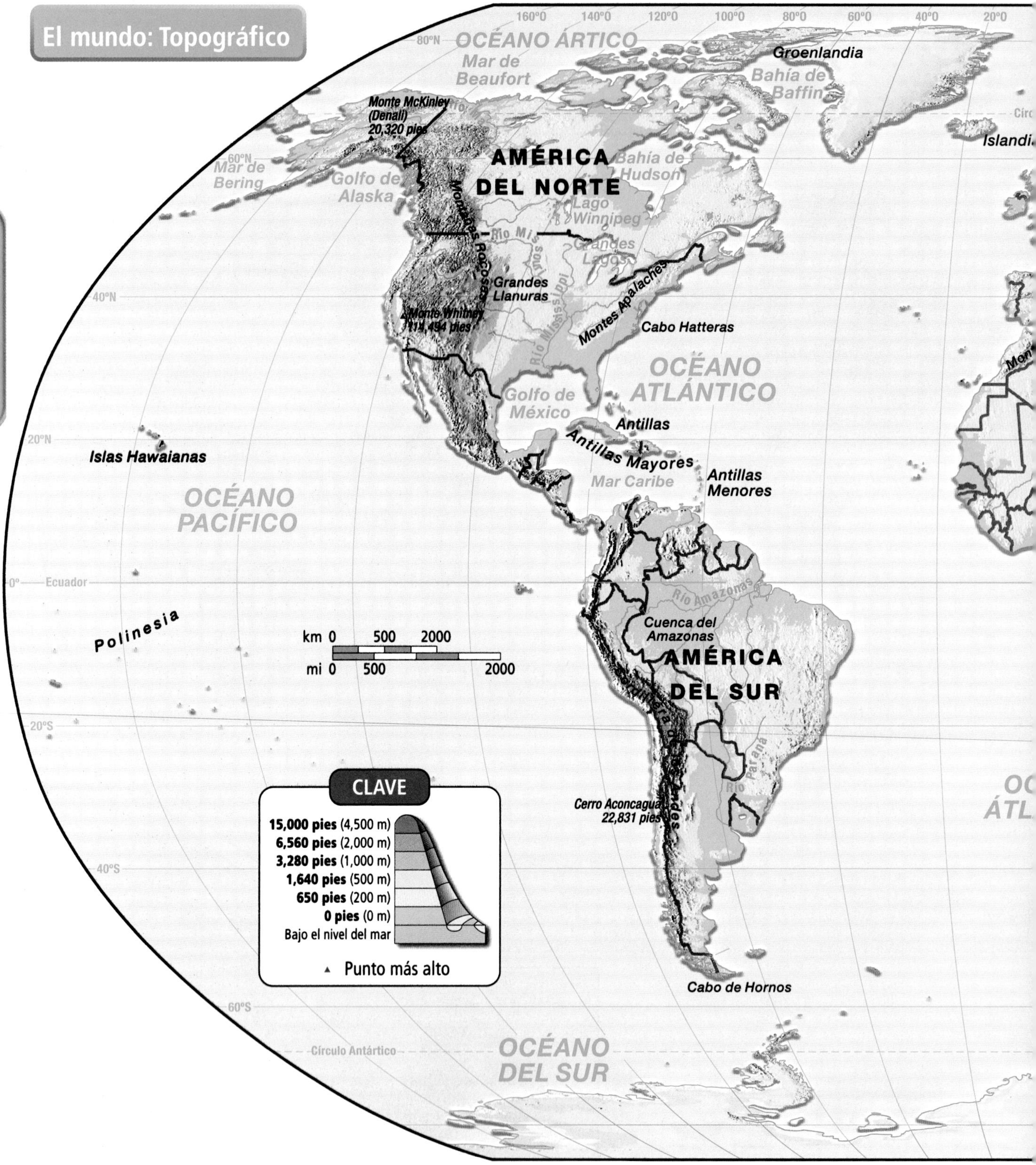

OCÉANO ÁRTICO
Mar de Barents
EUROPA
Llanura Europea del Norte
Montes Urales
Río Ob
Río Yenisey
Río Volga
Río Danubio
Alpes
Monte Elbrus 18,510 pies
Mar Negro
Mar Caspio
Cáucaso
Mar Aral
Mar Mediterráneo
ASIA
Lago Baikal
Río Amur
Mar de Okhotsk
Desierto de Gobi
Mar del Japón
OCÉANO PACÍFICO
Cordillera del Himalaya
Monte Everest 29,035 pies
Río Ganges
Mar de China Oriental
SAHARA
SAHEL
Mar Rojo
Río Nilo
Río Níger
ÁFRICA
Mar Arábigo
Golfo de Bengala
Mar de China Meridional
Islas Filipinas
Micronesia
Río Congo
Lago Victoria
Monte Kilimanjaro 19,340 pies
Sumatra
Borneo
Java
Nueva Guinea
Melanesia
OCÉANO ÍNDICO
Madagascar
Desierto de Kalahari
Cabo de Buena Esperanza
Gran Desierto de Arena
AUSTRALIA
Río Darling
Mar del Coral
Mar de Tasmania
Monte Kosciusko 7,310 pies
Isla del Norte
Isla del Sur
Círculo Antártico
ANTÁRTIDA
Ecuador
20°E
40°E
60°E
80°E
100°E
120°E
140°E
160°E
80°N
60°N
40°N
20°N
0°
20°S
60°S

Atlas

Hemisferio Occidental: Político
OCÉANO ÁRTICO
Mar de Beaufort
GROENLANDIA (DINAMARCA)
Alaska (EE.UU.)
Bahía de Hudson
Mar de Labrador
CANADÁ
Grandes Lagos
Ottawa
Gran Lago Salado
ESTADOS UNIDOS
Washington D.C.
OCÉANO ATLÁNTICO
Golfo de México
BAHAMAS
La Habana
CUBA
HAITÍ
REPÚBLICA DOMINICANA
PUERTO RICO (EE.UU.)
ISLAS VÍRGENES (EE.UU.)
SAINT KITTS Y NEVIS
SANTA LUCÍA
BARBADOS
GRANADA
Trópico de Cáncer
Hawai (EE.UU.)
MÉXICO
Ciudad de México
BELICE
Belmopán
Kingston
JAMAICA
Santo Domingo
Puerto Príncipe
GUATEMALA
Ciudad de Guatemala
Tegucigalpa
EL SALVADOR
San Salvador
Managua
HONDURAS
San José
NICARAGUA
COSTA RICA
PANAMÁ
Ciudad de Panamá
Caracas
VENEZUELA
Georgetown
Paramaribo
Cayenne
GUYANA FRANCESA (FRANCIA)
SURINAM
GUYANA
OCÉANO PACÍFICO
Bogotá
COLOMBIA
Ecuador
Quito
Islas Galápagos (Ecuador)
ECUADOR
BRASIL
Lima
PERÚ
La Paz
BOLIVIA
Sucre
Brasilia
Polinesia Francesa (Francia)
PARAGUAY
Asunción
Trópico de Capricornio
CHILE
N
O
E
S
Santiago
Buenos Aires
Montevideo
URUGUAY
ARGENTINA
CLAVE
Capital nacional
Frontera nacional
km 0 500 1000
mi 0 500 1000
Islas Falkland (R.U.)
Islas Georgias del Sur (R.U.)
140°O
120°O
100°O
80°O
60°O
40°O
60°N
40N
20°N
0°
20°S
40°S
60°S
Atlas

Hemisferio Occidental: Topográfico

Atlas

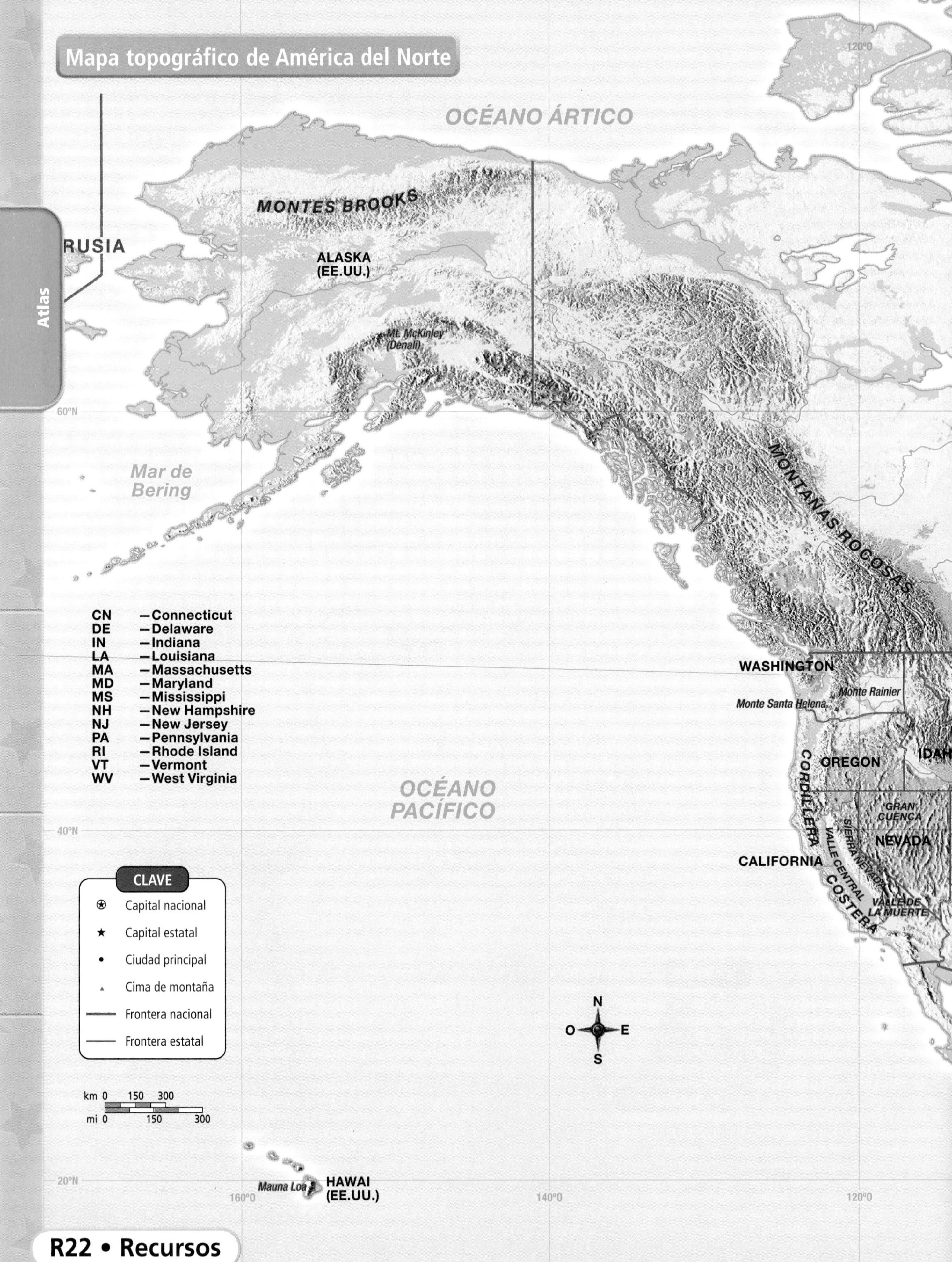

Mapa topográfico de América del Norte
OCÉANO ÁRTICO
MONTES BROOKS
RUSIA
ALASKA (EE.UU.)
Mt. McKinley (Denali)
Mar de Bering
MONTAÑAS ROCOSAS
WASHINGTON
Monte Rainier
Monte Santa Helena
OREGON
IDAH
CORDILLERA COSTERA
GRAN CUENCA
SIERRA NEVADA
VALLE CENTRAL
NEVADA
CALIFORNIA
VALLE DE LA MUERTE
OCÉANO PACÍFICO
CN —Connecticut
DE —Delaware
IN —Indiana
LA —Louisiana
MA —Massachusetts
MD —Maryland
MS —Mississippi
NH —New Hampshire
NJ —New Jersey
PA —Pennsylvania
RI —Rhode Island
VT —Vermont
WV —West Virginia
CLAVE
Capital nacional
Capital estatal
Ciudad principal
Cima de montaña
Frontera nacional
Frontera estatal
N
O
E
S
km 0 150 300
mi 0 150 300
Mauna Loa
HAWAI (EE.UU.)
60°N
40°N
20°N
160°O
140°O
120°O

Bahía de Baffin
GROENLANDIA (EE.UU.)
Mar de Labrador
Bahía de Hudson
CANADÁ
Lago Winnipeg
Grandes Lagos
Río San Lorenzo
Ottawa
MONTANA
DAKOTA DEL NORTE
MINNESOTA
DAKOTA DEL SUR
WISCONSIN
MICHIGAN
MAINE
Monte Washington
VT
NH
NUEVA YORK
MA
CT
RI
WYOMING
NEBRASKA
IOWA
ILLINOIS
IN
OHIO
PA
NJ
MD
DE
WV
Washington, D.C.
MONTAÑAS ROCOSAS
GRANDES LLANURAS
Río Missouri
PRADERAS CENTRALES
Pike's Peak
COLORADO
KANSAS
MISSOURI
Río Ohio
KENTUCKY
VIRGINIA
MONTES APALACHES
Río Arkansas
ARKANSAS
TENNESSEE
CAROLINA DEL NORTE
GRAN CAÑÓN
OKLAHOMA
Río Mississippi
MS
CAROLINA DEL SUR
NUEVO MÉXICO
ALABAMA
LA
GEORGIA
TEXAS
LLANURA COSTERA DEL GOLFO
OCÉANO ATLÁNTICO
Río Grande
MÉXICO
FLORIDA
SIERRA MADRE OCCIDENTAL
SIERRA MADRE ORIENTAL
GOLFO DE MÉXICO
BAHAMAS
La Habana
CUBA
PUERTO RICO (EE.UU.)
Ciudad de México
100°O
80°O
60°O
60°N
40°N
20°N
Atlas

Estados Unidos: Político

CANADÁ
Río San Lorenzo
Lago Superior
Lago Michigan
Lago Hurón
Lago Ontario
Lago Erie
DAKOTA DEL NORTE
Bismarck
Fargo
MINNESOTA
St. Paul
Minneapolis
DAKOTA DEL SUR
Pierre
Sioux Falls
Río Missouri
WISCONSIN
Madison
Milwaukee
MICHIGAN
Grand Rapids
Lansing
Detroit
IOWA
Cedar Rapids
Omaha
Des Moines
NEBRASKA
Lincoln
Chicago
ILLINOIS
Springfield
INDIANA
Indianapolis
OHIO
Cleveland
Columbus
Cincinnati
Kansas City
Kansas City
Topeka
KANSAS
St. Louis
Jefferson City
MISSOURI
Louisville
Frankfort
Río Ohio
KENTUCKY
WEST VIRGINIA
Charleston
VIRGINIA
Richmond
Norfolk
Tulsa
Oklahoma City
OKLAHOMA
Fort Smith
ARKANSAS
Little Rock
Río Mississippi
Memphis
Nashville
TENNESSEE
CAROLINA DEL NORTE
Greensboro
Raleigh
Dallas
TEXAS
Austin
Houston
San Antonio
LOUISIANA
Baton Rouge
Nueva Orleans
MISSISSIPPI
Jackson
Birmingham
Montgomery
ALABAMA
Mobile
GEORGIA
Atlanta
Savannah
Columbia
CAROLINA DEL SUR
Charleston
Jacksonville
Tallahassee
FLORIDA
Tampa
Miami
NEW HAMPSHIRE
VERMONT
MAINE
Augusta
Montpelier
Burlington
Portland
Concord
Manchester
NUEVA YORK
Albany
Rochester
Buffalo
Boston
MASSACHUSETTS
Providence
Hartford
New Haven
RHODE ISLAND
CONNECTICUT
PENNSYLVANIA
Newark
Nueva York
Harrisburg
Trenton
Pittsburgh
Philadelphia
NEW JERSEY
Baltimore
Dover
DELAWARE
Annapolis
Washington, D.C.
MARYLAND
OCÉANO ATLÁNTICO
GOLFO DE MÉXICO
BAHAMAS
CUBA
km 0 100 200 300 400 500
mi 0 100 200 300 400 500
Atlas

Estados Unidos: Topográfico

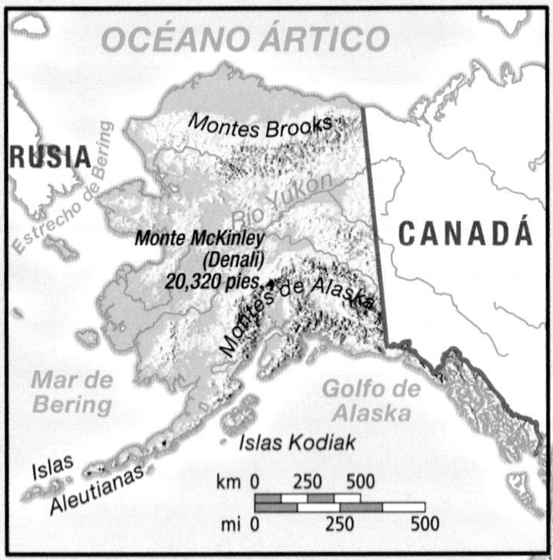

OCÉANO ÁRTICO
RUSIA
Montes Brooks
Estrecho de Bering
Río Yukón
CANADÁ
Monte McKinley (Denali) 20,320 pies
Montes de Alaska
Mar de Bering
Golfo de Alaska
Islas Kodiak
Islas Aleutianas
km 0 250 500
mi 0 250 500

N O E S

Monte Rainier 14,410 pies
CORDILLERA DE LAS CASCADAS
MESETA DE COLUMBIA
Río Columbia
Monte Hood 11,239 pies
MONTES BITTERROOT
Río Missouri
Río Yellowstone
MONTAÑAS BIGHORN
GRANDES LLANURAS
Colinas Negras
Badla
Río Snake
MONTAÑAS ROCOSAS
CORDILLERA COSTERA
Monte Shasta 14,162 pies
Río Sacramento
SIERRA NEVADA
VALLE CENTRAL
CUENCA Y MONTAÑAS
MONTES WASATCH
Bahía de San Francisco
Río San Joaquín
OCÉANO PACÍFICO
Monte Whitney 14,494 ft.
Valle de la Muerte 282 pies bajo el nivel del mar
Río Green
Río Colorado
Pikes Peak 14,110 pies
MONTAÑAS SANGRE DE CRISTO
Desierto Pintado
Meseta de Colorado
Gran Cañón
Desierto de Mojave
Islas del Canal
DIVISORIA CONTINENTAL
Gila River
Desierto de Sonora
Llano Estacado
Río Pecos
Río Grande
Meset de Edwa
Golfo de California
MÉXICO

CLAVE

15,000 pies (4,500 m)
6,560 pies (2,000 m)
3,280 pies (1,000 m)
1,640 pies (500 m)
650 pies (200 m)
0 pies (0 m)
Bajo el nivel del mar
▲ Punto más alto

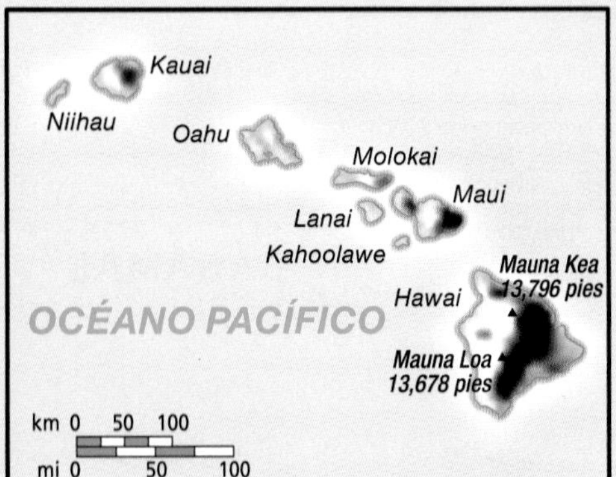

Kauai
Niihau
Oahu
Molokai
Maui
Lanai
Kahoolawe
Hawai
Mauna Kea 13,796 pies
OCÉANO PACÍFICO
Mauna Loa 13,678 pies
km 0 50 100
mi 0 50 100

CANADÁ
Río San Lorenzo
Montañas Mesabi
Lago Superior
Monte Washington 6,288 pies
Montes Blancos
Montes Adirondacks
Río Connecticut
Lago Ontario
Lago Michigan
Lago Hurón
Río Mississippi
Río Hudson
Montes Catskill
Nantucket
Martha's Vineyard
Long Island
MESETA DE ALLEGHENY
Lago Erie
Río Des Moines
Río Missouri
Sand Hills
Río Platte
PRADERAS CENTRALES
Río Delaware
Río Susquehanna
Bahía de Delaware
MONTES APALACHES
Río Ohio
Río Wabash
Bahía Chesapeake
MESETA DE OZARK
Río Arkansas
Monte Mitchell 6,684 pies
MONTES BLUE RIDGE
LÍNEA DE COMIENZO DE MESETA
LLANURA COSTERA DEL ATLÁNTICO
Meseta Cumberland
Río Tennessee
MONTES OUACHITA
Río Red
Río Savannah
Río Tombigbee
Río Sabine
Río Oconee
Río Chattahoochee
Río Alabama
Río Altamaha
Río Pearl
Río Brazos
Río Colorado
LLANURA COSTERA DEL GOLFO
OCÉANO ATLÁNTICO
Bahía de Mobile
Bahía de Pensacola
Bahía de Galveston
Bahía de Tampa
Golfo de México
Everglades
BAHAMAS
Cayos de la Florida
km 0 100 200 300 400 500
mi 0 100 200 300 400 500
CUBA

Gaceta geográfica

Acworth Suburbio en Georgia cercano a la ciudad de Atlanta. (34°N, 84°O) **página 18**

África El segundo continente más grande de la Tierra. (10°N, 22°E) **página 185**

Alaska Estado al noroeste de Estados Unidos. (64°N, 150°O) **página 3**

Alemania País de Europa. Su capital es Berlín. (51°N, 10°E) **página 151**

Alpes Cadena montañosa en el sur de Europa central. (46°N, 8°E)

América del Sur El cuarto continente más grande de la Tierra. (14°S, 55°O) **página 184**

Anchorage La ciudad más grande de Alaska. Está en la parte sur del estado en la ensenada Cook. (61°N, 150°O) **página 30**

Antártida Continente en el Polo Sur. (75°S, 15°E)

Antillas Grupo de islas entre el sureste de América del Norte y el noreste de América del Sur. (19°N, 78°O) **página 111**

Arizona Estado en el suroeste de los Estados Unidos. Su capital es Phoenix. (34°N, 113°O) **página 74**

Asia El continente más grande de la Tierra. Está separado de Europa por los montes Urales. (50°N, 100°E) **página 110**

Atlanta La capital y ciudad más grande de Georgia. (34°N, 84°O) **página 17**

Australia El continente más pequeño de la Tierra. (25°S, 133°E)

Bahía de San Diego Bahía del océano Pacífico cerca de la frontera de México y Estados Unidos. (32°N, 117°O) **página 112**

Brasil País de América del Sur. Su capital es Brasilia. (9°S, 53°O) **página 184**

California Estado occidental en la costa del Pacífico. Su capital es Sacramento. (38°N, 121°O) **página 46**

Camboya País del sureste de Asia en el Golfo de Siam. Su capital es Phnom Penh. (13°N, 105°E) **página 320**

Canadá País al norte de Estados Unidos. Su capital es Ottawa. (50°N, 100°O) **página 101**

Carolina del Norte Estado del sureste de los Estados Unidos. Su capital es Raleigh. (36°N, 82°W) **página 91**

China País en el este de Asia. Su capital es Beijing. (37°N, 94°E) **página 174**

Círculo Antártico Línea de latitud que rodea la Antártida. (66°S)

Círculo Ártico Línea de latitud al sur del Polo Norte. (66°N) **página 174**

Ciudad de México Capital de México. (19°N, 99°O) **página 54**

Condado Fulton Un condado en el estado de Georgia. (33°N, 84°O) **página 229**

Cordillera Costera Cordillera en el occidente de América del Norte. Se extienden desde el sureste de Alaska hasta el sur de California. (41°N, 123°O) **página 36**

Corea Península al este de Asia. Está dividida en los países de Corea del Sur y Corea del Norte. (37°N, 127°E) **página 175**

Cuenca y Cordillera En Estados Unidos, región de desiertos y montañas al este de la Sierra Nevada. (32°N, 108°O) **página 37**

Egipto País en el mar Mediterráneo al noreste de África. Su capital es El Cairo. (27°N, 30°E) **página 320**

España País de Europa. Su capital es Madrid. (40°N, 5°O) **página 55**

Estados Unidos País del centro y noreste de América del Norte. Su capital es Washington D.C. (38°N, 110°O) página 8

Europa El sexto continente más grande. Está localizado entre Asia y el océano Atlántico. (50°N, 15°O) página 110

Everglades Un pantano extenso en Florida. (26°N, 80°O) página 41

Filipinas País del este de Asia. Su capital es Manila. (14°N, 125°E) página 175

Florida Estado del sureste de Estados Unidos que está rodeado por el Golfo de México y el océano Atlántico. Su capital es Tallahassee. (27°N, 82°O) página 41

Francia País de Europa. Su capital es París. (47°N, 1°E) página 111

Georgia Estado en el sureste de Estados Unidos. Su capital y ciudad más grande es Atlanta. (32°N, 81°O) página 17

Golfo de México Parte del océano Atlántico en el sureste de América del Norte (25°N, 94°O) página 39

Gran Bretaña Isla frente a la costa occidental de Europa. Incluye Inglaterra, Escocia y Gales. (50°N, 0°O) página 124

Gran Cañón Un cañón profundo en el noroeste de Arizona. (36°N, 112°O) página 37

Grandes Lagos Grupo de cinco grandes lagos entre Estados Unidos y Canadá. (45°N, 83°O) página 39

Grandes Llanuras Grandes praderas al este de las montañas Rocosas. (45°N, 104°O) página 38

Haití País de las Antillas. Su capital es Puerto Príncipe. (18°N, 69°O) página 320

Inglaterra Parte del Reino Unido en la isla de Gran Bretaña. Londres es su capital y la ciudad más grande. (52°N, 2°O) página 118

Irlanda País en el norte del océano Atlántico. Está situado al oeste de Gran Bretaña. (53°N, 2°O) página 151

Angel Island Isla de la Bahía de San Francisco. Alguna vez fue un centro de gobierno para inmigrantes. (38°N, 122°O) página 175

Ellis Island Isla en el puerto de Nueva York donde llegaban los inmigrantes. (41°N, 74°O) página 176

Japón País frente a la costa noreste de Asia. Su capital es Tokio. (37°N, 134°E) página 175

Llanura Costera Atlántico Región de llanuras a lo largo de la costa Atlántica. (35°N, 78°O) página 40

Llanura Costera del Golfo Llanura que está rodeada por el Golfo de México desde Florida hasta el sur de Texas. (30°N, 90°O) página 38

Maine Estado del noreste de los Estados Unidos. Su capital es Augusta. (45°N, 70°O) página 40

Massachusetts Estado del noreste de los Estados Unidos. Su capital es Boston. (42°N, 73°O) página 40

Meseta del Colorado Región de mesetas en el suroeste de los Estados Unidos. (40°N, 107°O) página 37

México País de América del Norte, al sur de los Estados Unidos. Su capital es la Ciudad de México. (24°N, 104°O) página 54

Miami Ciudad del sureste de Florida. (26°N, 80°O) página 46

Missouri Estado del centro de los Estados Unidos. Su capital es Jefferson City. (38°N, 94°O) página 150

Montañas Rocosas Región montañosa en el oeste de los Estados Unidos. (50°N, 114°O) página 37

Montes Apalaches Cordillera al oeste de las Llanuras de la costa Atlántica. (37°N, 82°O) página 40

Montreal Ciudad situada al sureste de Canadá. Es la ciudad más grande de Canadá. (45°N, 73°O) página 134

Moscú Capital de Rusia. Está situada al oeste del centro del país. (55°N, 37°E) página 326

Nueva Inglaterra Región que comprende seis estados del noreste de los Estados Unidos. (43°N, 71°O) página 119

Nueva York (Estado) Estado del noreste de los Estados Unidos. Su capital es Albany. (43°N, 78°O) página 101

Nueva York Ciudad en el sur del estado de Nueva York. Es la ciudad más grande de los Estados Unidos. (41°N, 74°O) página 16

Nuevo México Estado del suroeste de los Estados Unidos. Su capital es Santa Fe. (35°N, 107°O) página 74

Océano Atlántico El segundo océano más grande del mundo. (5°S, 25°O) página 41

Océano Pacífico El océano más grande del mundo. (0°N, 170°O) página 36

Oklahoma Estado al sur del centro de los Estados Unidos. Su capital es Oklahoma City. (36°N, 98°O) página 90

Oregón Estado del noroeste de los Estados Unidos. Su capital es Salem. (44°N, 122°O) página 160

Paradise Valley Pueblo situado al suroeste del centro de Arizona. (33°N, 111°O) página 204

Pennsylvania Estado en el este de los Estados Unidos. Su capital es Harrisburg. (41°N, 78°O) página 124

Philadelphia La ciudad más grande del estado de Pennsylvania. (40°N, 75°O) página 124

Plymouth Pueblo en la costa del sur de Massachusetts. (42°N, 70°O) página 118

Portugal País de Europa. Su capital es Lisboa. (38°N, 8°O) página 111

Praderas Centrales Región de llanuras al oeste de los montes Apalaches. (37°N, 78°O) página 38

Presa Oroville Presa del río Feather en California. (39°N, 121°O) página 46

Quebec Provincia de Canadá.1 (47°N, 71°O) página 113

Río Amazonas El segundo río más largo del mundo. Fluye desde el norte de Perú y atraviesa Brasil. (0°S, 49°O) página 184

Río Feather Río al norte del centro de California. (40°N, 121°O) página 46

Río Mekong Río en el sureste de Asia que fluye desde China y atraviesa el sur de Vietnam. (11°N, 105°E)

Río Mississippi Río de gran tamaño de los Estados Unidos. Comienza en el norte de Minnesota y fluye hacia el Golfo de México. (32°N, 92°O) página 39

Río Missouri Río de los Estados Unidos. Fluye desde las montañas Rocosas hasta el río Mississippi. (38°N, 90°O) página 150

Río Nilo Río del este de África. Es el río más largo del mundo. (30°N, 31°E) página 29

Rusia País al este de Europa y norte de Asia. Su capital es Moscú. (61°N, 60°E) página 326

São Paulo Ciudad al sureste de Brasil. Es la ciudad más grande de América del Sur. (23°S, 43°O) página 186

Sierra Nevada Cordillera en California, al este de las Cordilleras de la Costa. (39°N, 20°O) página 36

Sparta Comunidad rural en el estado de Georgia. (33°N, 83°O) página 19

St. Louis Ciudad al este de Missouri. Se localiza cerca del río Mississippi. (38°N, 90°O) página 150

St. Petersburg Ciudad al oeste del centro de Florida, en Tampa Bay. (27°N, 82°O) página 30

Sudán País al noreste de África. Su capital es Khartoum. (15°N, 30°E) página 320

Sudáfrica, Suráfrica País en el extremo sur de África. (30°S, 26°E) página 250

Syracuse Ciudad del centro de Nueva York. (43°N, 76°O) página 98

Tailandia País del sureste de Asia. Su capital es Bangkok. (15°N, 100°E) página 319

Tenochtitlán Antigua ciudad en México construida por los aztecas. Después se convirtió en la ciudad de México. (19°N, 99°O) página 55

Valle Central Valle del centro de California entre la Sierra Nevada y la cordillera de la Costa. (34°N, 119°O) página 36

Valle de la Muerte Región desértica en la sección de Cuenca y Cordillera de California. Es el sitio más caluroso de los Estados Unidos. (35°N, 115°O) página 37

Washington D.C. Capital de los Estados Unidos. Está al lado del río Potomac, entre Virginia y Maryland. (39°N, 77°O) página 240

Wisconsin Estado al norte del centro de Estados Unidos. Su capital es Madison. (44°N, 89°O) página 101

Glosario

accidente geográfico (landform) forma o característica de la superficie terrestre. (pág. 26)

adaptarse (adapt) cambiar la forma en que uno vive para integrarse a un lugar nuevo. (pág. 75)

alcalde (mayor) líder del gobierno de una ciudad. (pág. 228)

alfabeto (alphabet) conjunto de símbolos que representan sonidos hablados. (pág. 370)

antepasado (ancestor) pariente que nació hace mucho tiempo. (pág. 186)

área rural (rural area) lugar lejos de la ciudad. (pág. 19)

área urbana (urban area) territorio y espacios de la ciudad. (pág. 17)

bahía (bay) agua del mar que se extiende tierra adentro. (pág. 28)

bienes (goods) cosas que la gente compra o vende. (pág. 151)

cadena de ensamblaje (assembly line) equipo de trabajadores especializados. (pág. 294)

canal (channel) vía fluvial hecha por personas. (pág. 55)

cañón (canyon) valle con forma de V creado por un río. (pág. 37)

capital (capital) ciudad donde el estado o la nación hace sus leyes. (pág. 54)

capitolio (capitol) edificio donde los líderes del gobierno se reúnen para hacer leyes. (pág. 234)

causa (cause) cosa que hace que un suceso ocurra. (pág. 94)

ceremonia (ceremony) acto formal o evento que rinde honor a las creencias de un grupo de personas. (pág. 77)

ciudadano (citizen) miembro oficial de una comunidad, estado o país. (pág. 8)

clan (clan) familia extendida. (pág. 97)

clave (map key) parte de un mapa que explica cualquier símbolo o color en el mapa. (pág. 14)

clima (climate) tiempo de un lugar por un período largo. (pág. 30)

colonia (colony) comunidad perteneciente a un país lejano. (pág. 118)

comerciar (trade) intercambiar cosas con alguien más. (pág. 84)

comisionado (commissioner) persona que dirige un gobierno, como el de un condado, o un departamento de un gobierno. (pág. 229)

competencia (competition) esfuerzo que hacen los vendedores para atraer compradores. (pág. 275)

comunicación (communication) formas en las que la gente intercambia información. (pág. 162)

comunidad (community) lugar donde las personas viven, trabajan y juegan juntas. (pág. 6)

concejo (council) grupo de funcionarios que hacen reglas o leyes. (pág. 228)

condado (county) área del estado que incluye varias comunidades. (pág. 229)

conflicto (conflict) desacuerdo. (pág. 210)

constitución (constitution) leyes e ideas básicas que un gobierno y su gente siguen. (pág. 100)

consumidor (consumer) alguien que compra bienes o servicios vendidos por un productor. (pág. 287)

contaminación (pollution) cualquier cosa que ensucie el aire, suelo o agua y los haga dañinos. (pág. 56)

contenido (table of contents) páginas que contienen una lista de las secciones de un libro e indican dónde empiezan. (pág. 60)

continente (continent) una de las siete enormes masas de tierra en el mundo.

convención (convention) plan con el que todos están de acuerdo. (pág. 210)

corte (court) lugar donde se contestan preguntas sobre la ley. (pág. 235)

costa (coast) tierra al lado del mar. (pág. 36)

costo de oportunidad (opportunity cost) a lo que la gente debe renunciar para hacer lo que más desea. (pág. 275)

costos (costs) dinero que un negocio paga por trabajadores, máquinas y materiales. (pág. 152)

costumbre (custom) algo que los miembros de un grupo suelen hacer. (pág. 328)

cuadrícula del mapa (map grid) conjunto de líneas rectas que se cruzan para formar cuadros de tamaño igual. (pág. 52)

cultura (culture) forma de vida o creencias, ideas e idioma de un grupo de personas. (pág. 76)

década (decade) período de diez años. (pág. 116)

decisión (decision) acción de tomar una determinación. (pág. 130)

demanda (demand) cantidad que los consumidores están dispuestos a comprar por un precio determinado.(pág. 289)

democracia (democracy) gobierno en el que la gente se gobierna a sí misma. (pág. 126)

derecho (right) libertad. (pág. 212)

desierto (desert) área seca donde cae poca lluvia y crecen pocas plantas. (pág. 37)

día feriado (holiday) ocasión para celebrar un evento o conmemorar a una persona especial. (pág. 338)

diagrama de flujo (flow chart) diagrama que muestra cómo se hace algo. (pág. 298)

diversidad (diversity) variedad. (pág. 172)

economía (economy) forma en que la gente hace, compra, vende y usa las cosas. (pág. 84)

ecuador (equator) línea de latitud que rodea el globo terráqueo exactamente a la mitad entre los polos norte y sur. (pág. 332)

efecto (effect) lo que sucede como resultado de una causa. (pág. 94)

elecciones (election) proceso por el cual la gente vota por gente que los represente. (pág. 225)

embajador (ambassador) persona que representa a su gobierno en otro país.

empresario (entrepreneur) persona que toma un riesgo y empieza un negocio. (pág. 152)

entrevista (interview) junta donde una persona le pide hechos o información a otra. (pág. 280)

erosión (erosion) proceso por el cual el viento o el agua desgasta la tierra a través del tiempo. (pág. 26)

escala del mapa (map scale) símbolos que ayudan a medir distancias en un mapa. (pág. 166)

escasez (scarcity) falta de bienes o servicios. (pág. 276)

esclavitud (slavery) sistema bajo el cual la gente no tiene libertad. (pág. 173)

especializarse (specialize) hacer un tipo especial de trabajo. (pág. 287)

explorador (explorer) persona que viaja para aprender sobre lugares nuevos. (pág. 111)

exportar (export) enviar bienes o servicios a otro país para intercambio o venta. (pág. 301)

fábrica (factory) edificio donde los trabajadores pueden fabricar bienes. (pág. 294)

ferrocarril (railroad) vía con dos rieles de acero por los cuales se desliza el tren. (pág. 161)

fuente indirecta (secondary source) información de alguien que no estaba presente en el suceso. (pág. 182)

fuente original (primary source) información de alguien que estaba presente en el suceso. (pág. 182)

ganancia (profit) dinero que un negocio hace después de pagar sus costos. (pág. 152)

generación (generation) grupo de personas que nació y vivió durante la misma época. (pág. 186)

geografía (geography) estudio de la gente, los lugares y la Tierra. (pág. 26)

glosario (glossary) lista en orden alfabético de palabras difíciles o especiales y sus significados. (pág. 60)

gobernador (governor) persona elegida como jefe del estado. (pág. 235)

gobierno (government) organización que crea leyes y mantiene el orden. (pág. 98)

golfo (gulf) gran sección de mar. (pág. 28)

gráfica lineal (line graph) tipo de gráfica que usa puntos y líneas para mostrar cómo una cosa cambia a través del tiempo. (pág. 158)

grupo étnico (ethnic group) gente que tiene su propio idioma y cultura. (pág. 321)

hecho (fact) algo que puede ser comprobado. (pág. 358)

hemisferio (hemisphere) mitad de la superficie de la Tierra.

herencia (heritage) historia, las ideas y las creencias que la gente recibe del pasado. (pág. 134)

historia (history) registro de sucesos del pasado. (pág. 89)

honrar (honor) demostrar mucho respeto. (pág. 344)

importar (import) comprar bienes o servicios de vendedores en otros países. (pág. 301)

impuesto (tax) cuota que los ciudadanos y otros pagan al gobierno local, estatal o nacional. (pág. 227)

independencia (independence) libertad. (pág. 124)

índice (index) una lista en orden alfabético al final de un libro. (pág. 60)

industria (industry) toda la gente y compañías que venden bienes o servicios similares. (pág. 303)

ingreso (income) dinero que la gente gana por trabajar. (pág. 268)

inmigrante (immigrant) alguien que deja su país y se muda a otro. (pág. 174)

interés (interest) dinero que un banco le paga a la gente por guardar su dinero ahí. (pág. 269)

Internet gran sistema de redes de computadoras. (pág. 280)

justicia (justice) igualdad. (pág. 353)

lago (lake) gran masa de agua estancada rodeada de tierra. (pág. 228)

latitud (latitude) líneas que cruzan el globo terráqueo de este a oeste. (pág. 332)

legado (legacy) algo que se deja del pasado. (pág. 352)

legislatura (legislature) organismo legislativo del estado o del gobierno nacional. (pág. 240)

ley (law) regla que le dice a la gente cómo comportarse en sus comunidades. (pág. 8)

leyenda (legend) historia que se transmitió de una época anterior (pág. 319).

libertad de asociación (freedom of assembly) el derecho que tienen los ciudadanos de reunirse cuando lo deseen. (pág. 213)

libertad de religión (freedom of religion) derecho de practicar una religión o ninguna. (pág. 213)

libre empresa (free enterprise) derecho que la gente tiene de hacer, vender o comprar lo que quiera y pueda pagar. (pág. 213)

libro de consulta (reference book) libro que contiene hechos sobre muchas materias. (pág. 80)

línea cronológica (timeline) línea que muestra las fechas de sucesos y el orden en que ocurrieron. (pág. 116)

llanura (plain) gran extensión de terreno plano o suavemente ondulado. (pág. 27)

longitud (longitude) líneas que cruzan el globo terráqueo de norte a sur. (pág. 332)

mapa climático (climate map) mapa que muestra el tiempo habitual de un área. (pág. 34)

mapa político (political map) mapa que muestra los países, estados, ciudades y pueblos.

mapa topográfico (physical map) mapa que muestra las montañas, ríos, valles y océanos.

máquina de vapor (steam engine) máquina que convierte el vapor en energía. (pág. 161)

medio ambiente (environment) el agua, la tierra, el aire y los seres vivos que te rodean. (pág. 44)

mercado (market) lugar donde la gente compra y vende bienes. (pág. 300)

misión (mission) comunidad construida alrededor de una iglesia. (pág. 120)

monumento (monument) edificio o estatua que nos ayuda a recordar a una persona o suceso. (pág. 242)

oferta (supply) cantidad que los productores están dispuestos a hacer por un precio determinado. (pág. 288)

opinión (opinion) lo que una persona piensa o cree. (pág. 358)

participar (participate) tomar parte en una cosa. (pág. 329)

patriotismo (patriotism) amor a tu país. (pág. 346)

península (peninsula) porción de tierra casi completamente rodeada por agua. (pág. 41)

piedmont terreno suavemente ondulado al pie de las montañas. (pág. 88)

población (population) cantidad de gente que vive en un área. (pág. 16)

poder ejecutivo (executive branch) parte del gobierno nacional que encabeza el presidente. (pág. 241)

poder judicial (judicial branch) rama del gobierno que decide lo que significan las leyes y si obedecen la Constitución. (pág. 241)

presupuesto (budget) plan para el uso del dinero. (pág. 268)

primer meridiano (prime meridian) línea de longitud que pasa por Greenwich, Inglaterra. (pág. 332)

principio (principle) una verdad fundamental. (pág. 339)

productor (producer) alguien que hace y vende bienes. (pág. 286)

propiedad privada (private property) algo que le pertenece a una persona, no al gobierno. (pág. 152)

puerto (port) lugar donde los barcos y los botes pueden anclar. (pág. 29)

punto de vista (point of view) forma en que alguien piensa sobre un suceso, un asunto o una persona. (pág. 232)

reciclar (recycle) volver a usar las cosas que se han tirado. (pág. 47)

recuadro del mapa (inset map) mapa que muestra de cerca una parte de un mapa. (pág. 246)

recursos capitales (capital resources) cosas hechas por personas que ayudan a los trabajadores a hacer bienes o prestar servicios. (pág. 293)

recursos disponibles (flow resources) recursos renovables que no pueden usarse todo el tiempo. (pág. 45)

recursos humanos (human resources) las destrezas, los conocimientos y el trabajo duro que la gente trae a su trabajo. (pág. 293)

recursos naturales (natural resources) cosas que se encuentran en la naturaleza que les son útiles a la gente. (pág. 44)

recursos no renovables (nonrenewable resources) recursos que no pueden ser reemplazados. (pág. 45)

recursos renovables (renewable resources) recursos que pueden ser reemplazados. (pág. 45)

región (region) área que tiene en común una o más características. (pág. 38)

religión (religion) creencia en Dios o dioses. (pág. 76)

responsabilidad (responsibility) obligación que debes cumplir. (pág. 214)

río (river) cuerpo de agua que fluye cuesta abajo. (pág. 28)

rosa de los vientos (compass rose) símbolo que muestra las cuatro direcciones principales en un mapa. (pág. 14)

ruta comercial (trade route) carretera o vía fluvial por la que la gente viaja para comprar, vender o intercambiar bienes. (pág. 110)

servicio (service) trabajo que una persona hace por otra. (pág. 152)

siglo (century) período de cien años. (pág. 116)

símbolo (symbol) cosa que representa otra. (pág. 135)

suburbio (suburb) comunidad al lado o cerca de una ciudad. (pág. 18)

telégrafo (telegraph) máquina que envía señales por medio de electricidad. (pág. 162)

tiempo (weather) estado del aire en un lugar y tiempo determinado. (pág. 30)

título del mapa (map title) información que dice lo que muestra un mapa. (pág. 14)

tradición (tradition) forma especial en que una cultura hace las cosas. (pág. 91)

transporte (transportation) forma en que la gente y las cosas se llevan de un lugar a otro. (pág. 160)

tratado (treaty) acuerdo hecho entre naciones. (pág. 249)

trocar (barter) intercambiar un artículo por otro. (pág. 84)

ubicación (location) lugar donde algo se encuentra en la Tierra. (pág. 36)

valle (valley) terreno entre las montañas y las colinas. (pág. 27)

virtud ciudadana (public virtue) hacer algo por el bien de la comunidad (pág. 203)

voluntario (volunteer) persona que trabaja gratis, o sin recibir pago. (pág. 204)

votar (vote) hacer una elección oficial. (pág. 215)

wampum cinturones hechos de cuentas de concha cuyos patrones y colores se usaban para registrar acuerdos como la constitución haudenosaunee. (pág. 100)

Índice

Los números de página seguidos de una *m* se refieren a mapas. Los números de página en cursiva se refieren a fotografías.

Índice

Índice

Índice

Índice

Referencias de fuentes primarias

A continuación se presentan las fuentes de información literaria o fuentes primarias. En muchos casos, el trabajo se puede encontrar en fuentes distintas a las citadas.

Página 1
Para el poema completo "Song of the Broad-Axe", por Walt Whitman: Whitman, Walt. *Leaves of Grass*. Philadelphia: David McKay, 1999.

Páginas 10 y 11
Para más información sobre el trabajo de Ann Whitford Paul: http://annwhitfordpaul.net/

Página 42
Para las obras completas de John Muir: Muir, John. Nature Writings: *The Story of My Boyhood and Youth; My First Summer in the Sierra; The Mountains of California; Stickeen; Essays*. New York. Library of America, 1997.

Páginas 100 y 101
Para más información sobre la Constitución haudeosaunee: Constitution of the Iroquois Nations, *The Great Binding Law*, Gayanashagowa. http://constitution.org/cons/iroquois/

Páginas 102 a 105
Para el cuento "Canción del águila": Bruchac, Joseph. *Eagle Song*. New York: Penguin Young Readers Group, 1997.

Página 125
Para el texto completo de la Declaración de Independencia: 100 Milestone Documents http://ourdocuments.gov/

Página 144
Para la cita de James Baldwin: Baldwin, James and Avedon, Richard. *Nothing Personal*. New York: Atheneum Publishers, 1964.

Páginas 178 a 180
Para el cuento "El diario de Hannah": Moss, Marissa. *Hannah's Journal*. Harcourt, 2000.

Páginas 212 a 215
Para el texto completo de la *Bill of Rights* (Declaración de Derechos): 100 Milestone Documents http://ourdocuments.gov/

Páginas 216 a 219
Para el cuento "Presidente de la clase": Hurwitz, Johanna. *Class President*. Harper Collins, 1990.

Páginas 234 a 237
Para la transcripción de la Constitución del estado de California: Official California Legislative Information, California State Constitution. http://leginfo.ca.gov/

Página 253
Para la cita de Nelson Mandela: Mandela, Nelson. *Long Walk to Freedom*. New York: Little, Brown & Company, 1994.

Página 260
Para la cita de Katharine Graham: Carruth, Gorton, and Ehrlich, Eugene. *The Harper Book of American Quotations*. New York: Harper and Row, 1988.

Páginas 270 a 273
Para el cuento "Max Malone gana un millón": Herman, Charlotte. *Max Malone Makes a Million*. Chicago: Henry Holt and Company, Inc., 1991.

Página 312

Para la cita de Anne Frank: Frank, Anne. *The Diary of a Young Girl: The Definitive Edition*. New York: Doubleday, 1995.

Páginas 322 a 325

Para el cuento "¡Johnny Appleseed! ¡Johnny Appleseed!": Vallat Enrich, Marion and Korson, George. "Johnny Appleseed! Johnny Appleseed!" in Cohn, Amy L. *From Sea to Shining Sea*. New York: Scholastic, 1993.

Página 348

Para el discurso completo de Martin Luther King Jr.: U.S. Department of State, International Information Programs, "Martin Luther King Jr.: I Have a Dream (1963)" http://www.usinfo.state.gov/

Páginas 350 y 351

Para el texto de César Chávez: Chávez, César; Jensen, Richard J.; Hammerback, John C. *The Words of Cesar Chavez*. College Station, TX: Texas A&M University Press, 2002.

Reconocimientos

Permissioned Literature Selections

Excerpt from *Class President,* by Johanna Hurwitz. Text copyright © 1990 by Johanna Hurwitz. Reprinted by permission of HarperCollins Publishers.
Excerpt from *"Ellis Island,"* from *The World Book Encyclopedia, Vol. 6.* Copyright © 2001 by World Book, Inc. Reprinted by permission of the publisher. www.worldbook.com.
Excerpt from *Eagle Song,* by Joseph Bruchac. Text copyright © 1997 by Joseph Bruchac. Used by permission of Dial Books for Young Readers, a division of Penguin Young Readers Group, a member of Penguin Group (USA) Inc., 345 Hudson Street, New York, NY 10014. All rights reserved.
Excerpt from *Hannah's Journal,* by Marissa Moss. Copyright © 2000 by Marissa Moss. Reprinted by permission of Harcourt, Inc. and the author.
Excerpt from the Speech, *"I Have a Dream,"* by Dr. Martin Luther King Jr. Copyright © 1963 by Dr. Martin Luther King Jr., copyright renewed © 1991 by Coretta Scott King. Reprinted by arrangement with the Estate of Martin Luther King Jr., c/o Writers House as agent for the proprietor New York, NY.
Adapted from *"Johnny Appleseed! Johnny Appleseed!,"* by Marion Vallat Emrich and George Korson in From *Sea To Shining Sea, compiled by Amy L. Cohn.* Copyright © 1993 by Amy L. Cohn. Reprinted by permission of Scholastic Inc.
"Neighborhood of Sun," from *A Movie In My Pillow/ Una película en mi almohada,* by Jorge Argueta. Text copyright © 2001 by Jorge Argueta. Reprinted with the permission of the publisher, Children's Book Press, San Francisco, CA.
Excerpt from *"Searching for Seashells,"* from *Max Malone Makes a Million,* by Charlotte Herman. Text copyright ©1991 by Charlotte Herman. Reprinted by permission of Henry Holt and Company, Inc. and Multimedia Product Development, Inc., Chicago, IL.
"Walking Home From School," by Ann Whitford Paul. Copyright © Ann Whitford Paul. Reprinted by permission of the author.

Photo Credits

COVER (Statue of Liberty) © John Lawrence/Getty Images.(lighthouse) © Stuart Westmorland/CORBIS. (compass) © HMCo./Michael Indresano.(map) Detail illustration on the cover from River Town, by Arthur and Bonnie Geisert. Illustration copyright © 1999 by Arthur Geisert. Reprinted by permission of Houghton Mifflin Company. All rights reserved. (spine Statue of Liberty) © Photodisc/Getty Images. (backcover statue) © Connie Ricca/CORBIS. (backcover nickle) Courtesy of the United States Mint.
i © Michael S. Yamashita/CORBIS.
iii © Michael S. Yamashita/CORBIS.
vi (b) © Myrleen Ferguson Cate/Photo Edit.
vii (t) The Granger Collection. (b) Courtesy of National Constitution Center (Scott Frances, Ltd.).
viii © George H. H. Huey/CORBIS.
ix © Connie Ricca/CORBIS.
xii (t) © Diego Lezama Orezzoli/CORBIS. (b) © David Young-Wolff/Photo Edit.
xiii © Peter Steiner/CORBIS.
xxvi-1 © Ariel Skelley/CORBIS.
2 (l) © Mark Segal/Panoramic Images. (m) © Jose Fuste Raga/CORBIS. (r) © Royalty-Free/CORBIS.
4 (l) © Karl Weatherly/CORBIS. (r) © Jennie Woodcock; Reflections Photolibrary/CORBIS.
5 (l) © Joseph Sohm; Visions of America/CORBIS. (r) © George Lepp/Getty Images.
6 © Yellow Dog Productions/Getty Images.
7(t) © Tom McCarthy/Photo Edit. (b) © Lori Adamski Peek/Getty Images.
8 (t) © Jennie Woodcock; Reflections Photolibrary/CORBIS. (b) © Photodisc/Getty Images.
9 © Sandy Felsenthal/CORBIS.
13 Fachin Fotography.
16 © Ron Sherman Photography.
18 (l) © Joseph Sohm; Visions of America/CORBIS.
20-21 © Mark Segal/Panoramic Images.
21(t) © Jim Cummins/Getty Images.
24 (l) Chris Arend/Alaska Stock. (r) © Royalty-Free/CORBIS.
25 (l) © Royalty-Free/CORBIS. (r) © Ulf Wallin/Getty Images.
26-27 © Reuters NewMedia Inc./CORBIS.
27 (t) © Terry Thompson/Panoramic Images. (m) © Joseph Sohm; ChromoSohm Inc./CORBIS. (b) © Gary Faye/Getty Images.
29 (t) © Ralph White/CORBIS. (b) © Jose Fuste Raga/CORBIS.
30 (l) © Myrleen Ferguson Cate/Photo Edit. (r) Chris Arend/Alaska Stock.
31 © Joe McDonald/CORBIS.
32 (t) © Scoot T. Smith/CORBIS. (b) © Tom Bean/CORBIS.
32-3 © David Muench/CORBIS.
36 © Mark Segal/Getty Images.
38 (l) © Terry Thompson/Panoramic Images. (r) © Robert Holmes/CORBIS.
39 (l) © Grant Heilman/Grant Heilman Photography. (r) © Tom Van Sant/CORBIS.
40(tl) © David Muench/CORBIS. (tr) © Jason Hawkes/CORBIS. (b) © Copyright Dorling Kindersley.
41 © AFP/CORBIS.
42 © CORBIS.
43 © Kevin Fleming/CORBIS.
44-5 © Photodisc/Getty Images.
45 (m) © Owaki – Kulla/CORBIS. (b) © Stephen Frisch/Stock,Boston Inc./ PictureQuest.
46 (t) © Royalty-Free/CORBIS. (b) © JW/Masterfile.
47 (sign) © Jeff Schultz/ Alaskan Express/ PictureQuest.
55 © Schalkwijk/Art Resource, NY.
56 © Danny Lehman/CORBIS.
57 © Macduff Everton/CORBIS.
59 © Robert Frerck/Getty Images.
61 © Jim Cummins/Getty Images.
65 © Russell Curtis/Photo Researchers, Inc.
68-9 © Tom Bean.
70 (l) AKG London. (r) Plimoth Plantation.
71(r)© Rommel/MasterFile.
72 (l) © Ted Spiegel/CORBIS. (r) © Photodisc/Getty Images.
73 (l) Lawrence Migdale. (r) Courtesy of the Woodland Cultural Centre.
74-5 © Gerald French/CORBIS.
76 Marilyn "Angel" Wynn/Nativestock.com.
77 © Ted Spiegel/CORBIS.
78-9 © Ted Spiegel/CORBIS.
78 © Ted Spiegel/CORBIS.
84 Courtesy of the Phoebe Apperson Hearst Museum of Anthropology and the Regents of the University of California 1-1222.
85 © Konrad Wothe/Minden Pictures.
87 (m) Courtesy of the Phoebe Apperson Hearst Museum of Anthropology and the Regents of the University of California 1-1510.
88-9 © Liz Hymans/CORBIS.
89 (l) Marilyn "Angel" Wynn/Nativestock.com. (r) Marilyn "Angel" Wynn/Nativestock.com.
90 Lawrence Migdale.
91 Courtesy of Charlie Soap.
92 National Portrait Gallery, Smithsonian Institution, Washington, DC./Art Resource, NY.
93 (l) Library of Congress. (r) © Greg Probst/Getty Images.
98 The Granger Collection.
99 New York State Museum.
100 (l) Marilyn "Angel" Wynn/Nativestock.com. (r) Courtesy of the Woodland Cultural Centre.
101 Lawrence Migdale.
108 (l) © The Mariners' Museum/CORBIS. (r) Santa Barbara Mission Archive Library.
109 (l) © Kevin Fleming/CORBIS. (r) © Stephen St. John/NGS/Getty Images.
110 AKG London.
112 (l) © Robert Holmes/CORBIS.
112-13 © Bill Ross/CORBIS.
114 (t) © Bettmann/CORBIS. (b) © CORBIS.
114-15 © James P. Blair/CORBIS.
117 AKG London.
119 (t) Plimoth Plantation. (b) © Bettmann/CORBIS.
120 Santa Barbara Mission Archive Library.
122-23 © Burstein Collection/CORBIS.
122 (b) © Larry Williams/CORBIS.
124 Courtesy of National Constitution Center (Scott Frances, Ltd.)
125 Private Collection.
126 (r) National Portrait Gallery, Smithsonian Institution, Washington, DC./Art Resource, NY
128 © North Carolina Museum of Art/CORBIS.
129 (t) © Bettmann/CORBIS. (b) © Bettmann/CORBIS.
131 © Yellow Dog Productions/Getty Images.
132 © Photodisc/Getty Images.
134 (l) © Lee Snider/The Image Works. (r) © Rommel/MasterFile.
136-37 © Royalty-Free/CORBIS.
141 Nebraska State Historical Society.
144-5-©-Bettmann/CORBIS.
146(l) Smithsonian American Art Museum, Washington, DC./Art Resource, NY. (r) National Archives.
147 Alcantara/Brazil Photo Bank.
148 (l) The Granger Collection.
149 (l) © Bettmann/CORBIS. (r) The Granger Collection.
150 Smithsonian American Art Museum, Washington, DC./Art Resource, NY.
153 Richard Sisk/Panoramic Images/NGSImages.
159 © Photodisc/Getty Images.
160 Central Pacific Railroad Photographic History Musuem, Photograph by Alfred Hart.
162 (l) Electricity Collections, NMAH, Smithsonian Institution # 74-2491.(r) The Granger Collection.
163 © Craig Aurness/CORBIS.
164 © Connie Ricca/CORBIS.
165 (l) © George H. H. Huey/CORBIS. (r) © George Hall/CORBIS.
170 (l) © Chabruken/Getty Images. (r) Brown Brothers.
171 (r) © Tony Garcia/Getty Images.
172 © Chabruken/Getty Images.
173 (l) © CORBIS. (r) © Bettmann/CORBIS.
174-5 © Greg Probst/CORBIS.
174 (l) California State Library # 912. (r) © CORBIS.
175 (l) National Archives. (r) © Warren Morgan/CORBIS.
176 (l) American Jewish Joint Distribution Committee. (r) V.C.L./Getty Images.
177 © Condé Nast Archive/CORBIS.
183 Brown Brothers.
184-5 © Yann Arthus-Bertrand/CORBIS.
185 Alcantara/Brazil Photo Bank.
186 Miguel Chikaoka/Brazil Photo Bank.
188-9 © Rob Matheson/CORBIS.
188 (b) © Planetary Visions Ltd./Photo Researchers, Inc. (t) Miguel Chikaoka/Brazil Photo Bank.
189 (l) © Tom Brakefield/CORBIS. (r) © ESA/ PLI/CORBIS.
193 Library of Congress.
198 (l) Courtesy Paradise Valley Unified School District, Students Can Build It!/Habitat For Humanity. (r) © Photodisc/Getty Images.
200 (l) Courtesy Paradise Valley Unified School District, Students Can Build It!/Habitat For Humanity. (r) © David Schmidt/Masterfile.
201 (l) © Jeff Greenberg/Photo Edit. (r)

© Myrleen Ferguson/Photo Edit.
202 © Myrleen Ferguson/Photo Edit.
203 (l) © David Schmidt/Masterfile. (r) © Myrleen Ferguson/Photo Edit.
204 (t) Courtesy Paradise Valley Unified School District, Students Can Build It!/Habitat For Humanity. (b) © Photodisc/Getty Images.
205 Courtesy Paradise Valley Unified School District, Students Can Build It!/Habitat For Humanity.
213 (tl) © Patrick Ingrand/Getty Images. (tr) © SW productions/Brand X Pictures/Getty Images. (bl) © Jeff Greenberg/PhotoEdit. (br) © Royalty-Free/CORBIS.
222 (l) © Bob Daemmrich/ Stock, Boston Inc./ PictureQuest. (r) AP Photo/Topeka Capital-Journal, Anthony S. Bush.
223 (l) Reuters New Media Inc./CORBIS. (r) AP Wide World Photos.
224 © Gabe Palmer/CORBIS.
225 © Robert Brenner / Photo Edit.
226-7 © Jeff Greenberg / Photo Edit.
228 © Bob Daemmrich/ Stock, Boston Inc./ PictureQuest.
229 (t) © A. Ramey / Photo Edit. (b) © Photodisc/ Getty Images.
231 (t) © Photodisc/Getty Images.
233 © Lynda Richardson/CORBIS.
234 AP Photo/Dan Loh.
236 (t) © David Muench/CORBIS. (b) © Lawrence Migdale/ Stock, Boston Inc./ PictureQuest.
237 © Photodisc/Getty Images.
238 © Royalty-Free/CORBIS.
239 (t) © Lee Snider; Lee Snider/CORBIS. (b) © Joseph Sohm; Visions of America/CORBIS.
240 © Andrea Pistolesi/Getty Images.
241 (t) © Peter Gridley/Getty Images. (b) © Photodisc/ Getty Images.
242 (t) © Theo Allofs/CORBIS. (b) © Arthur Tilley/ i2i Images/PictureQuest.
243 © Walter Bibikow /Getty Images.
248 AP Photo/Ron Edmonds.
249 (l) © Robert Holmes/CORBIS. (r) © Patti McConville/ Getty Images.
250 © Louise Gubb/CORBIS SABA.
251 AP Photo/Sasa Kralj.
252-3 © Louise Gubb/CORBIS SABA.
257 © Jeff Greenberg/Photo Edit.
260-1 © Joe McNally.
263 (r) Bill Bachmann/Photo Edit.
264 (l) © David Young-Wolff/Photo Edit.
265 (r) © James Leynse/CORBIS
266 (t) PhotoSpin. (m) PhotoSpin.
284 (l) AP Photo.
284 (r) © Spencer Grant/Photo Edit.
285 (l) © William Taufic/CORBIS.
285 (r) © Jeff Zaruba/Getty Images.
286 AP Photo.
287 (t) © Mark Gibson.
288 © Robert Landau/CORBIS.
294 (t) © Michael S. Yamashita/CORBIS.(m) © Roger Ball/ CORBIS. (b) © William Taufic/CORBIS.
296 © AFP/CORBIS.
297 The Granger Collection.
302-3 © Liu Liqun/CORBIS.
303 © Earl & Nazima Kowall/CORBIS.
309 © David Young-Wolff/Photo Edit.
312-13-©-Ariel-Skelley/CORBIS.
314 © Peter Hince/Getty Images.
315 (r) © Syracuse Newspapers/Dick Blume/The Image Works.
316 (l) © Donna Day/Getty Images.
317 (r) © Robert Brenner/PhotoEdit.
318 © A. Ramey/Photo Edit.
320 (t) © Dan Connell//The Image Works. (b) © Michael S. Yamashita/CORBIS.
321 © Donna Day/Getty Images.
326 © Diego Lezama Orezzoli/CORBIS.
327 © TASS/Sovfoto.
328 (l) © TASS/Sovfoto.
329 © Peter Hince/Getty Images.
330 (t) © Photodisc/Getty Images. (b) © TASS/Sovfoto.
336 (l) © Michael Newman/Photo Edit. (r) © Mark Reinstein/Getty Images.
337 (l) © Bettmann/CORBIS. (r) © Bettman/CORBIS.
338 Lawrence Migdale.
339 © David Young-Wolff/Photo Edit.
340 (t) © Michael Newman/Photo Edit. (b) © Arthur Tilley/Getty Images.
341 © Annie Griffiths Belt/CORBIS.
342 © Norbert von der Groeben/The Image Works.
343 (t) © Bill Aron/Photo Edit. (b) AP Photo.
344 © Joe Sohm/ Stock, Boston Inc./ PictureQuest.
345 © Bettmann/CORBIS.
346 (l) © Jan Butchofsky-Houser/CORBIS. (r) © Ariel Skelley/CORBIS.
347 (l) © Pete Saloutos/CORBIS. (r) © Photodisc/Getty Images.
348 (l) © David Young-Wolff/Photo Edit. (r) AP Photo.
349 © Royalty-Free/CORBIS.
350-1 © David Young-Wolff/Photo Edit.
350(b) © Bettmann/CORBIS.
351 AP Photo/U.S. Postal Service Handout.
352 © Syracuse Newspapers/Dick Blume/The Image Works.
353 (l) Library of Congress. (r) © Oscar White/CORBIS.
354 (t) The Granger Collection. (b) © CORBIS.
355 © Richard Howard/ Black Star Publishing/ PictureQuest.
356 © STONE LES/CORBIS SYGMA.
357 (t) AP Photo/Danny Wilcox Frazier. (b) © The Nobel Foundation.
359 © Bettmann/CORBIS.
363 © A. Ramey/Photo Edit.
R1 (bl) Johnny Johnson/Photographer's Choice/Getty Images. (bkgd) Paul A. Souders/CORBIS. (tr) Photo Library International/CORBIS.
R2-R3 (inset) Chip Henderson/Index Stock Imagery. (bkgd) CORBIS.
R4-R5 Richard T. Nowitz/CORBIS.
R6-R7 Liz Hymans/CORBIS.
R8 (cl) CORBIS. (frame) Image Farm/HMCo. (br) Bettmann/ CORBIS.
R14 Art Wolfe/Stone/Getty Images.
R15 (tl) Michael T. Sedam/CORBIS. (br) D. Rose/Zefa/ Masterfile.

Assignment Photo Credits

292, 295 © HMCo./Joel Benjamin. v, 14, 17, 47, 64-65, 81, 95, 131, 140-1, 144-5, 155-7, 192-3, 206-9, 211, 215, 230-1, 244-5, 256-7, 262 (l), 264 (r), 265 (l), 267, 268, 269, 272, 273, 274, 275, 278, 279, 289, 300, 308-9, 317(l), 319, 362-3 © HMCo./Angela Coppola. xxiv-xxv © HMCo./Ken Karp. 214, 281 © HMCo./Michael Indresano. 45 (t) © HMCo./Carol Kaplan. 18 (m) (b), 19 © HMCo./Ken Krakow Photography.

Illustrations

xxiv-xxv © Sally Vitsky. 10-11 Diane Greenseid. 28-29 International Mapping Associates. 58-59 Will Williams. 82-83,86-87 Inklink. 96-97 Francis Back. 103-104 Bill Farnsworth. 152 Steve McEntee. 154-157 Nenad Jakesevic. 161 Patrick Gnan. 188-189 Ken Batelman. 217 Eric Velasquez. 226-227, 235, 254 Andy Levine. 271-273 Rich Harrington. 290-291 Ruth Flanigan. 292-293 Luigi Galante. 298-299 Steve McEntee. 301 Andy Levine. 304-305 Annette Cable. 310 Rob Schuster. 322-324 Phil Boatwright. All charts and graphs by Pronk & Associates. R14-R15 International Mapping Associates.

Maps

All maps by MapQuest. All atlas cartographic maps done by Ortellios Design.